독트린의 역사

독트린으로 본 미국 외교사

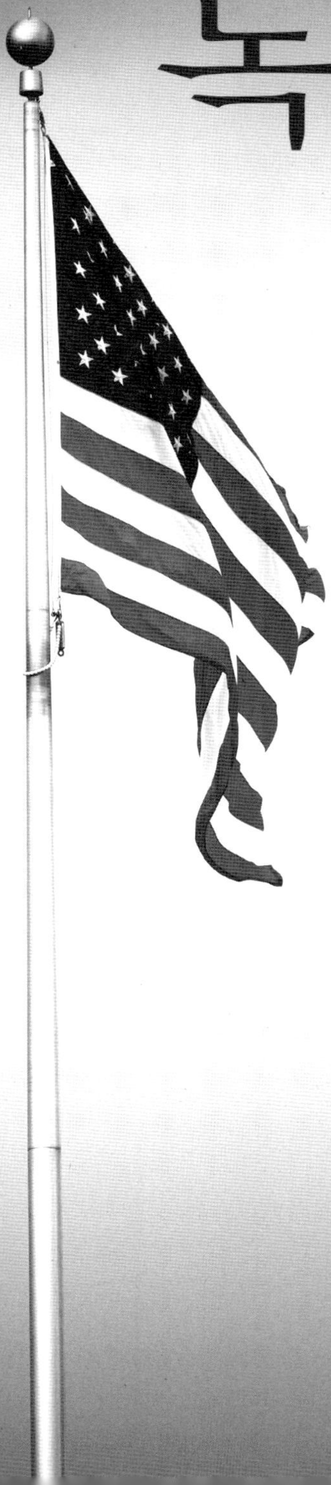

김봉중 저

전남대학교출판문화원

저자 김봉중은 전남대학교 사학과를 졸업하고, 미국 웨스턴일리노이대학교에서 석사학위를, 미국 톨레도대학교에서 박사학위를 받았다. 미국 샌디에이고시립대학 사학과 교수를 거쳐 현재 전남대학교 사학과 교수로 있다. 미국사 전공자로 미국의 베트남 개입부터 탈냉전 이후까지 미국 외교의 흐름에 주목하고 있으며, 미국의 대외관계를 통해 미국의 정체성을 깊숙이 추적하면서 일반인들이 미국에 대한 올바른 식견을 가질 수 있도록 그간의 연구 결과를 대중화하는 일에도 남다른 열정을 쏟고 있다. ≪이만큼 가까운 미국≫, ≪오늘의 미국을 만든 미국사≫, ≪카우보이들의 외교사≫ 등의 저서를 집필했으며, <탈냉전과 대서양 공동체의 분열> 등 수많은 논문을 발표했다.

독트린의 역사: 독트린으로 본 미국 외교사

인　쇄 | 2017년 10월 25일
발　행 | 2017년 10월 30일

저　자 | 김봉중
발행인 | 정병석
발행처 | 전남대학교출판문화원

등　록 | 1981. 5. 21. 제53호
주　소 | 61186 광주광역시 북구 용봉로 77
전　화 | (062) 530-0571~2
마케팅 | (062) 530-0573
팩　스 | (062) 530-0579
홈페이지 | http://www.cnup.co.kr
이메일 | cnup0571@hanmail.net

값 14,000 원

ISBN 978-89-6849-439-0 (93340)

이 저서는 2013년도 정부(교육부)의 재원으로 한국연구재단의 지원을 받아 연구되었음(2013S1A6A4017593)

이 도서의 국립중앙도서관 출판시도서목록(CIP)은 서지정보유통지원시스템홈페이지(http://seoji.nl.go.kr)와 국가자료공동목록시스템(http://www.nl.go.kr/kolisnet)에서 이용하실 수 있습니다.
(CIP제어번호: 2017027298)

프롤로그

한 나라의 외교사에서 유독 '독트린doctrine'이 빈번하게 등장하는 나라가 미국이다. 대부분의 나라는 주요한 외교 정책을 '선언declaration'이나 '원칙principle' 등의 용어를 사용해서 그 정책의 중요성을 스스로 새기거나 대외적으로 공포하기 마련이다. 하지만, 미국은 이러한 용어들보다 훨씬 무겁고 상징적이며 심지어 제의(祭儀)적인 뉘앙스를 갖는 '독트린'이란 용어를 사용한다. 미국의 초기 외교 원칙을 집약하며 향후 미국 외교 정책의 시금석 역할을 했던 '먼로 독트린Monroe Doctrine'과 2차 세계대전 이후 미국 외교 정책의 새로운 원형을 제공한 '트루먼 독트린Truman Doctrine', 그리고 두 독트린 사이와 트루먼 독트린 이후 지금까지 다양한 용어와 개념으로 변형되고 변용되었던 수많은 독트린을 포함해서, 미국 외교사는 역사의 평면상에 여러 개의 독트린이라는 점(點)을 연결한 점선구도로 구성되었다고 할 수 있다.

미국의 역사는 독트린의 역사라고도 해도 과장이 아니다. 달렉

Robert Dallek이 지적했듯이 미국의 외교는 상당부분 국내 문제의 거울이자 반향이기에, 독트린으로 연결된 미국 외교사는 미국 문명사의 중심축이라고 할 수 있기 때문이다. 비록 국내 문제에 대한 과도한 집착이 때론 나라밖 세계에 대한 무지와 비이성적인 생각을 낳기도 하지만, 그러한 사고의 굴절 자체마저도 미국의 정체성을 형성하는데 중요한 부분으로 인식해야만 한다.[1)]

그런데, 그 중요성에도 불구하고 독트린을 연결해서 한 권의 책으로 미국 외교사를 정리한 연구물이 없는 것이 의아하다. 우리나라 학계는 물론이고 미국 학계에서도 그러한 연구물이 없는 것이 의아하다. 개별 독트린에 대한 연구물은 끊임없이 쏟아져 나오지만 독트린들을 엮어서 나온 저서가 없다.

그 이유는 뭘까? 독트린으로 미국 외교사를 엮는 것이 학문적으로 그다지 의미가 없어서일까? 독트린으로 명명된 외교 원칙이나 선언이 독트린이란 용어의 의미와 뉘앙스와 관계없이 자의적이고 형식적으로 채택되었기 때문일까? 그렇지 않다. 독트린마다 그 역사적 무게와 중요성에는 분명 차이가 있지만 어느 독트린이고 그것이 '독트린'으로 명명되기에는 그만한 이유가 있다. 반대로, 그 중요성에도 불구하고 '독트린'으로 명명되지 않는 것도 그만한 이유가 있기 때문이다. 1904년 시어도어 루스벨트는 남아메리카 사태를 빌미로 중대한 외교 원칙을 발표했다. 그것은 미국 외교사 전체를 놓고 볼 때 하나의 '독트린'으로 채택될 가치가 충분히 있었음에도

1) Robert Dallek, *The American Style of Foreign Policy: Cultural Politics and Foreign Policy* (New York, 1983).

먼로 독트린에 대한 '보충이론Corollary'이란 용어로 사용되었다. 그 시대에는 그만큼 먼로 독트린으로 대변하는 고립·중립주의 원칙이 강했기 때문이다. 탈냉전 후 클린턴Bill Clinton 대통령은 북대서양조약기구NATO 확장이라든지 북아메리카자유무역협정NAFTA과 같은 정책을 펴면서 미국 외교는 이제 냉전 시대의 '봉쇄containment'를 탈피하고 '확장enlargement' 정책으로 전환한다고 선언했다. 트루먼 독트린의 핵심 용어인 '봉쇄'가 사라지고 '확장'이라는 새로운 개념이 미국 외교의 원칙으로 탄생하는 순간이다. 그런데도 상당수 미국인들은 클린턴의 선언을 '독트린'으로 받아들이지 않았다. 그것은 탈냉전 직후 미국인들의 전반적인 고립주의 정서와 경제우선 정책에 맞물려 있었기 때문에, 외교적으로 특별한 의미가 없다고 판단했기 때문이다.

『독트린의 역사』는 그 동안 미국 외교사 저술에서 시도되지 않았던 독트린의 역사를 통사적으로 엮는다. 이는 개별 독트린을 순차적이고 평면적으로 소개하고 설명하는 것에 한정하지 않고, 독트린 간의 연계에 주목하면서 그 반복, 변용, 변화 등을 추적함으로써 미국 외교정책의 특징과 성격을 추출하고자 한다. 이를 위해 다음과 같은 의문을 염두에 두면서 작성되었다.

(1) 왜 '독트린'으로 명명되었는가?

미국의 역사에서 수립된 수많은 외교 정책은 '선언', '원칙', '정책' 등의 용어로 사용되었는데, 『독트린의 역사』는 왜 특정한 정책은 '독트린'으로 사용되었는가에 대해 우선적으로 주목했다. 1823년의 '먼로 독트린'을 하나의 예로 들어보자. 미국 초기 외교사에서 먼로 독트린이전에도 독트린으로 명명될 수 있었던 주요한 선언들이 있었다. 초대 대통령 워싱턴George Washington이 유럽 국가들을 겨냥해서 발표한 1793년의 '중립 선언Proclamation of Neutrality'이나, 미국 외교사에서 중요하게 여기는 워싱턴의 '고별사Farewell Address'가 그것이다. 먼로 독트린은 사실 워싱턴이 표방했던 중립 원칙의 재확인이나 다름없었다. 그런데도 왜 먼로의 선언만이 독트린으로 명명되었을까? 냉전 시기에는 독트린이 남발되는 경향이 있다. 거의 대부분의 대통령들이 하나의 '독트린'을 남겼을 정도이다. 하지만, 그 중에서도 쿠바 미사일 위기로 미국을 제3차 세계대전의 위기로 몰아갔던 케네디John F. Kennedy, 베트남 전쟁을 미국의 전쟁으로 확대했던 존슨Lyndon B. Johnson, 인권을 미국 외교의 새로운 지렛대로 선택했던 카터Jimmy Carter, 그리고 냉전의 종식과 함께 걸프 전쟁으로 미국인들의 절대적인 지지를 얻었던 부시George H. W. Bush 등 상당수의 대통령들은 그들이 세웠던 미국 외교의 역사성에도 불구하고 독트린의 저자로 기억되지 않는다. 왜 어떤 것은 '독트린'으로 명명되었고, 다른 어떤 것은 그렇지 못했는가에 대한 이유를 추적하기란 어려운 일이다. 각 '독트린' 혹은 '선언'이 갖는 복잡한 국내외 상황과 이에 맞물린 외교 엘리트들과 학자들의 관심 변수를 종합적이고 객관적으로 설명하기가 힘들기 때문이다. 그럼에도 불구하고, 『독트린의 역사』는 적어도 '독트린'으로 명명된 이유를 추적할 것이다.

(2) 어떻게 '독트린'으로 정착하게 되었는가?

'독트린'이라 함은 단순히 어떤 외교 정책이나 원칙을 선언하는 것 이상의 의미를 담고 있다. 그것은 미국 외교의 굵직한 원칙과 주의^ism의 표방으로서 미국 외교사 전체의 흐름에서 한 획을 그을 수 있는 것으로서 미국인이 갖는 대외 관계에 대한 시각뿐만 아니라 그들의 국가관과 국가 아이덴티티를 가늠하는 주요한 선언이다. 일단 '독트린'으로 명명된 이상 그것은 당대의 대통령을 비롯한 외교 정책가들이 그 시대의 미국 외교를 펼치는 가장 중요한 시금석이자 방향타 역할을 했다. 뿐만 아니라 독트린은 후대 지도자들이 결코 무시할 수 없는 외교 원칙의 모형으로서 의미 있게 되새김되었다. 독트린 마다 그 중요성과 무게, 그리고 인용되는 빈도에는 차이가 있지만, 앞 시대 지도자의 독트린은 후대 지도자들이 결코 무시할 수 없는 선례로서 하나의 외교 원칙으로 지속적으로 다져졌다. 그렇지 않고 혹시 그 선례를 깨야하는 상황에서도 후대 지도자들은 그들이 역사적 연속을 중단하는 장본인으로서 낙인찍히기를 두려워해서 새로운 변화를 결정할 때 앞 시대의 독트린은 무시 못할 심리적 중압감으로 작용하기도 했다. 『독트린의 역사』는 하나의 독트린이 미국 외교의 주요한 원칙으로 정착하기까지 어떠한 과정을 거쳤으며, 또한 그것이 새로운 독트린으로 대체되는 과정에서 어떠한 역할을 했는지를 추적할 것이다.

(3) 향후 역사에서 어떤 영향을 끼쳤는가?

『독트린의 역사』의 궁극적인 목표는 앞에서 밝혔듯이 미국 역사에서 주요한 독트린들을 연결해서 미국 외교사를 통사적으로 살펴봄으로써 미국 외교의 근본적인 성격과 특징을 추출하는 것이다. 또한 독트린의 역사를 통해서 미국 문명사 전체를 이해하는 몇 개의 코드를 제시하는 것이다. 앞의 (2)가 독트린과 독트린 사이의 단기적 연결에 주시한다면, (3)은 미국 역사의 큰 틀과 흐름에서 어떠한 영향을 주었는가를 타진하는 장기적 연결에 주시하는 것이다. 특정한 외교 정책이 독트린으로 명명되었던 가장 중요한 이유는 무엇보다도 그 역사적 중요성일 것이다. 그리고 그 중요성을 가늠하는 가장 큰 척도는 얼마나 많은 사람들에 의해서 얼마나 지속적으로 영향력을 발휘했는가에 있다. 대부분의 외교사가 특정한 사건에 대한 발발 동기와 기원, 그리고 진행을 다루는 것에 비해, 『독트린의 역사』는 그 이후의 역사적 영향력에도 관심을 더할 것이다. 독트린과 독트린의 연계와 반복, 그리고 변화의 지속적인 매듭 속에서 독자들에게 미국 외교사 아니 미국 문명사를 읽는 코드를 제공하길 원하기 때문이다.

(4) 독트린의 기원과 적용 중에 무엇이 더 중요한가?

독트린의 중요성을 고려할 때 독트린이 생성된 기원과 적용을 포함해서 다각도로 그 중요성을 살펴볼 필요가 있다. 대체로 주요 독트린은 기원과 적용이 동시에 관심의 대상이 된다. 먼로 독트린과 트루먼 독트린이 그 좋은 예이다. 하지만 모든 독트린이 그렇지는 않다. 어떤 독트린은 기원보다는 적용이 더 많은 관심을 받는다. 닉슨 독트린과 레이건 독트린과 같이 트루먼 독트린 이후의 독트린이 대체로 여기에 속하는 경우가 많다. 『독트린의 역사』는 기원과 적용의 균형을 맞추도록 할 것이다. 이것은 단순히 기원과 적용의 내용적 균형을 맞추기 위함이 아니라, 독트린이 탄생하게 된 기원을 면밀하게 추적함으로써 그 독트린이 본래 의도했던 목적과 방향으로 적용했는지를 판단할 수 있기 때문이다. 독트린 간의 중요도가 차이가 있기 때문에 혹시 어느 독트린이 대세적 흐름이나 소위 '큰 그림'에 묻혀서 해당 독트린 그 자체의 역사적 기원에 호응하는 적용과 이에 따른 역사적 판단을 정당하게 받지 못할 수 있기 때문이다.

(5) 독트린의 기원과 적용을 결정짓는 가장 중요한 배경은 무엇인가?

이른바 독트린의 기원과 적용을 추적하기 위해서는 국내외 상황과 미국 외교를 주도한 인물의 복잡한 역학관계를 추적하며 어떤 것이 더 중요한 가를 면밀히 검토해야 한다. 그래서 정치, 경제, 이념, 인물 등 다양한 요소들 중에서 과연 어떤 것이 외교 정책을 결정짓는데 결정적인 역할을 했는가는 역사가들의 주요한 관심사이다. 여기에서 서로 다른 접근 방식과 이론에 따라 다양한 '외교사 학파'들이 생성된다. 외교사에 대한 통사적 접근을 할 때 역사가의 '학파 아이덴티티'가 전체 서술의 색깔을 결정짓곤 한다. 독트린의 문제도 예외일 수 없다. 『독트린의 역사』 역시 이러한 시각의 문제에서 완전히 벗어날 수 없지만 가능한 객관적인 시각과 시선으로 국내, 국외, 인물, 정치, 경제, 이념 등 다양한 배경을 충분히 검토하는 것을 선행하고자 한다. 그런 후 그 중에서 무엇이 가장 중요했는가에 대한 의견을 제시하고자 한다.

외교사 통사 저술에서 가장 중요하면서도 어려운 문제는 외교에 관련된 수많은 사건과 이슈들 중에서 어떤 것을 선택하며, 선택한 것을 어떻게 균형 있게 다루는가에 있다. 『독트린의 역사』는 독트린을 중심으로 미국 외교사 전체를 관망하기 때문에 선택의 문제는 해결할 수 있다. 하지만 균형의 문제는 녹록치 않다. 단순한 시대적 구분은 미국 외교사를 무미건조한 평면적 구도로 재단해서 독트린 간의 무게와 영향 등의 차이와 서로 간의 중층적이고 다면적이며 상호연계적인 측면을 간과하기 쉽다. 그렇다고 독트린의 중요성만을 생각해서 특정한 독트린에 너무 많은 지면을 할애할 수는 없다. 그럴 경우에는 유명하지 않는 독트린들이 별다른 조명을 받지 못할 뿐 아니라, 자칫하면 미국 외교가 몇 몇 대표적인 독트린들에 의해서 규정화되고 도식화될 수 있기 때문이다. 그래서 먼로 독트린이 다른 독트린과는 달리 무려 세 개의 장으로 나눠서 설명된 이유는 시대적 배분과 독트린의 중요성을 동시에 고려했기 때문이다.

■ 차 례

프롤로그 | 3

제1장 먼로 독트린의 시대: 배경 —— 13
제2장 먼로 독트린의 시대: 독트린의 정착, 1823-1860 —— 45
제3장 먼로 독트린의 시대: 독트린의 적용과 변용, 1861-1904 – 79
제4장 냉전의 기원과 트루먼 독트린 —— 111
제5장 전후 중동정책과 아이젠하워 독트린 —— 145
제6장 베트남 전쟁과 닉슨 독트린 —— 177
제7장 미국의 제3세계 전략과 레이건 독트린 —— 209
제8장 탈냉전과 클린턴 독트린 —— 241
제9장 9/11 테러와 부시 독트린 —— 276

에필로그 | 306

1

먼로 독트린의 시대: 배경

I.

존 애덤스John Adams는 초기 미국을 "페인의 시대the Age of Paine"라고 명명했다.[1)] 토마스 페인Thomas Paine은 이른바 미국의 '건국의 아버지들Founding Fathers' 명단에는 포함되지 않지만 '건국의 사상가들' 계보에 빠질 수 없는 인물이다. 페인의 대표작 『*Common Sense* 상식』은 미국 건국사의 고전으로서, 대다수 미국인들이 미처 유념치 못한 미국 독립의 역사적 필연성과 세계사적 의의에 호소하여, 독립을 놓고 좌고우면하던 미국인들이 독립의 길을 선택하게 만들었던 결정적인 계기가 되었다. 그것은 "영어로 작성된 최고의 팸플릿"이며[2)], 미국 역사에서 "가장 즉각적인 영향을 끼쳤던 정치

1) Craig Nelson, *Thomas Paine* (New York, 2006), 9에서 인용.

2) Robert A. Ferguson, "The Commonalities of *Common Sense*," *William and Mary Quarterly* 57:3 (July 2000), 465.

적 혹은 사회적 전단지tract"였다.[3)]

『상식』은 미국이 독립으로 가는 과정뿐만 아니라 독립전쟁 기간과 독립 이후 미국의 초기 외교의 기본 원칙을 세우는 데에도 지대한 영향을 끼쳤다. 『상식』의 즉각적인 목표가 미국 독립의 당위성에 초점을 맞추어져 있기에 상대적으로 외교문제는 큰 분량을 차지하지 않았다. 그래서인지 페인이 밝힌 미국의 외교 원칙은 다소 돌발적으로 보일 수 있다. 하지만, 『상식』의 전체적인 틀에서 보면 외교도 페인이 주장하는 일관적인 흐름 속에서 그 맥을 같이 하고 있다. 외교 원칙을 언급하기 바로 전에, 페인은 미국 독립이 왜 세계사의 흐름에서 막을 수 없는 필연인가를 설명했다. 미국은 단지 영국에서 건너온 이주자들뿐만 아니라 "정치적 종교적 자유를 위해 은신처"를 찾고자 유럽의 "모든 지역"에서 건너온 사람들의 집합체임을 강조하며, 페인은 미국이 영국에 연연하지 말고 독립된 국가로 거듭나야 함을 주장했다.[4)]

『상식』에 나타난 페인의 외교 원칙은 이러한 큰 틀에서 이해할 필요가 있다. 즉, 『상식』의 근본 목적은 미국 독립에 있지만, 페인이 추구하는 미국 독립의 궁극적인 목적은 갈수록 가까워지는 세계 속에서 어떤 특정한 국가와의 제한된 관계를 벗어나 범세계적인

3) Winthrop D. Jordan, "Familial Politics: Thomas Paine and the Killing of the King, 1776," *The Journal of American History* 60:2 (Sep. 1973), 295. 1776년 한 해 『상식』의 판매부수는 약 20만 부로서 당시 미국 인구가 3백만인 점을 고려할 때, 지금의 기준으로는 약 3,500만부가 팔린 셈이다. Nelson, *Thomas Paine*, 92.

4) 페인은 『상식』에서 외교 부분에 초점을 맞춘 부분에서도 "이제는 결별해야 할 시기(TIS TIME TO PART)"라고 이례적으로 대문자만을 사용해서 이점을 강조했다. Thomas Paine, *Common Sense* (Mineola, New York, 1997), 20.

차원에서 미국의 존재와 가치를 세워야 한다는 것이다. 이런 맥락에서 페인은 향후 미국 외교의 원칙과 방향을 세우고자 했던 것이다. 그 핵심부분을 인용하면 다음과 같다.

> "영국에 종속되거나 의지하는 것은 미국이 유럽의 전쟁이나 다툼에 직접 개입하게 만든다. 우리는 관련 국가들과 우정을 나눌 수 있고 그들에 대한 특별한 분노나 불평이 없다 해도, 이러한 개입으로 말미암아 그들과 사이가 나쁘게 될 수밖에 없다. 유럽이 우리 무역 시장이기에 우리는 유럽의 그 어느 나라와도 관계를 맺어서는 안 된다. 유럽 국가들의 세력다툼에서 떨어져 있는 것이 미국의 참다운 이익이다."[5)]

『상식』에서 나타난 페인의 외교 원칙이 가장 먼저 적용된 것은 1778년 2월 미국이 프랑스와 맺었던 조약이었다. 이 조약을 '모범조약Model Treaty'이라 하는데, 그 이유는 훗날 미국인들이 그 조약을 미국 외교의 전형model으로 받아들였기 때문이다. '모범조약'의 핵심은 미국은 프랑스와 정치 및 군사적 관계보다는 상업적 관계에 초점이 맞춰져 있는 것이다. '모범조약'의 초안을 작성한 존 애덤스는 1776년 3월 프랑스와의 동맹을 모색하면서 그의 노트에다 동맹의 원칙을 다음과 같이 적었다. 프랑스와 "아무런 정치적 관계connection"를 맺지 않고, "아무런 군사적 관계"를 맺지 않으며, 오직 "상업적 관계"만을 맺는다.[6)] 애덤스는 이후 다른 기록들에서도 미

5) *Common Sense*, 21-22.

6) Felix Gilbert, *To the Farewell Address: Ideas of Early American Foreign Policy* (Princeton, 1961), 49에서 재인용.

국이 통상commerce을 중심으로 상업적 이익을 추구해야만 다른 유럽 국가들의 불필요한 쟁투에 말려들지 않을 것이라고 믿었다. 그는 미국이 자유항free port으로 남아있는 것은 유럽 국가들도 원하는 바이며, 이것이 유럽의 세력균형equilibrium이나 평화peace에 공헌할 것이라고 생각했다.[7)]

'모범조약'은 그 용어가 함축적으로 설명하듯이 초기 외교의 원칙에 절대적인 '모범'으로 받아들여진 것이 사실이다. 이런 점에서 미국이 유럽 국가들과 상업을 제외한 그 어떠한 관계를 맺어서는 안 되며, 미국이 상업적 이익을 위해 '중립'을 지키는 것이 미국뿐만 아니라 유럽 국가들에도 이익이며, 바로 그런 이유에서 미국이 그러한 원칙을 고수한다면 유럽 국가들도 미국의 독립을 지지할 것이라는 페인의 주장은 '모범조약' 뿐만 아니라 독립 후 초기 미국 외교의 수사(修辭)적 시금석(試金石)이라고 할 수 있다.

모범조약의 원칙은 건국 직후 워싱턴 행정부의 외교원칙으로 그대로 작동되었다. 건국 초기에 워싱턴 대통령과 그의 각료들의 고민은 프랑스 혁명의 후풍으로 발발한 유럽 전쟁에서 미국이 어떠한 위치와 태도를 취하느냐에 있었다. 특히 1793년 2월에 프랑스 혁명정부가 미국 정부에 1778년 동맹조약을 이행해 줄 것을 요구하며 노골적으로 유럽 전쟁에서 프랑스 편을 들어줄 것을 요구했다. 하지만 워싱턴은 고심 끝에 '중립'을 선택했다. 대체로 친영국파로 분류되는 해밀턴Alexander Hamilton 중심의 북부 연방파들과 친프랑스파

7) Gerald Clarfield, "John Adams: The Marketplace, and American Foreign Policy," *The New England Quarterly* 52:3 (Sep. 1979), 349.

로 분류되는 제퍼슨Thomas Jefferson 중심의 남부 공화파들의 갈등 속에서도, 워싱턴 행정부가 선택한 것은 모범조약의 원칙인 중립 원칙을 재확인한 것이었다. 1793년 미국의 중립선언은 "1778년 프랑스와 맺은 동맹의 파기선언"이라기보다는 유럽의 전쟁에 휘말려 들지 않으려는 워싱턴과 그의 각료들이 했던 "고심의 결과였다." 워싱턴 행정부의 각료들은 "출신 지역, 출신 정당이 달랐고 연방 헌법의 권한에 대해서도, 선호하는 국가도, 외국이 미국의 자유로운 항해를 방해할 때도 이를 해결하기 위해 제시하는 방법 또한 달랐지만" 외교 문제에 대해서는 놀라울 만큼 한 목소리를 냈다. 그들은 "미국이 유럽의 국가와 전쟁에 휘말리면 안 되며 유럽국가와의 전쟁은 미국의 존립을 흔들리게 할 수 있다고 생각했고 이러한 공통된 인식 아래 미국에 직면한 외교문제를 해결"하고자 했던 것이다.[8)]

『상식』이 '모범조약'으로 미국 외교의 토대를 쌓았고, 워싱턴 행정부에서 그것이 준수되었지만, 그것이 하나의 원칙으로 기정사실화된 것은 초대 대통령 워싱턴이 임기를 마치면서 발표한 '고별사Farewell Address'였다. 고별사의 대부분은 외교보다는 국내 문제, 특히 격화되는 내부 분열에 초점이 맞추어졌다. 하지만 국내 문제는 대외관계와 직·간접적으로 맞닿아 있었고, 미국인들은 국내와 국외 관계에 대해서 "뚜렷한 구별"을 하지 않았기에[9)], 외교 문제를

8) 김정은, "1793년 유럽전쟁과 워싱턴 행정부의 외교적 대응: 1793년 프랑스와 관련된 외교문제를 중심으로," 『미국사연구』 제40집 (2014), 23-24.

9) Peter S. Onuf, "A Declaration of Independence for Diplomatic Historians," *Diplomatic History* 22:1 (Winter 1998), 76.

적시한 그 분량과 상관없이 고별사는 초기 미국 외교사를 종합하는 의미 있는 자료이다. 고별사에서 워싱턴은 미국이 "특정 국가들에 대해서 지속적이고 완고한 혐오감을 갖는 한편, 다른 나라들에 대해서는 열정적인 애착심을 갖는 태도를 배제"해야 함을 강조하면서, "모든 나라들에 대해 공평하고 우호적인 태도를 지녀야 한다는 점"을 강조했다. "다른 나라에 대해서 끊임없는 혐오감이나 상습적인 호감을 갖는 국가는 어떤 면에서 볼 때 노예 국가나 다름없다."는 것을 지적하면서 국민들의 정서적 중립을 강조했다.[10)]

미국 초기 외교의 선언적 원칙으로 추앙받는 워싱턴의 '고별사'가 갖는 역사적 의의는 막대하다. 다음 장에서 다시 언급하겠지만, 향후, 적어도 19세기 중반까지 미국의 대통령들과 지도자들은 미국 역사에서 최초로 '독트린'으로 탄생하게 되는 1823년의 '먼로 독트린'보다는 워싱턴이 '고별사'에서 남긴 외교 원칙을 더 되새겼다. 이 점에서 먼로 독트린은 큰 틀에서 '고별사'의 반복이라고 할 수 있다. 물론 '고별사'가 탄생하게 되는 배경에서 중요하게 고려되어야 할 점은 치열하게 전개되는 유럽 내 세력경쟁의 틈바구니에서 살아남기 위한 신생 미합중국의 현실적 몸부림이었다. '고별사'는 강한 자신감을 토대로 미국 외교의 독자노선을 선포한 것이 아니라, "국제정치의 야수성에 대한 통찰, 미국의 취약성에 대한 냉철한 자각, 미국의 장대한 미래에 대한 낙관적 전망이 삼위일체로 엮어낸 약소국 외교철학의 진수였다."[11)]

---

10) 미국사 연구회 엮고 옮김, 『미국 외교의 기본 사료』 (서울: 소나무, 1992), 65쪽.
11) 권용립, "조지 워싱턴의 <고별사>: 틈새약소국 외교철학의 텍스트," 『미국사

워싱턴의 '고별사'가 갖는 그 역사적 의의가 큰 만큼 페인의 『상식』의 역사적 가치를 상기할 필요가 있다. 워싱턴과 그의 각료들이 '고별사'로 대표되는 외교 원칙을 창조한 것이 아니다. 그 들의 귓가에는 여전히 『상식』의 메시지가 강하게 울려 퍼지고 있었다. 18세기 말과 19세기 초는 '혁명의 시대'였다. 혁명은 혼란을 낳고, 그 혼란은 유럽뿐만 아니라 미국에서도 계속되었다. 미국의 국내 정치뿐만 아니라 그 국내 정치와 밀접하게 맞닿아 있는 외교에서도 혼란의 연속이었다. 이렇듯 혼란과 혁명의 시기에 탄생한 미국합중국이 치러야할 외교적 난제는 결코 녹록치 않았다. 이러한 시대적 상황에서 『상식』의 역사적 의의를 찾아야 하며, 그것은 다음과 같이 평가할 수 있다. "혁명의 시대가 가져온 혼란과 균열, 그것과 맞물린 이상과 현실의 부정합, 그리고 새로운 국가로서는 대응하기에 힘에 부친 국제질서의 파고, 이러한 역사적 현실을 고려할수록 페인과 그의 『상식』의 찬연함이 돋보일 수밖에 없다."[12] "유럽의 어느 나라와도 어떠한 관계를 맺어서는 안 되며, 유럽 국가들의 세력다툼에서 떨어져 있는 것이 미국의 참다운 이익이다"고 선언한 부분이 『상식』에서 아무리 작은 비중을 차지한다 하더라도 처음으로 이러한 주장이 피력됐다는 점이 중요하다. 그리고 이것이 당시 『상식』이 갖는 절대적인 영향력에 힘입어 미국의 일반 대중뿐만 아니라 지도자들에게도 깊게 각인되었다는 점을 간과해서는 안 된다.

연구』 제44집 (2016), 202.

12) 김봉중, "미국 초기 외교의 이상과 현실: 토마스 페인과 『상식』의 영향을 중심으로," 『미국사연구』 제26집 (2007), 21.

『상식』에서 선포된 미국 외교의 원칙은 '모범조약'에서 그대로 재현되었고, 워싱턴의 중립선언에서 반복되었으며, 워싱턴의 고별사에서도 다시 등장했다. 3대 대통령 제퍼슨도 그의 취임사에서 페인의 외교 원칙을 그대로 되풀이했고, 미국의 초기 외교의 결정판이라 할 수 있는 먼로 독트린 역시 『상식』의 원칙을 재확인하는 것이었다.

혁명의 시기는 그 어느 때보다 구호와 수사(修辭)가 중요한 시기이다. 미국이 독립직후 새로운 국가를 세우고 정비하는 일 못지않게 다급한 현안은 유럽 국가들의 세력다툼에서 미국의 이익을 지켜나가는 것이었다. 당시 미국의 국력을 고려할 때 이것은 벅찬 일이었다. 더군다나 유럽 국가들을 보는 국내의 서로 다른 시선과 그에 따른 지역 정서의 나뉨을 놓고 볼 때 외교적으로 뚜렷한 원칙을 세우는 일은 결코 쉽지 않는 일이었다. 누군가 영향력 있는 사람이 단순하면서도 호소력 있는 수사를 동원해서 그 원칙의 토대를 제공할 필요가 있었다. 여기에 페인과 그의 『상식』이 등장했던 것이다.

Ⅱ.

나폴레옹 전쟁으로 대표할 수 있는 유럽의 정세변화는 라틴아메리카에도 변화를 가져왔다. 1807년 나폴레옹은 스페인을 장악하고 페르디난트 7세를 폐위시키고, 그의 동생에게 스페인령 라틴아메리카 식민지에 대한 통치권을 내주었다. 이에 라틴아메리카 식민지는 새로운 통치권을 인정하지 않고 독립을 선언하기 시작했다. 이러한 식민지 독립운동은 나폴레옹 전쟁이 끝난 이후에도 계속되었다.

나폴레옹 전쟁이 끝나자 스페인은 그들의 아메리카 식민지를 지키기 위해 필사적인 외교전을 펼쳤다. 그 하나가 유럽 국가들의 도움을 받는 것이었다. 특히 스페인은 아메리카 이권에 관심을 갖고 있는 프랑스와 러시아에 북아메리카 지역의 영토와 이권을 양도할 의향을 보이면서 스페인령 아메리카 식민지를 복원하려했다. 이것이 스페인이 신성동맹Holy Alliance에 가입한 근본적인 이유라고 할 수 있다.

하지만 스페인은 계속된 내정 불안으로 말미암아 일관적이고 효과적인 식민지 정책을 펼 수 없었다. 스페인은 1820년 혁명에 휩싸였다. 스페인의 입헌주의자들은 페르디난트 7세를 체포하였고 스페인이 입헌군주국임을 선포하기에 이르렀다. 신성동맹 국가들은 긴장하기 시작했다. 신성동맹은 1815년 9월 26일 러시아 황제 알렉산드르 1세, 오스트리아 황제 프란츠 요제프 1세, 프로이센의 프리드리히 빌헬름 3세가 파리에서 체결한 동맹으로서 그들의 가장 큰 목적은 나폴레옹이 확대시켰던 자유주의 사상이 그들의 왕권에 도전하지 못하도록 하는 것이었다. 그들의 입장에서는 스페인의 혁명은 그들 모두에게 위협이었기에 간과할 수 없었다. 결국 그들은 1822년 10월 베로나Verona에서 회합을 가져 대책을 강구했고, 비밀리에 프랑스가 스페인에 군사개입을 하는데 의견일치를 보았다. 그리고, 1823년 4월에 프랑스는 무력으로 혁명세력을 진압하고 페르디난트 7세를 복귀시켰다.

이러한 움직임에 가장 민감하게 반응할 수밖에 없는 나라가 영국이었다. 영국은 북아메리카에 가장 많은 이권을 갖고 있었을 뿐만 아니라 스페인의 쇠락을 틈타 라틴아메리카에서 그들의 이익을 챙기려는 의도를 갖고 있었다. 영국의 입장에서는 스페인의 쇠락은 곧 서인도제도를 포함한 중남미에서 영국의 지배권이 높아간다는 의미였다. 그렇기 때문에 신성동맹이 스페인 사태에 개입하는 것을 달가워하지 않았다. 사실상 서인도제도는 영국의 대서양 무역의 주요 거점이었으며 영국의 경제적 안정에 중요했다. 1818년 영국을 강타한 공황의 상당한 이유는 이 지역의 정치적 불안으로 기인한 투자 손실이었다.[13] 영국은 유럽 국가들이 무력으로 라틴아메리카 국가들의 독립을 방해할 경우에 해당 국가의 독립을 승인할 뿐만 아니라 그 국가의 권익을 보호할 것임을 분명히 했다. 영국의 외무장관 캐닝Geroge Canning은 프랑스 정부에 보낸 서신을 통해 이 점을 명백히 하면서 프랑스도 여기서 예외가 될 수 없다고 경고했다. 영국은 스페인이 "실질적인 지배권을 상실한 지역에 대해서 더 이상 무의미한 간섭을 시도하는 것을 용납하지 않을 것"임을 명백히 했다.[14] 캐닝은 또한 프랑스와 신성동맹이 스페인 식민지를 재정복한다는 것은 바로 영국과의 전쟁을 의미한다고 경고했다. 이러한 영국의 단호한 경고는 라틴아메리카에 대한 신성동맹의 개입을 원천적으로 봉쇄하는 주요한 배경이었다.[15]

---

13) Charles Gide and Charles Rist, *History of Economic Doctrines* (New York, 1948), 172.

14) Charles Bisset, "The Attitude of the English Government Toward the Monroe Doctrine," (1909), 6. The University of Kansas Pre-1923 Dissertations and Theses Collection.

15) Edward Channing, *History of the United States* (Charleston, 2010), Vol. V, 342-3.

이러한 유럽의 상황 속에서 영국은 미국과의 동맹을 타진하게 되었다. 1823년 8월 16일, 캐닝은 미국 공사 러쉬George Rush를 불러서 구두로 이것을 전한 후 8월 22일 이 내용을 문서로 요약해서 러쉬에게 보내왔다. 그것은 다섯 개의 항목으로 나뉘어졌다.

1. 우린 스페인이 그들 식민지를 다시 복원하는 일이 불가능하다고 본다.
2. [스페인의] 식민지들을 독립된 국가로 인정하는 문제는 시간과 상황을 보고 결정 할 문제라고 본다.
3. 그렇다고 우리가 [스페인] 식민지와 모국사이에 평화적인 협상을 통해서 문제를 해결하는 것을 방해할 생각은 추호도 없다.
4. 우리의 목적은 [스페인] 식민지 어느 곳도 차지하는 것이 아니다.
5. 우리는 [스페인] 식민지의 어느 곳도 다른 국가에게 양도되는 것을 간과하지 않을 것이다.

캐닝은 9월 18일, 외무성에서 가진 기자회견에서 그의 제안을 공개적으로 시인했으며, 미국이 본인의 제안에 동참해야 하는 이유를 다름과 같이 덧붙였다.

> "미국은 아메리카 대륙에 생긴 최초의 강력한 국가이며 의심할 여지없이 주도적인 국가이다. (중략) 이 새로운 대륙의 운명에 접해있는 막대한 정치적, 상업적 이익이 미국의 협조나 심지어 미국의 인정함이 없이 검토되고 조정될 수나 있단 말인가? 또한 이러한 검토와 조정이 통상 및 해군력에서 주도적인 영향력을 행사하는 미국과 영국의 적절한 이해 없이 가능하단 말인가?"[16]

16) Ernest R. May, *The Making of the Monroe Doctrine* (Cambridge, 1975), 7.

캐닝의 제안은 정중했으며 진정성을 갖고 있었다. 러쉬는 미국 지도자들이 이런 뜻밖의 제안에 당황스러워 할 것을 알고 있었다. 그 동안 영국이 보여주었던 미국에 대한 고자세의 태도에다 1812년 전쟁의 여운도 아직 완전히 가시지 않는 상황에서 갑작스럽게 미국과의 동맹을 타진하는 것에 미국인들은 의아할 수밖에 없기 때문이었다. 이에 러쉬는 미국 지도자들에게 캐닝의 제안에 상당한 진정성이 있음을 확인해 줄 필요가 있었다. 그래서 그는 국무장관 애덤스John Quincy Adams에 보낸 편지에서 캐닝의 제안은 "진실성과 우애를 갖추고 있기에 미국 정부는 이를 가볍게 여길 수 없다."고 했다.[17)]

먼로James Monroe 대통령도 캐닝의 입장에 우호적이었다. 캐닝의 메시지를 접한 먼로는 다음과 같이 기록했다.

> "(신성)동맹국들이 아메리카 대륙 어디에나 그들의 정치적 제도를 확장시키려는 시도는 분명히 우리의 평화와 행복을 침해하는 행위이다. 우리의 남쪽 형제들은 그대로 방치될 경우 그들이 원하는 것을 얻을 수 없다. 그렇기 때문에 우리는 무관심 속에서 사태를 방관하기란 불가능하다. 만약 스페인과 라틴아메리카 국가들 사이의 힘의 불균형과 지리적인 간격을 고려한다면, 스페인이 다시는 그들을 지배하지 못하게 해야 한다. 미국의 원칙은 양측이 이 문제를 스스로 해결하도록 불간섭주의를 추구하는 것이며 다른 국가들도 미국과 같은 정책을 추구할 것을 희망한다."

17) Charles Bisset, "The Attitude of the English Government Toward the Monroe Doctrine," (1909), 5. The University of Kansas Pre-1923 Dissertations and Theses Collection.

유럽의 정치적 변화는 미국에 상당한 압박을 가했다. 신성동맹이 스페인뿐만 아니라 이탈리아 남부의 자유주의 혁명 등을 제지하자, 미국은 이를 반(反)절대주의를 내세운 민주 세력에 대한 전제군주들의 역공으로서 전제왕국의 정치적 담합으로 보았다. 특히 스페인 사태는 아메리카 식민지에 끼치는 영향이 컸기 때문에 미국 행정부도 이에 대한 초미의 관심을 갖고 지켜보고 있었다. 당시 미국과 서인도제도의 교역은 미국 통상에서 무시 못할 부분을 차지하고 있었기 때문에 미국은 스페인 사태의 영향으로 서인도제도에 새로운 변화가 생성되는지에 관심이 컸다. 이런 경제적인 이유 외에도 제퍼슨과 같이 영향력이 큰 정치인들은 미국이 좀 더 적극적으로 쿠바를 비롯한 중남미 지역에 대한 영향력을 강화시켜야 한다고 주장하고 있었다.[18] 또한 이데올로기적으로도 미국 독립의 이상이 유럽에 전파되기를 원했던 미국인들은 스페인을 비롯한 유럽의 자유주의 혁명을 옹호했는데, 1815년 비엔나 회의 이후 유럽이 다시 보수반동의 시대로 회귀하자 이에 불만이었다. 결국, 신성동맹이 결성되자 미국은 동맹이 미국 혁명과 프랑스 혁명이 태동시켰던 자유주의 사상을 근절하려는 반(反)역사적인 움직임으로 비판하였고, 세계가 중세 암흑기와 같은 "전제주의의 무풍calm of despotism" 시대로 되돌아 갈 수 있다고 비난했다.[19]

비록 미국이 유럽에 갖는 정치적 영향력의 한계 때문에 유럽의

18) 주)28 참조.

19) Edward Howland Tatum, Jr., *The United States and Europe, 1815-1823* (New York 1967), 30.

자유주의 혁명에 대한 지지는 정서적인 후원에 그칠 수밖에 없었지만, 신성동맹으로 자유주의 혁명을 타도하며 절대주의를 복원하려는 유럽의 정치적 변화에 미국은 긴장하지 않을 수 없었다. 가장 중요한 이유는 유럽의 기류가 아메리카에 미칠 영향 때문이었다. 스페인은 남아메리카 식민지에서 불고 있던 독립 및 민주화 운동을 제압할 힘을 갖고 있지 않았기에 동맹국에 도움의 손길을 내밀을 것이고, 도움을 준 국가들은 그에 대한 보상을 요구할 것이다. 스페인은 아메리카 식민지 이권의 상당 부분을 그들에게 양도할 확률이 높아갈 것이며, 이는 곧 이제 갓 시작한 아메리카의 독립 운동의 열풍이 꺾이면서 아메리카는 다시 한 번 유럽 열강의 식민지 패권주의의 제물로 희생될 가능성이 높아갈 것이기 때문이다.

동맹국들은 아메리카 식민지에 대해서 서로가 뚜렷한 약속을 한 것이 아니지만 먼로 행정부는 4자 동맹이 아메리카 식민지에 대해 그러한 상호 인식을 공유했다고 우려했다. 특히 스페인이 남아메리카에 대한 그들의 점유권을 보장받기 위해서 프랑스와 러시아에 아메리카 영토와 이권을 상당 부분 양도할 가능성이 높았다. 이는 미국은 물론이요 영국이 우려하는 바였다.[20] 1823년 4월에는 프랑스가 스페인 내전에 개입해서 스페인 왕권에 도전한 입헌주의자들의 혁명을 제압하고 페르디난트 7세의 왕정복권을 도왔다. 미국은 이러한 선례가 스페인령 아메리카 식민지에서 재현될까봐 우려했다.[21]

---

20) Bisset, "The Attitude of the English Government Toward the Monroe Doctrine," 5.
21) Jay Saxton, *The Monroe Doctrine: Empire and Nation in Nineteenth-century America*

Ⅲ.

미국은 러시아의 북아메리카 진출을 우려하고 있었다. 당시 아메리카 북서 지역에서 가장 넓은 영토를 소유하고 있던 나라는 러시아였다. 1821년 9월, 알렉산더 1세는 황국칙령을 발표해서 위도 51도까지의 북서부 태평양 연안을 러시아의 영역이라고 선포하고 외국 선박이 러시아의 허가 없이 그곳에 들어오는 것을 금지했다. 어느 선박이든 해당 위도에 속한 태평양 연안 150마일 내로 접근할 시에는 선박 나포나 선적물 몰수를 각오해야 한다고 으름장을 놓았다.[22]

러시아가 아메리카의 태평양 연안에 야욕을 드러낸 것이 현재의 미국인들에게는 낯설게 다가올 수 있다. 하지만 1719년 피터대제가 그 지역에 대한 탐사를 명령했고 러시아는 이후로도 계속 관심을 보였다. 18세기 후반부터 그 곳은 갓 독립한 미국뿐만 아니라 영국과 러시아가 꾸준히 탐험가를 보내며 관심을 보여 온 지역이었다. 러시아와 미국 사이에 공식적인 외교관계가 성립될 즈음에 러시아는 북태평양 지역에 대한 미국의 진출에 대한 우려감과 함께 이 지역에서 미국과의 공동교역에 대한 기대감을 동시에 갖고 있었

(New York, 2012), 49

22) Carl Cavanagh Hodge, Cathal J. Nolan, *U.S. Presidents and Foreign Policy: From 1789 to the Present* (Santa Barbara, CA., 2007), 49. Frank Flexher Stephens, *The Monroe Doctrine: Its Origin, Development and Recent Interpretation*. (Columbia, MO, 1916), 6-9. Hiroo Nakajima, "The Monroe Doctrine and Russia: American Views of Czar Alexander I and Their Influence upon Early Russian-American Relations," *Diplomatic History* 31:3 (2007), 439-463.

다. 18세기 초부터 러시아는 이 지역에 대한 "인지적 지리mental geography"감을 갖고 있었다. 하지만 1867년 알라스카를 미국에 팔아버린 사실이 여실히 증명하듯 러시아가 북태평양 지역에 대해서 북아메리카의 태평양 연안에 대한 러시아의 진출이 조직적이고 체계적으로 이뤄진 것은 아니라고 할 수 있다.[23] 미국은 그 지역으로의 진출을 서부 해안으로의 진출이라고 하지만 러시아의 입장에서는 동부해안으로의 진출이라고 했다.[24] 러시아는 '북 태평양North Pacific'을 '동해안Eastern Sea'이라고 불렀다. 미국의 입장에서는 태평양 북서부에 대한 러시아의 진출이 1815년 이후 유럽의 정세변화에 편승한 야욕이지만, 러시아의 입장에서는 나폴레옹 전쟁으로 잠시 중단되었던 러시아의 신대륙에 대한 진출을 재가동 시킨 것이었다. 러시아는 아메리카의 북서 태평양 연안을 영국이나 미국의 영향권에 속한 지역으로 보지 않았고, 단지 시베리아에서부터 알라스카를 거쳐 계속 연장되어야하는 러시아 제국의 연장으로 여겼던 것이다.[25] 이런 러시아의 사고에는 변화가 없었지만, 미국이 독립하고 국력이 날로 신장되었으며, 특히 1803년 미국이 루이지애나 영토를 매입하면서 서부 해안으로 가는 행로를 개척하자 러시아는 현실적으로 북서 캘리포니아에 대한 개척을 미국과 함께해야 한다고 자각하기 시작했다. 이것이 1807년에 러시아가 미국과 공식적인

23) Martina Winkler, "Another America: Russian Mental Discoveries of the Northwest Pacific Region in the Eighteenth and Early Nineteenth Centuries," *Journal of Global History* (2012) 7: 27-51.

24) Ibid., 27-28.

25) Ibid., 39.

외교관계를 구축한 배경이었다.[26)]

제정 러시아는 다른 유럽 국가들과는 달리 국가적 차원에서 해외 영토를 확보하려는 노력을 하지 않았다. 미국 독립 당시 러시아가 정부차원에서 보호했던 북아메리카 회사는 쉐리코프-고리코프 회사the Shelikhov-Golikov Company였다. 1788년 9월 22일 이 회사의 요청을 받고 캐서린 대제는 황실칙령을 내려서 회사의 북아메리카 무역의 독점권을 인정했지만, 그러한 권한은 오직 그들 회사가 당시 관할하던 지역 내로 한정되었을 뿐이었다.[27)] 이를 바탕으로 다른 회사들이 북아메리카에 진출해서 쉐리코프-고리코프 회사와 경쟁을 시도했다. 결국 쉐리코프-고리코프 회사를 모태로 한 러시아 최초의 주식회사인 아메리카 종합회사Russian-American Company, RAC가 설립되었고, 1799년 차르 바울 1세는 그 회사에 북위 55도까지의 무역 독점권을 인정해줬다.[28)]

이렇듯 미국 건국 초기에 러시아의 태평양의 북아메리카 연안 진출은 미국이 우려할만한 정도가 아니었다. 건국 초기 미국 지도자들이 아메리카 대륙에 대한 유럽 국가들의 야욕에 가장 예민하게 반응했던 지역은 서인도제도였다. 이 지역은 미국의 통상에도 중요한 위치를 차지하는 곳이기도 하지만, 지리적으로도 미국의 남부와 맞닿아 있기에 미국이 그 지역에 대한 유럽의 진출에 민감하게 반응할 수밖에 없었다. 상당수의 미국 지도자들은 건국 직후부터 이

---

26) Martin Lewis, 'Dividing the ocean sea', *Geographical Review* 89 (1999), 188-214. Bisset, *The Attitude od the English Government Toward the Monroe Doctrine*, 5.

27) Derek Pethick, *First Approaches to the Northwest Coast*. (Vancouver. 1976), 26-33.

28) Lydia T. Black, *Russians in Alaska, 1732-1867* (Fairbanks, AK, 2004), 102.

들 지역을 미국의 영향권으로 여겼다. 그 대표적인 사람이 제퍼슨이었다.

1792년, 초대 국무장관 제퍼슨은 쿠바, 푸에르토리코, 플로리다를 포함한 스페인의 영토는 북아메리카 대륙의 "자연적인 부속 natural appendages"이라고 여겼다.[29] 제퍼슨은 특히 쿠바와 푸에르토리코는 미국의 안보와 주권에 중요하다고 생각했다. 먼로 대통령이 제퍼슨에게 편지를 보내서 캐닝의 제안에 대한 의견을 묻자, 제퍼슨은 여전히 같은 생각을 하고 있다는 점을 확실히 했다. 제퍼슨은 쿠바는 "미국 제도에 가장 가치 있는 첨가"[30]라고 밝히면서 쿠바의 지리적 위치, 넓은 항구, 멕시코 만과의 연계, 설탕과 담배를 포함한 생산물의 가치 등을 고려할 때 미국은 이 지역이 다른 유럽 국가들의 소유가 되도록 방치해서는 안 되며 그럴 가능성이 있다면 전쟁이라도 불사해야 한다고 주장했다.[31]

제퍼슨뿐만 아니라 존 애덤스도 같은 생각을 갖고 있었다. 1798년 서인도제도 국가들이 스페인과 프랑스 등 모국에 반란을 일으키자 당시 애덤스 대통령은 남아메리카 사태를 놓고 영국과 협상을 벌였다. 미국은 이 지역의 식민지에 대한 독립을 지원하는 대가로 영국의 상업적 특혜를 인정하는 대신 영국으로부터 루이지애나와 쿠바 영유권을 타진했다.[32]

---

29) Congress 1 Sess. No. 26. Letter of Thomas Jefferson to President Monroe, Oct. 24, 1823. digital.library.okstate.edu/OAS/oas_pdf/v08/p163_167.pdf

30) Ibid.

31) Ibid.

32) Ibid.

이러한 원로 정치인들은 물론이요 당시 막강한 정치력을 갖고 있던 웹스터, 클레이, 칼훈, 갤러틴 등도 같은 생각을 갖고 있었다. 런던주재 미국 공사 갤러틴Albert Gallatin은 캐닝에게 중남미 섬들이 유럽 강국의 소유권으로 이전되는 것을 미국은 용납하지 않을 것이라고 점을 확실히 했다.[33] 1812년 영국과의 전쟁 당시 국무장관을 지냈던 먼로는 1815년에 플로리다와 미시시피는 물론이요 멕시코만 어느 일부라도 영국이나 다른 유럽의 영향권에 들어가는 것은 미국의 국익에 유해하다고 판단했다. 그 땅이 아무리 매력적인 가치가 없다고 하더라도 외국 세력이 그 땅을 "미국을 공격하는 기지로 사용할 가능성이 있기 때문이었다."[34] 먼로를 뒤이어 국무장관을 지냈던 클레이Henry Clay는 1818년에 "[미국은] 아메리카 가족의 자연적인 우두머리"[35]라고 말하면서 중남미 섬들에 대한 미국의 책임을 환기시켰다. 남부를 대변하고 있는 칼훈은 남부와 맞닿아 있는 중남미 지역에 대해 미국의 적극적인 개입을 주장하고 나섰다. 그는 신성동맹의 영향력이 중남미 지역에 행사하도록 미국이 간과해서는 안 되며, 이를 위해서 미국이 주도적인 역할을 해야 한다고 믿었다.[36] 국무장관 애덤스의 입장도 근본적으로 이들의 주장

33) Annals of Congo 1 Sess. Vol. II, p.1485.

34) Lars Schoultz, *Beneath the United States: A History of U.S. Foreign Policy Toward latin America* (Cambridge, 1998, Kindle Edition), Loc 137.

35) ("We are the natural head of the American family,") Calvin Colton. *The Life and Times of Henry Clay* (New York, 1846), vol. 1. 221 Halford L. Hoskins, "The Hispanic American Policy of Henry Clay, 1816-1828," *Hispanic American Historical Review* 7: 4 (Nov. 1927), 460-478.

36) May, *Making of the Monroe Doctrine, 1823-1826*, 48.

과 다르지 않았다. 1823년 신임 스페인 주재 미국 공사에게 보낸 편지에서 애덤스는 쿠바를 미국에 합병하는 것은 "연방 자체의 영속과 영토 보존에 필요불가결한 것"이라고 못 박았다.[37]

미국이 서인도제도를 비롯한 라틴아메리카 문제에 민감할 수밖에 없는 것은 사실이지만, 그렇다고 이들 문제에 적극적으로 미국의 입장을 드러낼 수도 없는 입장이었다. 이들 지역에 대한 미국의 이익을 본격적으로 추구하기에는 아직 미국의 국력이 강력하지 못했으며, 그 지역의 독립을 공개적으로 지지하는 것도 유럽 국가들과의 불필요한 마찰을 불러올 수 있는 소지가 있기에 신중하게 판단해야만했다. 식민지 국가들의 독립을 재빠르게 승인한다는 것은 스페인과 그 우방국에 대한 전쟁을 의미하는 것인 반면 너무 늦게 승인한다면 식민지 국가들의 적대감을 살 것이었기 때문이다.[38]

Ⅳ.

"산은 마라톤을 바라보고, 마라톤은 바다를 바라보네. 그 곳에서 오랫동안 사색에 잠기다가 그리스가 여전히 자유롭기를 꿈꾸노라." 바이런Don Juan Byron 경의 시구는 미국인들의 감성에 많은 울림을 가져왔다. 1821년 그리스가 오토만제국으로부터 독립을 시도하자 미국과의 직접적인 정치 경제적 이해관계가 없었던 그리스 독립문제는 순식간에 미국인들의 관심거리로 부상했다.[39]

---

37) Schoultz, *Beneath the United States*, Loc 751.

38) Channing, *History of the United States,* Vol. V, 342-3.

전직 대통령 제퍼슨이나 매디슨 모두 그리스 사태에 미국이 개입해야 한다고 생각했다. 심지어 국무장관 애덤스의 아버지 애덤스조차 여기에 동조했다. 1823년 뉴욕의 그리스 위원회the Greek Committee에 보낸 서신에서 애덤스는 제퍼슨과 매디슨과 생각을 함께한다는 점을 명확히 했다.[40] 대통령 먼로 역시 그리스에 대한 연민의 감정을 갖고 있었다. 1822년 12월 3일 의회에 보낸 교서에서 먼로는 "미국은 전 세계에 위대한 본보기가 되어야하며 이를 위해서 자유, 인류애, 풍족한 원조"를 제공해야 함을 밝혔다. 여기서 원조의 대상이 어디인지를 명확히 밝히지 않았지만 당시의 국제적 상황과 미국인들의 관심을 고려할 때 그 대상이 그리스라는 것은 분명했다.[41]

'그리스 열병Greek Fever'은 퀘이커 교도의 전통이 강한 필라델피아는 물론이요 뉴욕과 보스턴을 강타했으며 버지니아의 린치버그나 미시시피의 나체즈에 이르기까지 광범위하게 확산되고 있었다. 『내셔널가제트National Gazette』의 편집인이 묘사했듯이 이러한 열병으로 미국인들은 그리스에 개입하는 것이 "신성하며 엄숙한" 의무로 동질화하였다.[42]

---

39) Lawrence S. Kaplan, "The Monroe Doctrine and the Truman Doctrine: The Case of Greece," *Journal of the Early Republic* 13:1 (Spring 1993), 1-21.

40) Adams's letter of Dec. 29,1823, in Niles' Register, Jan. 24, 1824, 325, Myrtle A. Cline, *American Attitude Toward the Greek War of Independence, 1821-1828* (Atlanta, 1930), 45에서 인용.

41) President's Message to Congress, Dec. 3, 1822, in James D. Richardson, comp., *A Compilation of the Messages and Papers of the Presidents, 1789-1897* (10 vols., (Washington D.C., 1896-1899), Ⅱ, 193.

예일대를 비롯한 대학가에는 이러한 그리스 열풍에 휩싸였다. 예일대 총장 예레미아 데이Jeremiah Day를 비롯해서 워싱턴 어빙Washington Irving, 윌리엄 브라얀트William Cullen Bryant와 같은 저명한 학자들이 여기에 동참했다. 이들의 영향에 따라 상당액의 정치헌금이 그리스에 보내졌는데 이는 당시 런던의 관련 기구들이 그리스에 보낸 액수보다 많은 금액이었다.[43]

이러한 그리스 열병에 동요하지 않고, 오히려 그 열병을 잠재웠던 인물은 국무장관 애덤스였다. 애덤스는 근본적으로 차가운 지성과 이성을 갖춘 정치인이었다. 그는 그리스 열병이 한 순간이며 시간이 지나면 이내 사라질 가능성이 높다고 보았다. 이러한 판단은 프랑스 혁명에 대한 미국인들의 반응이 어떻게 변화했는가에 대한 경험이 크게 작용했다. 프랑스 혁명이 발발하자 대다수 미국인들은 프랑스가 미국 독립혁명으로부터 영향을 받아 미국과 유사한 구호를 내걸고 혁명에 돌입했다고 흥분했다. 하지만 이내 프랑스 혁명이 걷잡을 수 없는 혼란에 빠지고 공포정치를 낳게 되자 미국인들은 혁명에 대한 고무적인 기대를 버리고 우려에 휩싸였다. 이내 이러한 우려는 나폴레옹의 등장과 유럽 전쟁으로 말미암아 미국인들

---

42) Cline, *American Attitude Toward the Greek War of Independence*, 111.

43) Ibid., 101; Paul Constantine Pappas, *The United States and the Greek War for Independence, 1821-1828* (New York, 1985), 43. 이외에도 그리스 사태를 보는 미국인들의 견해는 다음을 참조. E. M. Earle, "American Interest in the Greek Cause, 1821-1827," *American Historical Review* 33 (Jan. 1927), 337-367; Stephen A. Larrabee, *Hellas Observed: The American Experience of Greece. 1775-1865* (New York, 1957); William St. Clair, *That Greece Might Still Be Free. The Philhellenes in the War of Independence* (Cambridge, 2008).

의 프랑스 혁명에 대한 생각이 완전히 반전된 것이다. 애덤스는 그리스도 그러한 반전의 여지가 있다고 본 것이다.[44)]

애덤스는 구세계의 영향력으로부터 미국을 보호하기 위해서 천진난만한 이상적 개입주의를 버리고 실리적인 중립주의를 펼쳐야 한다고 주장했다. 그는 워싱턴 시대부터 미국이 미국 외교의 근간으로 자리 잡은 중립주의를 지키는 것이 갈수록 복잡하게 전개되는 유럽의 영향력에서 벗어나 미국의 실리를 챙길 수 있는 최선의 방법이라고 보았던 것이다.

물론 애덤스도 정치인으로서 그의 정치적 이해를 타진할 수밖에 없었다. 메이May는 먼로 독트린이 애덤스의 정치적 야망의 결과물이라고 주장했다. 대통령 출마를 염두에 두고 있던 애덤스는 그의 정치적 배경이었던 예전의 연방주의자들과의 연계를 끊어야 했으며, 특히 하버드 대학의 그리스학 교수 에버렛Edward Everett의 영향력에서 벗어나야 했다. 에버렛은 1823년 10월『노스아메리카리뷰North American Review』에 투고한 글을 통해서 그리스 열병을 가열시켰다.[45)] 구연방주의자들이 그리스 개입론을 펼치면서 그들과 개입주의를 동격화 했기 때문에 애덤스는 영국과 유럽으로부터의 독립을 외치는 것이 그의 차별적 이미지를 부각시킬 수 있다고 보았던 것이다.[46)]

---

44) Amy Kaplan, H-Diplo Roundtable Review www.h-net.org/~diplo/roundtables Volume XIV, No. 10 (3 December 2012), 12.

45) Cline, American Attitude Toward the Greek War of Independence, 1821-1828, 32-35; James A. Field, *America and the Mediterranean World, 1776-1882* (Princeton, 1969), 121-123.

애덤스가 미국을 '그리스 열병'에서 치유되기를 원했던 근본적인 이유를 개인적 야망에서 찾기란 쉽지 않는 일이다. 메이의 주장은 추측에 근거한 것이다. 만약 메이의 주장대로 애덤스가 정치적 야망에 근거해서 어떠한 외교적 원칙을 선택했다면, 애덤스는 그리스 열병에 순응하면서 동시에 중남미 지역에 대한 미국의 중립주의를 주장하는 이원적인 태도를 병행하는 것이 최선의 방법이었을 것이다. 하지만 애덤스는 어떤 이유든지 간에 미국이 유럽의 문제에 개입해서 불필요한 문제의 소지를 남길 필요가 없다고 보았다.

이러한 그의 견해는 일관적이었으며 강력했다. 그렇지 않았다면, 먼로 대통령이 이른바 '먼로 독트린'이 포함된 1823년 연례교서에서 당시 애덤스를 제외하곤 대부분의 참모들과 원로 정치인들이 우호적인 시선으로 바로보고 있었던 그리스 사태와 그에 따른 라틴아메리카와의 연계를 거부하고 미국의 전통적인 중립주의를 표방하기 어려웠을 것이다. 사실, 애덤스는 이미 메시지 작성을 시작한 먼로에게 라틴아메리카와 그리스 문제를 연계시키지 말고 그리스 문제에 너무 깊은 연민을 드러내지 말 것을 주문했고, 먼로는 국무장관의 이러한 청원을 분명히 메시지에 반영시켰다. 얼마 전까지만 해도 그리스는 유럽의 어두운 전제정권으로부터 해방되어야 한다고 공공연하게 주장했던 대통령은 이번 메시지에서 '전제주의despotism'와 같은 자극적인 단어나 어휘 대신, 그리스가 독립 국가로 거듭나고 예전의 지위를 되찾는 것이 미국이 "가장 간절히 바라는 것"이라는 등 훨씬 온건한 표현을 사용해서 그리스 문제를 설명했다.[47]

46) May, *The Making of the Monroe Doctrine*, 188-189.

V.

11월 7일 각료회의를 시작으로 먼로 대통령은 영국의 동맹제의를 놓고 일련의 각료회의를 열었다. 대통령뿐만 아니라 대다수의 각료들은 이 문제가 얼마나 중대한 사안인가를 잘 알고 있었다. 각료들 중에서 국무장관 애덤스를 제외하면 전쟁장관 칼훈의 입장은 영향력이 컸다. 재무장관 크로포드William H. Crawford도 외교 문제에 관심이 많았고 정치적 영향력도 컸으나 당시 병환으로 회의에 참석하지 못했다. 그래서 각료들은 칼훈이 어떠한 입장을 취할지에 관심이 집중되었다.

칼훈의 입장은 대체적으로 제퍼슨과 비슷했다. 남부를 대표하는 정치인으로서 쿠바를 비롯한 중남미 지역이 남부의 경제에 미치는 영향에 민감한 칼훈은 그 지역에 대한 미국의 이권을 보장받기 위해서 막강한 군사력을 갖춘 영국과 동맹을 맺는 다는 것은 환영할 일이었다. 그렇기에 칼훈은 라틴아메리카에 대한 신성동맹의 위협에 미국과 영국이 공동으로 대처하는 것이 바람직하다고 밝히면서 영국의 제안에 우호적인 입장을 표명했다. 칼훈은 스페인의 쇠락에 따른 유럽 열강의 중남미에 대한 관심과 개입은 결국 미국을 분열시킬 가능성이 있기 때문에 미국은 이차에 한 목소리를 내야 한다고 주장했다. 당시 루이지애나 지역은 여전히 프랑스의 영향이 컸

47) Sixth Annual Message, Dec. 3, 1822, in James D. Richardson, *A Compilation of the Messages and Papers of the Presidents*, Part 1: James Monroe, March 4, 1817 to March 4, 1825, 193; Seventh Annual Message, Dec. 2, 1823, ibid., 217. http://onlinebooks.library.upenn.edu/webbin/metabook?id=mppresidents

으며, 서인도제도와 멕시코 등에 대한 시선에서 남과 북은 상당한 차이를 보이고 있었기 때문에 칼훈의 주장은 호소력이 컸다. 칼훈은 각료회의에서 이점을 분명히 하면서 "우리 자신의 해안 문제로 우리가 서로 대적하지 않기 위해서" 이 문제를 현명하게 다뤄야한다고 밝혔다.[48]

칼훈은 영국과 미국이 중남미 지역에 대해서 공동으로 대처하지 않는다면 그 지역은 결국 신성동맹의 영향권에 들어갈 확률이 높다는 점을 강조했다. 여기서 아이러니는 칼훈이 워싱턴의 '고별사'와 유사한 논리를 제시했다는 점이다. 그 회의에서 칼훈은 신성동맹과 미국의 정치적 제도는 "완전히 상반된 것으로서 서로는 결코 섞일 수 없다. 두 제도는 함께 공존할 수 없다. 그렇기에 어느 한 쪽이 [중남미 지역에서] 지배권을 행사해야 한다."고 주장했다.[49] 칼훈은 워싱턴이 주장했듯이 유럽과 미국이 갖는 근본적인이 정치적 차이점에 근거해서 서로 다른 길을 가야하는 점을 분명히 했지만, 그가 생각하는 유럽에 영국은 포함되지 않았다. 그는 오히려 중남미 지역에 관해서 영국과 미국은 공동의 운명체로 행동을 같이 해야 한다고 주장한 것이다. 남부의 이해관계를 염두에 두고 워싱턴의 '고별사' 원칙을 비틀어서 적용한 흥미로운 대목이다.

그러나 애덤스는 영국의 제의를 받아들이는 것을 단호하게 반대했다. 국무장관으로서 누구보다도 유럽의 정치적 상황을 잘 간파하

48) JQA diary, November 26, 1823, 206, in Charles Francis Adams ed., *Memoirs of John Quincy Adams* (Philadelphia, 1874-77), vol. 6, 207.

49) May, *Making of the Monroe Doctrine,* 48.

고 있는 애덤스는 신성동맹이 중남미 지역에 개입할 수 없는 상황에 처해있다고 확신했다. 유럽 내 다양한 정치적 변수로나 그 지역에 대한 영국의 관심 등을 고려할 때 신성동맹이 스페인 식민지 문제에 개입할 수 없다고 본 것이다.[50] 이러한 정치적인 상황 외에도 애덤스는 중남미 지역에 대한 미국의 이권을 위해서 영국과 공동전선을 형성할 필요가 없다고 보았다. 만약 미영 공동선언으로 중남미에 대한 신성동맹의 접근을 막더라도, 그것은 미국보다는 영국의 국익에 이로울 것이기 때문이었다. 즉, 영국이 스페인의 식민지를 신성동맹으로부터 보호했다는 명분을 차지할 것이기에 이 지역에 대한 향후 미국의 이익에도 불리하게 작용할 것이었다. 애덤스는 미국이 "영국 전함의 꽁무니나 따라다니는 새끼 배"의 역할이나 하고 있다는 인상을 줄 수밖에 없다고 말했다.[51]

하지만, 각료회의에서 애덤스의 의견은 소수의견이었다. 전체적으로 각료들은 영국의 제의에 호의적이었다. 11월 18일에 개최된 두 번째 회의에서도 영국의 제의를 긍정적으로 받아들이자는 의견이 지배적이었다. 첫 번째 회의에서 비교적 관망하는 자세를 취했던 먼로 대통령도 각료들의 의견에 동조하고 나섰다. 그렇지만 이번에도 애덤스는 완고하게 반대 입장을 견지했다. 먼로 대통령은 딜레마에 빠졌다. 실무적으로 책임을 지고 있는 국무장관의 생각을 무시하고 다수의 의견이라는 명목으로 영국의 제의를 받아들일 수

50) JQA diary, November 15, 1823, in Adams, *Memoirs*, 186.

51) JQA diary, November 7 to December 2, 1823, Ibid., 177-79. Harry Ammon, *James Monroe: The Quest for National Identity* (New York, 1971), 480-81.

없었고, 국무장관이 반대한다고 해서 다른 사람들의 의견을 묵살할 수도 없는 노릇이었다.

대통령이 이러지도 저러지도 못하자 애덤스는 묘책을 꺼내들었다. 애덤스의 묘책은 다가오는 12월 2일 대통령이 의회에 보내는 연례교서에서 이 문제뿐만 아니라 당시 미국 여론의 관심을 받고 있던 그리스 사태와 태평양 연안에 대한 러시아의 야욕 등 현안 문제를 총괄해서 미국의 기본적인 입장을 정리하는 방법이었다. 애덤스는 라틴아메리카 문제가 그리스 사태나 러시아의 태평양 진출과 직접적인 관계는 없었지만, 그것은 유럽의 정치적 역학관계와 어느 정도 맞물려 있었다고 보았다. 그렇다면, 각 각의 문제에 봉착할 때마다 미국이 개별적인 입장을 표명하기보다는, 차제에 이 모든 문제에 대한 미국의 입장을 하나의 원칙으로 천명할 필요가 있다고 본 것이다. 애덤스는 그 기본적인 원칙은 서반구에 대한 반식민주의와 반개입주의라고 보았다.[52] 이는 영국의 제안에 직접적인 답변을 회피하면서 전통적인 미국의 원칙을 담는 것으로서 누구도 반대할 여지가 없다고 본 것이다.

11월 21일 각료 회의에서 애덤스는 다시금 강력하게 영국과의 공동선언이 아닌 독자적인 선언을 주장했다. 계속된 국무장관의 주장은 호소력이 있었고, 다른 각료들도 이에 대해 적극적으로 반대 의견을 내세우지 않았다. 애덤스의 전문성과 통찰력을 믿었던 먼로 대통령 역시 애덤스의 의견을 존중했다. 애덤스가 이렇게 확신에 차서 미국의 독자노선을 주장한 데는 영국의 입장 변화도 큰 몫을

52) JQA diary, November 26, 1823, in Adams, *Memoirs*, 204-10.

했다. 21일 회담 이전에 영국의 동태에 대한 러쉬의 보고서가 국무부에 도착했다. 캐닝이 무슨 일인지 미국과의 공동성명을 발표하는 일에 그렇게 열성적이지 않다는 보고였다. 러쉬는 애덤스에 보낸 10월 10일 자 보고에서 캐닝은 계속해서 라틴아메리카 문제에 대한 언급을 피하고 있다며 "그와 나 사이에 이제 이 문제에 대한 더 이상의 토의는 없을 것이다."고 전했다.[53] 유럽의 상황에 뭔가의 변화가 일어나고 있다는 것을 감지한 애덤스는 유럽의 상황을 정확히 알 수 없는 상황에서 영국과의 공동선언은 위험하다고 본 것이다.

애덤스의 판단은 맞았다. 미국이 캐닝의 제안을 접하고 각료회의를 시작하기도 전에 캐닝은 스페인령 아메리카 식민지를 놓고 프랑스와 모종의 합의를 이끌어냈다. 미국의 반응이 더디고 여의치 않자 캐닝은 10월에 미국 주재 프랑스 대사 폴리냑Prince Jules de Polignac을 종용해서 프랑스가 라틴아메리카에 개입하지 않을 것이며 스페인령 식민지를 취하지 않을 것이라는 약속을 받아냈다. 이것이 이른바 '폴리냑 메모Polignac Memorandum'였다. 캐닝은 물론 이것을 러쉬에게 말하지 않았고, 러시는 다만 캐닝의 태도를 보면서 뭔가의 변화가 있음을 감지했고, 이를 애덤스에 보고했던 것이다.[54]

각료회의 결과에 따라 애덤스는 러쉬에 훈령을 보냈다. 그는 캐닝이 제안한 다섯 가지 항목에 기본적으로 동의한다는 입장을 밝혔

53) Stanislaus Murray Hamilton, *Writings of Monroe Doctrine* (New York, 1898-1903), 389.

54) Saxton, *The Monroe Doctrine*, 62.

지만 미국은 영국과의 공동선언이 아니라 독자적으로 영국의 입장과 유사한 선언을 할 것이라고 밝혔다. 만약에 상황이 급박해서 공동선언이 필요할 경우에는 이 문제를 놓고 미국 정부가 다시 한 번 심사숙고할 것이라고 했다. 애덤스는 이 훈령에서 문제가 되는 캐닝의 네 번째와 다섯 번째 제안에 대한 그의 입장을 다음과 같이 교묘하게 표현했다. "[양국은] 그들 식민지의 어느 곳도 다른 국가에게 양도되는 것을 간과하지 않을 것이다."는 캐닝의 제의를 "유럽의 일개 국가나 혹은 더 많은 국가들이 라틴아메리카 국가의 동의나 의지를 거슬려서 그들 국가의 자유나 독립을 폐기하는 것을 간과하지 않을 것이다."고 수정했다.[55)]

한편, 먼로 대통령은 12월 2일에 발표할 연례교서에서 애덤스의 의견을 존중해서 중남미 지역의 스페인 식민지에 대한 영국과의 공동선언은 포함시키지 않았다. 애덤스는 교서에 반식민주의 원칙뿐만 아니라 반개입주의 원칙이 명시되는데 결정적인 역할을 했다.[56)] 사실, 먼로는 애덤스의 의견을 존중했지만, 좀 더 강력하고 구체적으로 유럽의 라틴아메리카 개입을 경고하고자 했다. 그는 그러한 의도를 담아서 초안을 작성했는데, 그리스의 독립을 포함한 유럽의 공화주의에 대한 지지를 분명히 했으며, 스페인의 자유주의를 억압한 프랑스와 신성동맹에 대한 비난을 포함하고 있었다. 그는 이 초안을 애덤스, 칼훈, 그리고 법무장관 워트William Wirt에게 전달했다.

---

55) May, *Making of Monroe Doctrine*, 208.

56) Arthur Whitaker, *The United States and the Independece of Latin America, 1800-1830* (New York, 1941), 464-91.

그러나 애덤스는 대통령의 초안에 이의를 제기했다. 애덤스는 유럽의 특정 국가나 동맹을 지칭하거나 그리스의 독립과 같은 유럽 문제에 대한 언급은 불필요하다고 주장했다. 미국은 다만 유럽 국가들이 아메리카 대륙에 간섭하지 말 것과, 이에 호응해서 미국도 유럽의 문제에 개입하지 않을 것이라는 일반적이고 포괄적인 원칙만 내세워야 한다고 본 것이다. 또한 애덤스는 먼로에게 대통령 임기를 얼마 남겨 놓지 않는 시점이라는 점을 강조하면서 미국이 유럽 문제에 개입하는 것보다는 그의 대통령 재임 기간이 "모든 국가들과 평화와 우애"를 추구했던 "미국의 황금기"로 후세들에게 기억되어야 하지 않느냐고 먼로를 설득했다.[57)]

먼로의 12월 2일 연례교서는 13 페이지에 이르는 긴 연설문으로서 주로 국내 정치와 경제 문제에 할애되었다. 외교 문제는 고작 세 개의 단락으로 구성되었으며 총 2 페이지뿐이었다. 그러나 국내 문제는 역사에 기억되지 않았고, 외교 문제는 훗날 '먼로 독트린'으로 명명되어 향후 미국 외교의 기본으로 길이 추앙되고 기억되었다. 먼로 독트린은 미국 건국의 시작부터 미국 외교의 원칙이 되었던 고립·중립주의를 재확인하며, 동시에 아메리카 대륙에 대한 유럽 국가들의 개입에 강한 경고를 하였다. 다음은 그 독트린의 핵심 부분이다.

> "[신성] 동맹을 맺은 강국들의 정치 체제는 (중략) 본질적으로 미국의 체제와 다르다. 이러한 차이는 이들 나라의 제각기 다른 정체(政体)들 속에서 존재하는 차이로부터 유래한다. (중략) 따라서 우리는 미국과 이들 강국간의 솔직하고 우호적인 관계에 힘입

57) Noble E. Cunningham, *Presidency of James Monroe* (Lawrence, 1996), 156.

어 그들의 체제를 이 대륙의 어떤 부분으로든 확장하려는 여하한 시도도 우리의 평화와 안전에 대한 위협으로 간주한다는 것을 선언하는 바이다."[58]

사실 먼로 독트린은 이른바 '반식민주의'와 '반개입주의'를 표방하는 지극히 일반적이고 이상적인 선언이었다. 미국은 이 독트린으로 신성동맹 국가들의 아메리카 진출이나 개입을 실질적으로 막을 수 있는 군사력이나 법적인 근거, 혹은 명분이 없었다. 유럽 국가들뿐만 아니라 라틴아메리카의 신생 국가들도 미국의 한계를 알고 있었다. 그들은 미국의 이상적인 선언보다는 실제적으로 힘이 있는 영국이나 프랑스의 움직임에 더욱 촉각을 곤두세우고 있었다. 신성동맹의 라틴아메리카 개입을 막았던 것은 먼로 독트린과 같은 미국의 선언이 아니라 강력한 해군력을 토대로 한 영국의 외교력이었으며, 먼로 독트린이 아니라 '폴리냑 메모'였으며, 먼로나 애덤스의 외교력이 아니라 캐닝의 외교력이었다. 그래서 런던 타임지는 "먼로 독트린은 어쩌면 캐닝의 독트린으로 봐야한다."고 했다.[59] 그렇기에 먼로 독트린은 실질적으로 라틴아메리카의 독립을 보장하고자하는 선언이라기보다는, 유럽 열강 주도의 국제 관계에서 미국의 독자적인 노선을 재천명한 일종의 '외교적 독립 선언문'과도 같은 것이었다.[60]

---

58) 미국사 연구회 엮고 옮김, 『미국 역사의 기본 사료』 소나무, 1992, 85쪽.

59) Times, January 6, 1824; "Polignac Memorandum," in Harold Temperley and Lillian Penson, eds., *Foundations of British Foreign Policy: From Pitt (1792) to Salisbury (1902)* (Cambridge, 1938), 70-76.

60) Henry Ammon, *James Monroe: The Quest for National Identity* (Charlottesville, 1990), 491-92; Bradford Perkins, *The Cambridge History of American Foreign Relations, Volume 1: The Creation of a Republican Empire, 1776-1865* (Cambridge, 1993), 169.

2

먼로 독트린의 시대: 독트린의 정착, 1823-1860*

Ⅰ.

1823년 12월 2일 먼로 대통령의 연례교서를 통해서 미국 초기 외교의 원칙으로 추앙받는 이른바 '먼로 독트린'이 탄생했다. 먼로 독트린은 19세기 내내, 그리고 적어도 1917년 미국이 1차 세계대전에 참전할 때까지 미국 외교의 기본 원칙으로 추앙받았다. 1904년 12월 연례교서에서 시어도어 루스벨트Theodore Roosevelt 대통령이 라틴아메리카에 대한 개입주의를 표방한 것은 '반식민주의'와 '반개입주의'를 내세운 먼로 독트린에 대한 심각한 변형으로 이해할 수 있다. 그럼에도, 그것이 새로운 독트린으로 명명되지 않고 대신 '먼로 독트린에 대한 루스벨트의 추론corollary'이란 애매한 용어가 사용된 것은 먼로 독트린이 얼마만큼 미국인들에게 절대적인 신념으로 추앙받았는가를 방증하는 것으로 볼 수 있다. 시대의 변화에 따라 미국 외교의 방향과 원칙이 어떻게 변조되든지 간에 먼로 독트린은 고립·중립주의 기본 원칙에 토대를 두고 "아메리카대륙에서 유럽의 영향력을 차단하며, 미국의 이해관계가 닿은 곳에서 질서와 안정을 보장하고, 시장과 물자에 대한 자유로운 접근을 보장"을 추구하려는 미국 외교의 중심축으로 자리 잡았다.1)

먼로 독트린은 미국 초기 외교의 원칙을 집대성한 것이다. 미국 독립에 결정적인 영향력을 끼쳤던 페인Thomas Paine이 『상식 *Common Sense*』에서 제시한 미국 외교의 원칙과 이를 수용해서 독립 전쟁 시기 애덤스John Adams가 프랑스와 체결한 '모델조약Modeal Treaty', 그리고 초대 대통령 워싱턴의 '고별사Farewell Address'와 3대 대통령 제퍼슨의 취임사 등은 고립·중립주의를 표방하는 초기 미국 외교의 원형이었다. 먼로 독트린은 이러한 원칙을 되새김한 것이었다. 이것이 이전의 원칙들과 차이가 있다면, 유럽의 체제를 아메리카 대륙의 "어떤 부분으로든 확장하려는 여하한 시도도 우리의 평화와 안전에 대한 위협으로 간주한다는 것"으로 선언한 것이다. 이른바 아메리카 대륙의 비식민지화 선언이다. 하지만 이에 대한 근본적인 배경으로 먼로는 유럽의 정치 체제가 "본질적으로 미국의 체제와 다르며, 이러한 차이는 이들 나라의 제각기 다른 정체(政体)들 속에서 존재하는 차이로부터 유래"하기 때문이라고 밝혔다.2) 이는

---

* 이 장은 필자의 다음 논문을 수정/보완해서 저서의 성격에 맞춰 재구성했음을 밝힌다. "먼로독트린의 변용: 파나마회의와 명백한 운명을 중심으로," 『미국사 연구』 제43집 (2016), 81-117.

1) Mark T. Gilderhus, "The Monroe Doctrine: Meanings and Implications," *Presidential Studies Quarterly* 36:1, Presidential Doctrines (Mar. 2006), 6.

2) 미국사 연구회 엮고 옮김, 『미국 역사의 기본 사료』 소나무, 1992, 85쪽.

근본적으로 워싱턴과 제퍼슨의 원칙을 반복한 부분이다. 무엇보다도, 가장 큰 차이는 이전의 원칙과는 달리 먼로 독트린은 미국 역사에서 처음으로 '독트린'으로 명명되어서 향후 미국 외교의 시금석으로 우뚝 세워지게 되었다는데 있다.

사실 먼로 독트린은 이른바 '반식민주의'와 '반개입주의'를 표방하는 지극히 일반적이고 이상적인 선언이었다. 앞 장에서 밝혔듯이, 미국은 이 독트린으로 신성동맹 국가들의 아메리카 진출이나 개입을 실질적으로 막을 수 있는 군사력이나 법적인 근거, 혹은 명분이 없었다. 유럽 국가들뿐만 아니라 라틴아메리카의 신생 국가들도 미국의 한계를 알고 있었다. 그들은 미국의 이상적인 선언보다는 실제적으로 힘이 있는 영국이나 프랑스의 움직임에 더욱 촉각을 곤두세우고 있었다. 신성동맹의 라틴아메리카 개입을 막았던 것은 먼로 독트린이 아니라 강력한 해군력을 토대로 한 영국의 외교력이었으며, 먼로나 애덤스의 외교력이 아니라 영국 외무장관 캐닝 Geroge Canning의 외교력이었다. 영국의 *Time* 지는 캐닝이 먼로 독트린을 유발했기에 "먼로 독트린은 어쩌면 캐닝의 독트린"이라고 했다.[3] 즉, 프랑스와 신성동맹 국가들이 스페인의 정치적 혼란을 틈타 라틴아메리카에 대한 영향력을 증대시키려는 것을 차단하기 위해 캐닝이 1823년 8월에 미국 정부에 영미 공동전선을 펼 것을 제안했기 때문이었다. 캐닝은 미국 정부에 보낸 편지에서 "미국은 아메리카 대륙에 생긴 최초의 강력한 국가이며 의심할 여지없이 주도적인 국가"라고 치켜세우며 아메리카 대륙의 현안에 대해 "미국의

3) 앞 장 주)59 참조.

인정함이 없이 검토되고 조정"될 수 없다는 것을 명백히 하면서 영미 양국이 공동으로 대응하자고 제안한 것이다.[4] 먼로 행정부는 캐닝의 뜻밖의 제안을 놓고 고민 끝에 영국의 제안을 거절하고 유럽 열강 주도의 국제 관계에서 미국의 독자적인 노선을 재천명했다. 이런 배경을 염두에 두면, 먼로 독트린은 한 일종의 '외교적 독립 선언문'과도 같은 것이며,[5] 미국 외교사적 전통으로 보면 워싱턴과 제퍼슨이 제시한 외교 원칙을 재확인인 것이었다.

그렇다면, 여기서 하나의 의문이 들 수밖에 없다. 과연 먼로 독트린이 어떻게 초기 미국 외교의 시금석인 '독트린'으로 정착하게 되었을까? 유럽의 복잡한 이해관계에 '얽히게 되는entangle' 동맹과 어느 한 국가와 '영속적인 동맹permanent alliance'을 피하라는 워싱턴의 고별사와 유럽과의 '얽히게 되는 동맹entangling alliance'을 금지한 제퍼슨의 취임사에서 밝힌 외교 원칙은 이후 미국 지도자들에 의해서 하나의 주문(呪文)처럼 수없이 반복되었다. 먼로 독트린이 발표된 이후에도 미국인들은 한동안 독트린보다 워싱턴이나 제퍼슨의 원칙을 되새김했다. 그렇기 때문에 먼로 독트린이 워싱턴과 제퍼슨의 원칙을 제치고, 어떤 과정을 통해 어떻게 하나의 '독트린'으로 정착했는가는 미국 초기 외교사를 이해하는데 확인해야 할 중요한 문제이다.

하지만 그 동안 역사가들은 이 문제를 외면했다. 19세기 미국 외교의 원칙으로 자리 잡은 먼로 독트린의 거대한 역사적 위상 때문

4) Ernest R. May, *The Making of the Monroe Doctrine* (Cambridge, 1975), 7.

5) 앞 장 주)60 참조.

인지 역사가들은 왜 그것이 왜 탄생했는가에 초점을 맞추든지, 그것이 향후 어떤 영향을 끼쳤는지에 주목했다. 예컨대, 먼로 독트린의 고전이 된 메이Ernest R. May의 *The Making of the Monroe Doctrine*이 독트린의 배경을 이해하는 지침서라면 가장 최근에 먼로 독트린을 해부한 색스톤Jay Saxton의 *The Monroe Doctrine: Empire and Nation in Nineteenth-century America*는 그 영향력에 대한 대표적인 연구서라고 할 수 있다.[6] 그 동안의 먼로 독트린에 관련된 연구에서는 먼로 독트린이 어떻게 하나의 독트린으로 자리매김하게 되었는가에 대한 구체적인 해답을 얻을 수 없다. 먼로 독트린 이후 미국 대통령들과 의원들을 포함해서 미국 지도자들이 먼로 독트린을 어떻게 이해했으며, 어느 정도로 중요하게 받아들였으며, 어떻게 당대의 현안에서 적용했을까? 이러한 의문에 대한 해답을 찾는 것이 이 장(章)의 목적이다.

이러한 목적을 위해 선택한 시대적 배경은 1840년대 중반 '명백한 운명Manifest Destiny'의 기치아래 팽창주의를 펼쳤던 시기이다. 먼로 대통령 이후 한동안 중대한 외교적 문제가 없다가 텍사스와 오리건 영토 문제가 부각되면서 미국은 아메리카 대륙 팽창과 라틴아메리카 문제로 논란에 휩싸였다. 이는 미국 지도자들이 그 동안 사실상 잊힌 독트린이었던 먼로 독트린을 어떻게 받아들였고, 그 원칙을 어떻게 적용했는가를 이해하는 귀중한 배경을 제공한다. 먼로 독트린이 하나의 절대적인 외교적 신조로서 받아들여졌던 19세기

6) May, *The Making of the Monroe Doctrine*. Jay Saxton, *The Monroe Doctrine: Empire and Nation in Nineteenth-century America* (New York, 2012).

후반부의 배경보다는 아직 독트린이 뚜렷이 정착되지 않는 '명백한 운명'의 시기를 들여다보는 것은 이 장이 추구하는 목적에 부합되는 최적의 배경이 될 것이다. 다만 본격적으로 '명백한 운명'을 보기 전에 '파나마의회'를 살펴볼 것이다.

1824년 12월 시몬 볼리바르Simon Bolivar가 이른바 '파나마의회'를 제안했다. 아메리카 대륙의 독립 국가 대표들로 구성된 대규모 회의를 파나마 해협에서 개최하자고 한 것이다. 파나마의회에 미국 대표단을 참석시키는 문제를 놓고 미국 의회는 먼로 독트린 이후 라틴아메리카에 대한 가장 뜨거운 외교적 논쟁을 벌였다. 참가를 결정한 행정부와 참가에 반대의 하는 의회 내 비판적인 세력과의 대결은 먼로 독트린이 향후 미국 외교의 시금석으로 정착할 수 있는가를 판단하는 중요한 계기가 될 수밖에 없었다. 파나마의회 논쟁이 10여년 뒤의 '명백한 운명'에 비해 그 역사적 무게가 떨어지기에 지금까지 역사가들의 관심을 크게 받지는 않았지만, 그것이 먼로 독트린이 발표된 지 얼마 되지 않아 발생한 상황이라는 점과 그 논쟁이 '명백한 운명'에도 부활했기 때문에 우선적으로 살펴볼 필요가 있다.

Ⅱ.

1824년 12월 당시 라틴아메리카에서 가장 영향력이 컸던 혁명가 볼리바르가 아메리카 대륙의 독립 국가 대표들로 구성된 대규모 회의를 파나마 해협에서 개최하자고 제안했다. 볼리바르는 라틴아메리카도 유럽의 신성동맹과 유사한 성격의 동맹이 필요하다고 생각했다. 라틴아메리카 독립 국가들의 경제 및 정치적 관계 증진을 도모하고, 스페인이나 다른 유럽 국가들의 간섭으로부터 그들을 지키기 위한 자기방어 체제를 구축하며, 다른 공동의 이익을 위해서 필요하다고 판단했던 것이다. 이것이 1826년에 열린 '파나마의회 Congress of Panama'의 기원이었다.

1825년 봄, 콜롬비아와 멕시코 정부는 미국 국무장관 클레이 Henry Clay에게 미국도 파나마의회에 대표단을 보내줄 것 요청했다. 미국이 1815년 영국과의 전쟁에서 승리한 후 라틴아메리카 문제에 지속적인 관심을 가졌던 클레이에게 파나마의회 초대는 그리 놀랄 일이 아니었다. 클레이는 의회 내에서 라틴아메리카가 더 이상 유럽의 식민지로 전락되는 것을 막기 위해 미국이 우호적이면서도 적극적인 라틴아메리카 정책을 펴야한다고 주장했다.[7] 클레이는 1824년 대통령 선거에서 존 퀸시 애덤스의 경쟁자였지만 먼로 독트린과 라틴아메리카 정책에 있어서는 애덤스와 같은 노선을 취했던 외교적 동반자였다. 이것이 애덤스가 선거에서 승리한 후 클레

7) Halford L. Hoskins, "The Hispanic American Policy of Henry Clay, 1816-1828," *The Hispanic American Historical Review* 7:4 (Nov. 1927), 460-478.

이를 국무장관에 선임한 이유라고 할 수 있다.[8)]

파나마의회가 애덤스에게도 전혀 생소한 개념이 아니었다. 라틴 아메리카 국가 연합체 구성에 관한 논의는 1822년부터 시작되었기에 당시 국무장관이었던 애덤스는 그러한 움직임을 잘 알고 있었다. 그는 1823년 5월 콜롬비아 주재 미국 공사에게 보낸 편지에서 "조만간 미국은 파나마 모임에 초대받을 가능성이 매우 크다. 미국의 참여가 관련 아메리카 국가들의 정치적 융합과 이해관계에 어느 정도 영향을 줄 수 있기 때문이다."고 밝혔다.[9)]

클레이를 통해 콜롬비아와 멕시코 정부가 파나마의회에 미국의 참여를 요청한다는 보고를 접한 애덤스는 긍정적인 반응을 보였다. 클레이는 해당 국가들의 주미 대사들을 통해서 파나마의회가 미국이 건국 이래 하나의 신조처럼 자리 잡은 중립주의 원칙에 위배되거나 '얽어매는 동맹entangling alliance'에 대한 가능성을 배제한 모임이라는 확답을 받았고, 이를 대통령에 보고했기에, 애덤스 대통령은 "즉각적으로at once" 대표단을 보내기로 결정했다.[10)] 미국이 파나마회의에서 분쟁의 소지가 있거나 호전적인 이슈라든가 '얽어매는 사안'에 대해서 관여할 필요가 없다면 애덤스가 그 회의를 외면

---

8) Ibid., 471.

9) Charles Wilson Hackett, "The Development of John Quincy Adams's Policy with Respect to an American Confederation and the Panama Congress, 1822-1825," *The Hispanic American Historical Review*, Vol. 8, No. 4 (Nov. 1928), 504-511. 인용은 511.

10) International American Conference, *The Congress of 1826, at Panama, and Subsequent Movements toward a Conference of American Nations* (Washington, D.C.: Government Printing Office, 1890), 7. 이후 International American Conference로 통일해서 기재.

할 이유가 없었다.

12월 6일 애덤스는 미국이 파나마회의에 대표단을 참석하기로 결정했다는 사항을 의회에 보내는 그의 첫 연례교서에 포함시켰다. "해당 국가의 주미 대사들로부터 미국이 참여해줄 것을 요청받고" 미국 정부는 그 초청을 받아들여 대표단을 보낼 것이라고 밝히면서 애덤스는 파나마의회에 미국이 참여하는 것은 누구와도 "동맹을 맺는 것이 아니며 호전적인 것을 계획하거나 집행하려는 것이 아니다"는 점을 강조했다.[11] 애덤스에 따르면 파나마회의에 미국이 참여해야 하는 이유는 라틴아메리카의 신생 독립국 대부분이 아직 그들의 주권을 지킬 힘이 없으며, 외교적 경험이 없어서 그들의 독립을 인정받는 대가로 유럽 국가들에게 필요이상의 권리를 이양함으로서 미국의 통상에 불리한 조건을 만들 수 있기 때문이라고 했다. 그래서 앤더슨Richard C. Anderson과 서전트John Sergeant를 파나마의회 특명대사로 임명하고 보좌관으로 로체스터William B. Rochester를 임명한다고 밝혔다.[12]

역사가 루이스James Lewis에 따르면 애덤스의 1925년 연례교서는 "남북전쟁 이전 가장 놀라운 연례교서"[13]로서 추후 애덤스 행정부의 외교 목표와 비전을 드러내는 연설이었다. 그런데 대부분의 의원들은 파나마의회에 대한 대통령의 결정을 흔쾌히 받아들이지 않

11) Ibid., 21.

12) Ibid., 23.

13) James Lewis, Jr., *The American Union and the Problem of Neighborhood: The United States and the Collapse of the the Spanis Empire, 1783-1829* (Chapel Hill, NC, 1998), 199.

았다. 연례교서에서 파나마의회가 차지하는 부분은 극히 작은 부분이지만, 파나마의회는 애덤스 첫 해 의회 회기동안 의회에서 가장 격렬한 논쟁으로 이어졌고, 결국 이는 "가장 극렬한 의회 투쟁의 하나"가 되어서 정치 조직의 분열을 초래하고 말았다.[14)]

파나마의회에 미국 대표단을 파견하는 건을 놓고 의회는 1826년 1월부터 4월말까지 장기간의 토론을 벌였다. 의회의 즉각적인 반응은 애덤스에 호의적이지 않았다. 대다수의 의원들은 워싱턴의 고별사와 제퍼슨의 취임사에서 선포된 중립주의, 특히 '얽매이는 동맹'을 피해야 한다는 미국의 외교원칙이 '파나마 미션[Panama Mission]'으로 파기될까봐 우려했다. 이러한 의회의 정서를 감지했기 때문에 클레이나 애덤스가 파나마에 대표단을 파견하는 가장 중요한 전제조건으로 미국이 이러한 '얽매이는 동맹'에 휘말릴 가능성이 전혀 없다는 것을 거듭 확인했으며, 애덤스가 연례교서에서 이점을 명확하게 밝혔던 것이다.

그렇지만 애덤스의 이러한 주장이 의회에 확신을 주지 못했다. 상원 외교위원회는 1826년 1월 16일 파나마 미션에 대한 보고서를 제출했는데, 미국의 참여에 부정적인 의견을 제시했다. 위원회는 건국 이후 미국의 가장 신성한 외교 원칙으로 받아들여지고 있는 "어떤 경우이든 다른 나라들과 얽매이는 관계[entangling connection]을 피해야 한다"는 원칙에 조금이라도 손상을 입히는 외교 행위는 바

---

14) Charles Wilson Hackett, "The Development of John Quincy Adams's Policy with Respect to an American Confederation and the Panama Congress, 1822-1825," *Hispanic American Historical Review* 8:4 (November 1928), 526.

람직하지 않다고 보았다.15) 그렇기 때문에 상원의 지지를 받기 위해서는 파나마의회의 "목적이 매우 정확하고 구체적으로 명시되어야 하며, 그 목적을 달성하기 위한 방법을 투명하고 명확하게 제시해야만 한다"고 밝히면서, "지금 시점에서는 미국이 파나마의회에 대표자를 보내는 것은 타당하지 않다"는 결의문을 채택했다.16)

상원 외교위원회의 보고서에 따라 상원에서 파나마 미션에 대한 논쟁이 벌어졌는데, 반대하는 의원들의 공통적인 의견은 미국의 참여가 워싱턴과 제퍼슨이 제시한 원칙을 파기하는 결과를 초래할 것이었다는 것이다. 예컨대, 사우스캐롤라이나의 헤인Robert Hayne 상원의원은 파나마 미션은 "지금까지 [미국이] 행복하게 지켜왔던 중립 위치에 대해 전적인 변화"를 초래할 것이라고 예견하면서, 만약 상원이 파나마에 미국 대표단을 보내는 안을 통과시키면 "건국의 아버지 [조지 워싱턴]의 원칙이자, 우리가 가장 신성한 의무로 받아들이고 있는 원칙, 즉 '모든 나라와 평화와 진실한 우정을 닦되 누구와도 얽매이는 동맹을 맺어서는 안된다'는 원칙을 버리는 결과"를 초래할 것이라고 우려했다.17) 반대하는 의원들은 애덤스가 주장한대로 미국이 순수하게 중립적인 입장을 취한다고해도 결국은 남아메리카 국가들의 호전적인 성향 때문에 미국이 중립을 고수

15) International American Conference, 55.

16) Ibid., 57, 81.

17) Sen. Robert Y. Hayne, South Carolina, March 1826, 19th Cong., 1st sess., U.S. Congress, *Register of Debates in Congress: Comprising the Leading Debates and Incidents of the Congress; Together with an Appendix Containing Important State Papers and Public Documents and the Laws Enacted during the Session: With a Copious Index to the Whole*, 14 vols. (Washington, DC, 1824-1837), 2: 153, 166, 175.

하기가 불가능하다는 점을 강조했다. 테네시의 화이트Hugh L. White 상원의원은 미국이 파나마의회에 참석하는 순간 미국은 "스페인에 대한 어떠한 영향력을 행사할 수 없게 되며, 미국이 스페인과 스페인의 이전 식민지들과의 관계에서 중립을 지킨다고 약속해도 그것이 스페인에게 전혀 호소력을 줄 수 없을 것"이라고 주장했다.[18)]

하지만 상원에서 파나마 미션에 반대하는 의원들보다는 찬성하는 의원들의 숫자가 더 많았다. 애덤스에 우호적인 의원들은 애덤스가 약속한대로 파나마의회는 미국의 기존 원칙인 중립과 반식민지화를 지키기 위한 것이지 다른 목적이 있다고 보지 않았다. 반대파들이 그들의 목소리를 높여서 파나마 대표단 인준을 몇 개월 유예시킬 수는 있었지만 결국 그것을 저지할만한 세력은 아니었다. 결국 3월 14일 상원 투표에서 '파나마 미션 인준안'은 각각 27대17, 26대18, 28대16으로 통과되었다.[19)]

상원 투표 다음 날 애덤스는 파나마 미션 사안을 하원에 보내서 미션에 필요한 예산을 확보하고자 했다. 하원에 보낸 메시지에서 애덤스는 파나마의회가 유럽의 "신성동맹 국가들을 불편하게 한다

---

18) Sen. Hugh L. White, Tennessee, March 1826, Ibid., 2: 214.

19) U.S. Congress, *The Executive Proceedings of the Senate of the United States, on the Subject of the Mission to the Congress at Panama, Together with the Messages and Documents Relating Thereto*, 22 March 1826, retrieved from NewBank Database (U.S. Congressional Series Set, vol. 127, Session vol. 3, 19th Cong., 1st sess., S.Doc.68, Record no. oFF34337F239ECE8), 102-3). Jeffrey J. Malanson, "The Congressional Debates over U.S. Participation in the Congress of Panama, 1825-1826: Washington's Farewell Address, Monroe's Doctrine, and the Fundamental Principles of U.S. Foreign Policy," *Diplomatic History* 30:5 (2006), 825에서 인용.

거나 스페인을 공격하려는 것이 아니다"고 거듭 강조하면서 미국 측 대표가 회의에 참석하는 것 자체로 미국의 중립을 포기하는 것이 아니라는 점을 강조했다.[20)]

3월 25일 하원 외교위원회는 파나마 미션에 대한 위원회의 기본 입장을 담은 보고서를 하원에 제출했다. 상원에서 이미 통과된 사안이기에 위원회는 이전의 상원 외교위원회의 보고서와는 달리 "미국 대통령이 파나마 의회에 대표자를 보낼 수 있도록 예산을 책정하는 것은 타당하다"는 결론을 내렸다.[21)] 하지만 보고서에 담긴 기본적인 정서는 상원 외교위원회와 다르지 않았다. 즉, 파나마 의회의 실체가 정확하지 않는 상황에서 미국이 참여하는 것은 여러 가지 위험이 따르기 때문에 신중을 기해야 한다는 것이다. 특히, 위원회는 제퍼슨이 사용했던 "얽매이는 동맹entangling alliance" 용어를 사용하며 건국 초기 미국의 외교 원칙으로 자리 잡은 중립주의가 이 번 계기로 손상이 갈 것을 염려했다.[22)] 그런데, 보고서에 단 한 번도 먼로 독트린에 대한 언급이 없다. 이는 당시 대부분의 하원 의원들에게 1823년에 먼로가 발표한 선언은 이전의 워싱턴이나 제퍼슨이 발표한 외교원칙과 같은 위상을 갖고 있지 않다고 생각하는 것을 방증하는 것이라고 할 수 있다.

하원 외교위원회의 제안과는 달리, 하원 본회의에서 파나마 미션에 대한 토론이 열리자 분위기는 이전의 상원에서 드러난 분위기가

20) International American Conference, 17.

21) Ibid., 99.

22) Ibid., 88, 99.

그대로 재현되었다. 파나마 미션을 두고 하원 내에서 벌어진 일련의 논쟁은 미국 초기 외교 원칙에 대한 당시 의원들의 입장을 보여주는 중요한 논쟁이었다. 하원은 단지 미션에 필요한 재정을 책정하는 것과 그것의 타당성을 따지는 것이 아니라, 미션에 따른 미국 외교 원칙 전반을 놓고 다양한 논쟁을 벌였다. 논쟁의 핵심은 미션이 워싱턴의 고별사와 제퍼슨의 취임사에서 제시된 미국 외교의 원칙에서 벗어나거나 그럴 가능성이 없는지를 확인하는 것이었다.

하원의 논쟁은 상원의 논쟁에 비해 크게 다르지는 않지만, 하원에서는 먼로 독트린이 자주 언급되었다는 점과 의원들이 해석하는 먼로 독트린의 원칙이 다르다는 점이 특이하다. 파나마 미션에 반대하는 의원들은 라틴아메리카 국가들이 파나마의회에 미국을 초대한 것이나 애덤스 행정부가 이에 호응한 것은 먼로 독트린의 약속 때문인데, 먼로 독트린은 원칙적으로 그러한 약속을 하지 않았음을 주장했다. 또한 반대하는 의원들 중에는 먼로 독트린은 분명히 라틴아메리카에 대한 유럽의 간섭에 대해 미국이 단호하게 개입할 것이라는 약속인데, 1826년 상황은 그런 상황이 아니라는 얘기다.[23)]

대부분 역사가들은 파나마의회 논쟁을 "먼로 독트린에 대한 외교적 용두사미anti-climax로 보거나 잭슨 시대를 여는 정치적 징조"로 본다.[24)] 하지만 이것을 먼로 독트린의 맺음말이나 잭슨 시대Age of Jackson의 서막 정도로 이해하는 것은 곤란하다. 물론 역사는 시대

23) Malanson, "The Congressional Debates over U.S. Participation in the Congress of Panama," 827-831.

24) Andrew R. L. Cayton, "The Debate over the Panama Congress and the Origins of the Second American Party System," *Historian* 47:2 (February 1985), 220.

의 산물이다. 당대의 역사는 존 퀸시 애덤스보다는 앤드류 잭슨에 초점이 더 맞춰졌고, 누구도 그 시대를 '애덤스의 시대'라고 명명하지는 않는다. 애덤스는 1824년 어떤 특별한 정치적 세력의 압도적인 후원으로 대통령에 당선된 것이 아니었기 때문에, 의회 내 애덤스의 정치적 세력은 크지 않았다. 게다가 제퍼슨의 공화파 정치인들이 애덤스에 등을 돌리고 애덤스 반대파들과 연계해서 1828년 선거에서 애덤스의 경쟁자가 될 앤드류 잭슨에 합류하면서 애덤스의 정치적 입지는 급속도로 약화되었다. 반대파의 핵심 인물인 반뷰런Martin Van Buren은 파나마 미션이 애덤스에 대한 불만이 "최초로 폭발하게 되는 확실한 계기"를 제공한 것으로 보았다.[25)]

또한 당시 미국의 가장 큰 국내 이슈는 노예제에 따른 남과 북의 지역분쟁이었다. 1820년대는 이른바 '미주리타협Missouri Compromise'을 시작으로 노예주와 자유주간의 정치적 씨름이 본격적으로 시작되는 시기였다. 서부 지역을 대표하는 클레이Henry Clay가 의회에서 그의 정치적 야망에 따라 남부 노예주들의 환심을 사려고 했다. 1897년 파나마의회를 포함해서 라틴아메리카 독립 문제를 최초로 다룬 논문에서 호메로M. Romero는 클레이의 그러한 속셈을 들춰냈다. 특히 1825년 콜롬비아와 멕시코가 쿠바의 독립을 종용하자, 국무장관 클레이가 강력하게 항의했던 것은 클레이가 밝힌 이유, 즉 쿠바가 스페인으로부터 독립하면 영국이나 프랑스의 수중으로 들

25) Martin Van Buren, *The Autobiography of Martin Van Buren*, ed. John C. Fitzpatrick (Washington, DC, 1920; reprint ed., New York, 1969), 199; John Quincy Adams, *Memoirs of John Quincy Adams, Comprising Portions of His Diary from 1795 to 1848*, ed. Charles Francis Adams (Philadelphia: 1874-77) 7: 103.

어갈 것에 대한 우려가 아니라, 쿠바의 노예 해방이 미국의 남부 노예주들에게 부담으로 작용하기 때문이라는 것이었다.[26] 이것은 파나마의회를 다룬 최초의 논문이었기에 이후 논문들에 크게 작용할 가능성이 컸다고 하겠다. 그 하나의 예가 1939년에 발표된 논문에서 라인홀드Frances L. Reinhold는 파나마의회가 "노예소유주들이 결국 그들의 이익을 지키기 위한 속셈을 공식적으로 드러낸 것을 제외하고는 의미 없는" 토론이라고 주장했다.[27]

하지만 파나마 미션을 두고 하원에서 그것이 먼로 독트린의 원칙과 부합하는지에 대해 논의했던 점은 매우 의미가 크다. 파나마 논쟁이 있기 전까지 미국 내에서 먼로 독트린은 거의 잊혀졌다. 대부분의 의원들은 독트린이 1823년 미국의 이익을 위해서 필요했고, 성공적으로 그 목적을 성취했다는 점을 인정했지만, 그것이 향후 새로운 외교의 원칙으로 재확인될 필요를 느끼지 못했다. 한마디로 먼로 독트린은 "역사 속 문서에 속할 뿐"이었다.[28] 하지만 파나마 미션을 계기로 먼로 독트린은 다시 부활되었다. 물론 워싱턴의 고별사나 제퍼슨의 취임사와는 달리 하나의 '독트린'으로 여겨지지는 않았지만, 적어도 이 두 원칙의 부속으로서 언급된 것 자체로 그 의미가 크다고 할 수 있다.

---

26) M. Romero, "The United States and the Liberation of the Spanish-American Colonies," *The North American Review* 165:488 (Jul. 1897), 84-85.

27) Frances L. Reinhold, "New Research on the First Pan-American Congress Held at Panama in 1826," *Hispanic American Historical Review* 18:3 (August 1938), 358.

28) Malanson, "The Congressional Debates over U.S. Participation in the Congress of Panama," 832-33.

Ⅲ.

1836년 텍사스는 멕시코와의 전쟁에서 승리한 후 독립국이 되면서부터 미국 정치에서 뜨거운 감자로 부상했다. 텍사스는 미국 연방으로 합병되길 원했지만, 텍사스 합병은 노예 제도에 따른 북부와 남부의 갈등을 증폭시킬 소지가 다분했기에 잭슨 행정부는 선뜻 합병 문제를 다룰 수 없었다. 텍사스 합병으로 의회 내에서 자유주와 노예주의 정치적 균형이 무너질 것을 우려한 잭슨 대통령은 1937년 3월 텍사스 공화국을 승인했지만 합병을 위한 적극적인 정책을 펴길 꺼려했다. 뒤를 이은 반 뷰런 대통령은 더더욱 "합병에 따른 여파로 노예 문제가 지역적 갈등으로 비화되는 것을 우려"해서 합병 문제를 피했다.[29] 텍사스의 뜨거운 감자는 누구도 쉽게 건들 수 없는 정치적 현안으로 남을 듯 했다.

하지만 텍사스 문제는 시간이 가면서 해결될 문제가 아니었다. 텍사스 주민들 대다수는 미국인들로서 그들은 미국 연방에 합병되기를 원했다. 텍사스로 이주하는 미국인들의 숫자는 갈수록 늘어났으며, 경제적으로도 미국과 텍사스는 하나의 경제권으로 연결되었다. 사실상 텍사스는 미국의 일부분으로 존재했다. 미국 내 정치적 함수관계 때문에 텍사스 합병 논의가 유예되었을 뿐이었지, 어떤

29) Dumas Malone, Basil Rauch, *Empire for Liberty: The Genesis and Growth of the United States of America* (New York, 1960), 545. Frederick Merk, *History of the Westward Movement* (New York, 1978), 279. 인용부분은 Robert W. Merry, *A Country of Vast Designs: James K. Polk, the Mexican War and the Conquest of the American Continent* (New York, 2009), 71.

계기가 오면 그 논의는 언제고 부활할 수 있었다. 그 계기는 영국이 텍사스에 관심을 표명하면서 찾아왔다. 영국의 진출을 우려해서 더 이상 텍사스를 그대로 버려둘 수 없다는 여론이 고개를 들게 되었다.[30)]

이러한 여론으로 말미암아 타일러John Tyler 행정부는 텍사스 합병을 좀 더 적극적으로 검토하기 시작했다. 여기에는 국무장관 업셔Abel P. Upshur의 역할이 컸다. 업셔는 북아메리카에서 영국의 영향력을 차단하고 남부의 안전과 북부의 이익을 위해서 합병이 불가피하다고 주장했다. 그는 영국이 멕시코 정부를 통해서 텍사스가 노예를 해방하도록 압박하고 있다고 영국을 비판하면서, 이를 관망할 경우 텍사스는 영국을 중심으로 한 국제적 노예해방론자들의 영향력에 놓이게 될 것이라고 우려했다.[31)] 1843년 재선을 노리는 타일러 역시 합병에 긍정적이었는데, 이것은 남부 표를 겨냥해서 정치적으로 이득이 되기 때문이었다.[32)]

30) John M. Belohlavek, *"Let the Eagle Soar!": The Foreign Policy of Andrew Jackson* (Lincoln, 1985), 218-38; and Robert V. Remini, *Andrew Jackson and the Course of American Democracy, 1833-1845* (New York 1984), 357-60. See also Niven, Van Buren, 444-46; and Major L. Wilson, *The Presidency of Martin Van Buren* (Lawrence, 1984), 148-52. David M. Pletcher, *The Diplomacy of Annexation: Texas, Oregon, and the Mexican War* (Columbia, MO, 1973), 84-87; William H. Goetzmann, *When the Eagle Screamed: The Romantic Horizon in American Diplomacy, 1800-1860* (New York, 1966), 34-46.

31) Sam Haynes, "Anglophobia and the Annexation of Texas: the Quest for National Security," in *Manifest Destiny and Empire: American Antebellum Expansion*, Sam W. Haynes and Christopher Morris (Arlington, 1997), 127. Freehling, 398. Merk, *History of the Westward Movement,* 308.

32) Elizabeth R. Varon, *Disunion!: The Coming of the American Civil War, 1789-1859* (Chapel Hill, University of North Carolina Press, 2008), 166.

타일러 대통령은 단순히 선거를 겨냥해서 텍사스에 관심을 보인 것은 아니었다. 타일러는 1841년 부통령으로 재임하면서부터 텍사스에 관심을 보였다. 그 이유는 갈수록 커져가는 텍사스에 대한 영국의 영향력이었다. 타일러는 텍사스가 영국에 대한 부채가 늘어나면서 영국의 입김에서 자유로울 수 없으며, 만약 영국이 채무탕감의 조건으로 노예해방을 텍사스에 요구할 가능성이 있다고 보았다. 타일러는 영국의 입김으로 텍사스가 노예 해방을 단행할 가능성을 걱정했다. 북부는 계속 서부로 진출하면서 자유주를 확장할 수 있지만, 그렇지 못한 남부는 텍사스까지 자유주가 되면 정치적으로 타격이 클 것이기 때문이었다.[33]

영국의 기본적인 입장은 멕시코 정부와 텍사스 중간에서 양국의 평화를 도모하는 것이었다. 텍사스는 호전적인 멕시코의 존재가 그들의 안보에 가장 위협적인 부분이기 때문에 영국의 도움으로 멕시코와 우호적인 관계를 구축하는 것을 마다할 리 없었기에 영국의 움직임에 호의적인 반응을 보였다.[34] 텍사스에 대한 영국의 외교적 접근이나 이에 대한 텍사스 정부의 긍정적인 반응은 사실이나, 영국은 미국 정부의 심기를 불편하게 하면서까지 텍사스 문제에 개입하는 것을 원치 않았다.[35] 하지만, 노예주의 이익을 대변하는 타일

---

33) Lars Schoultz, *Beneath the United States: A History of U.S. Policy toward Latin America* (Cambridge, 1998, Kindle Edition), Loc 407-417.

34) Paul Finkelman, *Millard Fillmore* (New York: Times Books, 2011), 30-31. William Freehling, *The Road to Disunion Volume 1: Secessionists at Bay 1776-1854* (New York, 1990), 370-371.

35) Jay Sexton, *The Monroe Doctrine: Empire and Nation in Nineteenth-Century America* (New York: Hill and Wang, 2012), 89-90

러는 영국의 움직임에 과잉반응을 할 수밖에 없었다. 타일러는 주로 그가 임명한 유럽 특사였던 그린Duff Green의 정보에 의존했는데, 그린은 존 퀸시 애덤스의 표현에 의하면 "노예제도를 옹호하는 미국 대사"나 다름없었다. 주영 미국 대사 에버렛Edward Everett은 텍사스에 대한 영국의 간섭을 대수롭지 않게 보고했지만, 타일러는 에버렛보다는 그린의 보고를 더 신뢰했다.36)

1841년 취임 한 지 몇 달 되지 않아 해리슨William Henry Harrison 대통령이 사망하자 대통령직을 승계한 타일러는 본격적으로 텍사스에서 영국의 영향력을 차단할 방법을 궁리하기 시작했다. 타일러는 업셔에게 합병 문제를 놓고 텍사스 정부와 비밀리에 회담을 진행하도록 지시했고, 10월 16일 미국 대표와 텍사스 정부와의 일대일 회담이 시작되었다.37)

1844년 2월 업셔가 사고로 사망하고 사우스캐롤라이나의 존 칼훈이 타일러 행정부의 국무장관이 되면서 텍사스 합병 이슈는 의회의 주요 현안으로 부상되었다. 칼훈이 적극적으로 합병을 추진했기 때문이다. 오랫동안 남부 노예주의 대변인 역할을 했던 칼훈이 노골적으로 노예주의 확장을 시도하자 휘그당은 텍사스 합병이 노예주와 자유주 사이의 정치적 균형을 파기시킨다며 완강히 합병에 반대했다.38)

---

36) Ibid., Frederick Merk, *The Monroe Doctrine and American Expansion, 1843-1849* (New York: Knopf, 1966), 18-20.

37) Merk, *History of the Westward Movement*, 283. Sean Wilentz, *The Rise of American Democracy: Jefferson to Lincoln* (New York: W.W. Horton and Company, 2008), 561.

텍사스 공화국이 탄생한 후 7년 여 동안 뜨거운 감자였던 텍사스 합병 문제가 드디어 뜨거운 정치적 현안으로 부상되기 시작했다. 그리고 합병 문제로 1828년 잭슨의 등장과 함께 시작한 제2정당제 Second Party System가 흔들리기 시작했다. 텍사스 합병에 따른 지역적 갈등으로 말미암아 제2정당제가 와해되기 시작한 것이다. 워싱턴 주재 텍사스 대표들에 의하면 텍사스 합병 문제는 "다가오는 대통령 선거를 앞두고 민주당과 휘그당이 벌이는 당의 경쟁 문제가 핵심이었다."[39] 역사가이자 당시 매사추세츠의 민주당을 주도했던 뱅크롭트George Bancroft가 1844년 영토 확장 문제가 휘그당과 민주당의 구분점이 되는 이슈라고 지적했다.[40] 이는 텍사스 합병으로 인한 제2정당제의 변화가 결과론적 판단이 아니라 그 시대를 살았던 정치인들조차 그 변화를 실제로 감지했다는 것이다.

1844년 4월 텍사스 합병안이 상원에 회부되자 대다수의 휘그당 의원들은 합병에 반대하고 나섰다. 타일러에 대한 반감이 휘그당 내에 팽배한 것은 사실이다. 타일러가 국립은행의 재인가를 포함한 교통망 개량internal improvement 등의 경제 입법에 거부권을 행사했기 때문이다. 하지만 이러한 경제적 이슈 때문에 휘그당이 결집하지는

38) Nolan Mccarty, Keith T. Poole, and Howard Rosenthal, "Congress and the Territorial Expansion of the United States," in *Party, Process, and Political Change in Congress: New Perspectives on the History of Congres*s, David W. Brady and Mathew D. McCubbins (Stanford, Cal.: Stanford University Press, 2002), 394.

39) Schoultz, *Beneath the United States*, Loc 427.

40) Michael A. Morrison, "Martin Van Buren, the Democracy, and the Partisan Politics of Texas Annexation," *The Journal of Southern History*, Vol. 61, No. 4 (Nov. 1995), 697.

않았다. 휘그당을 결집하게 만들었던 것은 텍사스 합병 문제였고, 그 결정적인 배경에는 국무장관 칼훈이 노골적으로 친노예 정책의 일환으로 합병을 옹호했기 때문이다. 칼훈이 파켄햄Robert Pakenham 주미 영국대사에게 보낸 편지가 알려지면서 휘그당은 분노했다. 편지에서 칼훈은 미국이 텍사스를 합병하지 않으면 "노예가 존재하는 미국의 인접 국가들을 [영국] 마음대로 할 수 있는 가장 효과적인 수단"을 확보하기 때문에, 이를 좌시할 수 없다고 했다.[41)]

합병 반대 입장으로 휘그당이 결집하자 북부 민주당 의원들의 입장이 곤란하게 되었다. 합병에 반대하면 당이 분열되어서 다가오는 대통령 선거에서 클레이와 휘그당에게 패배할 것이 틀림없고, 찬성하면 자신들의 재선에 불리할 것이기 때문이다. 여론도 그들에게 불리하게 작용하고 있었다. *The United States Democratic Review and Magazine's*는 1844년 4월, 제퍼슨의 '자유의 제국empire of liberty'을 언급하며 영토 확장이야말로 미국의 자유를 확장하는 가장 확실한 방법이라고 주장하며, 미국은 "무한정하게 확장할 것"이며 "언젠가는 북아메리카 대륙의 모든 땅을 소유하게 될 운명"이라고 주장했다. 그런데 지역주의자들이 노예 문제에 따른 정치적 이해관계 때문에 아무 연관이 없는 텍사스 합병을 반대하고 있다고 비판하고 나섰다. '노예'라는 지역적인 이슈를 정치화해서 비생산적인 혼란을 불러일으키며 연방의 존재를 위험하게 할 수도 있다고 비판한 것이다.[42)]

---

41) John C. Calhoun, "The Collected Works of John C. Calhoun," vol. 5 Richard K. Cralle (New York, 1863-1864), 336. Freehling, *The Road to Disunion*, 431.

남부 노예주들 역시 이와 비슷한 논리로 텍사스 합병을 대변했다. 다만 차이가 있다면, 북부 합병론자들이 순수하게 팽창의 당위성에 근거해서 합병을 주장했다면, 남부 합병론자들은 영국의 영향력으로 텍사스가 노예해방을 시도할 것을 미연에 방지하기 위해 합병을 주장했던 것이다. 그런데 이 과정에서 남부 의원들이 오랫동안 기억이나 논의에서 사라졌던 먼로 독트린에 근거해서 합병론을 옹호한 점에 주목할 필요가 있다. 사우스캐롤라이나의 어느 의원은 먼로의 메시지가 영국의 노예해방 음모를 차단하는 "선례이자 지고한 모델을 제공했다"고 주장했다.[43)]

민주당 대통령 후보로 거론되는 미시간의 카스Lewis Cass 상원의원은 합병에 찬성하지만 그 이유를 국가 안보에 국한하고 노예 문제와 연관시키지 않았기에 남부 민주당의 지지를 얻지 못했다. 가장 강력한 후보인 반 뷰런도 멕시코와의 분쟁을 우려해서 합병에 적극적인 태도를 보이지 않았기에 남부 민주당의 지지를 받지 못했다.[44)] 그래서 무려 아홉 번째 투표에 가서야 포크James K. Polk가 민주당 대통령 후보로 선출되었다.[45)] 인지도가 낮은 포크는 대통령 후보로 선출되기 위해서 무슨 카드를 내 놓아야 하는지를 잘 알고 있었다. 그가 내놓은 카드는 바로 텍사스 합병이었다. 그는 휘그당의 존 퀸스 애덤스가 1819년 스페인과 맺은 조약에서 "가장

42) Freehling, *The Road to Disunion*, 429-431, 인용부분은 429.

43) Sexton, *The Monroe Doctrine*, 90-91.

44) Joel Silbey, *Storm Over Texas: The Annexation Controversy and the Road to the Civil War* (New York, 2005), 63-64.

45) Freehling, *The Road to Disunion*, 429-431.

지혜롭지 못한 방법으로 텍사스를 [스페인에] 양도해 버렸다"고 비난했다. 민주당은 포크를 반합병론자인 클레이을 거부하고, 포크를 지원하며, 텍사스를 다시 빼앗아야 한다고 주장했다. "재합병reannexation"은 민주당의 선거 강령으로 채택되었다.[46] 그들의 전략은 성공을 거뒀다.

대통령 선거에서 처음에는 무명의 민주당 후보 포크와 휘그당 후보 클레이의 대결은 다윗과 골리앗의 대결처럼 보였다. 하지만 텍사스 합병이 선거의 주요 이슈로 등장하면서 포크는 만만치 않는 상대로 부상되었다. 결국, 49.5 퍼센트를 득표한 다윗이 48.1 퍼센트를 획득한 골리앗을 누르고 승리했다. 이는 일반 국민들의 텍사스 합병에 대한 여론을 잘 보여주고 있다.[47] 텍사스 합병론자이자 팽창론자인 포크의 당선으로 텍사스 합병은 기정사실화되었고, 노예 문제로 한동안 잠잠했던 대륙팽창은 미국 역사의 새로운 기류로 재등장하게 되었다.

Ⅳ.

텍사스 합병 문제는 대체로 노예주와 자유주 사이의 정치적 이슈로 한정되었다. 타일러 행정부는 합병을 옹호하면서 텍사스에 대

46) Schoultz, *Beneath the United States*, Loc 434.

47) Robert Merry, *A Country of Vast Design: James K. Polk, the Mexican War, and the Conquest of the American Continent* (New York, 2009), 110-111. 휘그당은 선거 캠페인 동안 "누가 도대체 James K. Polk?"인가라고 비아냥거렸다. Walter R. Borneman, *Polk: The Man Who Transformed the Presidency and America* (New York, 2009, Kindle version), 1956.

한 영국의 영향력을 강조했지만, 휘그당은 그것을 합병을 위한 민주당의 전략으로 생각하고 크게 문제 삼지 않았다. 여론도 마찬가지였다. 텍사스 합병이 여론의 관심을 끌기 위해서는 언론과 같이 정치권 밖의 어떤 시도가 필요했다. 이러한 상황에서 오설리반John L. O'Sullivan은 1845년 *Democratic Review* 7-8월 호에서 미국 팽창사에서 길이 남을 용어를 탄생시켰다. 그것이 바로 '명백한 운명Manifest Destiny'이다. 오설리반은 텍사스 합병을 "매년 수백만 명이 자유를 추구하기 위해 대륙의 확장하는 것이 신이 미국에게 부여한 '명백한 운명'의 일환"이라고 주장했다.[48)] 노예주와 자유주의 정치적 분쟁으로 국한될 수 있는 텍사스 합병 문제가 미국의 대륙팽창이라는 국가적 운명으로 거듭나는 순간이었다.

오설리번은 그 해 12월 27일 *New York Morning News*에서 오리건 영토 문제에 '명백한 운명'을 사용했다. 오리건 영토는 1818년 조약으로 미국과 영국이 평화롭게 공동 관리하는 영토였다. 그런데 오설리번이 미국이 오리건 영토 전부를 차지해야 한다고 주장한 것이다. 오설리번은 오리건 영토를 미국이 차지해서 관리하는 것이 신이 미국에 부여한 '명백한 운명'이라고 주장하면서, 그 이유는 오리건 영토가 영국의 소유로 남아 있으면 민주주의가 확장될 수 없기 때문이었다. 그래서 오설리번은 미국이 오리건 전체를 소유하는 것이 그 어떤 것보다 우선되어야 할 "상위 법a higher law"인 도덕적인 이념이라고 주장한 것이다.[49)]

48) Thomas R. Hietala, *Manifest Design: American Exceptionalism and Empire* (Ithaca, 2003), 255.

1844년 민주당 전당대회에서 오리건 영토 전부가 미국의 소유권이 되어야 한다는 선언문이 채택되었다.[50] 민주당의 일부 강경파들은 영국과의 전쟁을 불사하고라도 오리건 영토 전체를 획득해야 한다는 주장을 펴기도 했다. 이러한 사실 때문에 "54° 40′ 아니면 전쟁Fifty-four Forty or Fight"을 불사하겠다는 슬로건은 당시 미국의 팽창주의를 상징적 외침으로 설명되었고, 이것은 미국 외교사의 교과서적 해석으로 받아들여졌다.[51]

하지만 1844년 선거에서 오리건 영토 문제는 선거의 주요 이슈가 아니었다. 민주당 전당대회에서 채택한 선언문을 자세히 보면, 민주당은 당시 주요한 현안이었던 영토 문제를 가능한 피하려고 했던 것을 알 수 있다. 선언문의 대부분은 국립은행 문제와 같은 국내문제에 국한되어 있다. 오리건이나 텍사스 영토 문제는 선언문의 가장 마지막에 등장한다. 선언문에서 오리건 영토 전체를 미국이 차지해야 한다는 문구가 등장하지만, "가능한 빠른 시일 내에 오리건의 재점령과 텍사스의 재합병하는 것이 위대한 미국의 정책"이 되어야 한다는 표현을 사용했다.[52] 이것은 노예 문제와 관련되는

---

49) Robert Walter Johannsen, *Manifest Destiny and Empire: American Antebellum Expansionism* (College Station, TX, 1997), 9.

50) Democratic Party Platforms: "Democratic Party Platform of 1844," May 27, 1844. Online by Gerhard Peters and John T. Woolley, *The American Presidency Project*. http://www.presidency.ucsb.edu/ws/?pid=29573.

51) Eugene H. Rosenboom, *A History of Presidential Elections: From George Washington to Richard M. Nixon*. 3rd ed. (New York: Macmillan. 1970), 132. Hans Sperber, "Fifty-four Forty or Fight": Facts and Fictions, *American Speech* 32:1 (February 1957), 5-11.

52) Democratic Party Platforms: "Democratic Party Platform of 1844."

민감한 텍사스 합병 문제를 따로 언급하는 것이 부담되었기에, 당시 별다른 이슈가 되지 않고 있던 오리건 영토 문제를 언급하면서 텍사스 합병을 조심스럽게 언급했던 것으로 판단할 수 있다.

1844년 선거 기간에 텍사스 합병과 오리건 영토 문제가 외교 문제로서는 가장 큰 관심사인 것은 사실이다. 미국 내에서 영국과의 공동 관리를 끝내고 오리건 전체를 차지하자는 주장이 나오긴 했지만, 그것은 일부 강경 팽창주의자들의 주장일 뿐이었다. 미국과 영국 정부는 오리건 영토를 놓고 극단적인 대결로 가길 원치 않았다. 타일러 행정부는 임기 막바지에 영국과의 타협을 조심스럽게 추진했으며, 영국이 제시한 49° 경계선을 두고 오리건을 양분하는 방향으로 의견을 모으고 있었다.[53)]

만약에 영국이 오리건 영토를 놓고 미국과의 타협을 포기하고 미국처럼 강경하게 오리건 소유권을 주장했다면, 미국 정치인들이 가만있을 리 없었다. 시기적으로 대통령 선거와 맞물려 있기 때문에, 영국의 그러한 의도가 드러나면 팽창주의자들에게는 크나큰 호재가 될 수밖에 없었을 것이다. 적어도 '명백한 운명'은 선거에서 가장 중요한 슬로건으로 등장할 것이며, '먼로 독트린'은 미국이 지켜야 할 원칙으로 다시 강조될 것이다. 하지만, 선거 기간에 '명백한 운명'은 일부 팽창주의자들에 의해 메아리쳤지만, 먼로 독트린은 언급 조차되지 않았다. 휘그당은 물론이요 민주당에서도 먼로 독트린은 등장하지 않았고, 심지어 팽창주의를 표방했던 포크의 입

53) Joseph Schafer, "The British Attitude Toward the Oregon Question, 1815-1846," *The American Historical Review* 16:2 (Jan. 1911), 295-299.

에서도 등장하지 않았다.

먼로 독트린이 미국 정치에서 다시 등장한 것은 선거 이후의 일이었다. 1845년 12월 2월 의회에 보내는 첫 번째 연례교서에서 포크 대통령은 먼로 독트린이 선언된 이후 처음으로 먼로 독트린의 원칙을 재차 확인했다. 포크는 "현재 세계의 상황을 고려할 때 먼로 대통령이 공언한 그 원칙을 재강조하고 재확인할 적절한 시기"임을 강조하며 텍사스와 오리건을 포함해서 북아메리카 어디에서도 유럽의 식민지화 시도나 간섭을 용납하지 않을 것이라고 선언한 것이다. 그는 또한 유럽 국가들이 유럽의 '세력 균형balance of power' 원칙을 북아메리카 대륙에 적용할 수 없으며, 미국은 "이 대륙에 살고 있는 사람들만이 그들의 운명을 결정할 권리를 갖고 있다는 원칙을 계속 유지시켜야 한다."고 선언했다.[54]

포크는 1823년 먼로 독트린이 선포된 이래 가장 공격적으로 먼로 독트린을 인용해서 행정부의 외교 방향을 제시했다. 아메리카에 대한 외국 세력의 '간섭interference'을 경고를 했던 이전 지도자들과는 달리, 포크는 '간섭' 외에도 '중재interposition'란 용어를 사용했다. 이는 다분히 텍사스나 오리건을 염두에 두고 사용했다고 볼 수 있다. 또한 '아메리카' 혹은 '라틴아메리카' 용어 대신 '북아메리카'라는 용어를 사용한 것은[55] 그가 노골적으로 텍사스, 오리건, 그리고 캘리포니아를 염두에 둔 것이다. 연설문 초반에 먼로 독트린의

---

54) James K. Polk: "First Annual Message," December 2, 1845. Online by Gerhard Peters and John T. Woolley, *The American Presidency Project*. http://www.presidency.ucsb.edu/ws/?pid=29486.

55) Ibid.

주요 원칙인 '비식민지화'가 등장한 것은 사실이나, 연설에서 가장 크게 주목한 오리건 영토 문제는 영국의 식민지화에 대한 우려가 아니라, 그 영토에 대한 미국과 영국의 분할 문제가 핵심이었기에, '비식민지화'는 연설 초반 이후에 언급되지도 않았다.

포크가 먼로 독트린을 인용해서 유럽 세력들의 식민지화를 경계했다면 그것은 오리건이 아니라 캘리포니아였다. 포크 선거운동에 적극적으로 나섰으며 그로인해 포크 행정부에서 해군장관을 역임했던 역사가 뱅크로프트George Bancroft에 의하면, 대통령에 당선된 이후 포크의 주요 목표는 텍사스와 오리건, 그리고 캘리포니아를 차지하는 것이라고 했다.[56] 또한 당시 가장 영향력이 컸던 미주리 출신의 팽창론자 벤톤Thomas Hart Benton 상원의원을 백악관에서 접견하는 자리에서 포크는 먼로 독트린을 언급하며 영국이 캘리포니아에 접근하기 전에 미국이 먼저 캘리포니아를 차지해야 한다고 주장했다.[57] 하지만 포크는 공식적으로 캘리포니아를 언급하지 않았다. 아직 오리건 문제가 해결되지 않는 상태에서 캘리포니아에 대한 그의 속내를 밝히면 반팽창주의자들 뿐만 아니라 민주당 내에서도 혼란이 발생할 가능성이 있기 때문이었다. 1845년 연례교서에서도 오리건에 대한 장황한 설명과는 달리 캘리포니아는 한 마디도 언급되지 않았다. 그럼에도 불구하고 그는 먼로 독트린의 '비식민지화' 용어를 사용했다. 이것은 그가 실질적으로는 캘리포니아를

56) Charles Sellers, *James K. Polk, Continentalist, 1843-1846* (Norwalk, Conn., 1987), 213.

57) James K. Polk, *Polk: The Diary of a President, 1845-1849*, Vol. I, ed. Allan Nevins (London, 1929), 68-72,

염두에 두었지만 공식적으로는 '비식민지화'와 직접적인 상관이 없는 오리건 문제를 거론하면서, 다가오는 캘리포니아 문제를 위한 전략적인 포석이라고 할 수 있다.

포크의 연례교서가 발표되면서 의회에서는 오리건 영토 문제를 놓고 논쟁을 벌였다. 텍사스와는 달리 오리건 영토는 자유주와 노예주 간의 직접적인 정치적 이해관계가 덜했고, 민주당 내에서도 오리건 영토 전부를 차지해야 한다는 강경 팽창주의자들과 49°를 기준으로 영국과의 분할을 지지하는 온건주의자들로 의견이 나눠졌기 때문에[58], 오리건 영토 문제는 비교적 영국과의 타협안으로 기울 것으로 예상되었다.

하지만 오리건 문제는 의외로 격렬한 논쟁으로 확산되었다. 휘그당은 한 목소리로 팽창 반대론을 냈지만, 민주당 내에서 영향력이 컸던 몇 몇 강경파 상원의원들이 오리건 영토 전체를 요구하며 목소리를 높였기 때문이었다. 특히 미시간의 카스, 인디아나의 하네간Edward A. Hannegan, 그리고 오하이오의 알렌William Allen 상원의원은 영국과의 타협안을 찾으려는 포크 행정부를 비판하며 54° 40′까지 오리건 전체를 미국이 차지해야 한다고 주장하며, 필요할 경우 영국과의 전쟁을 불사해야 한다고 주장했다. 특히 하네간 의원은 오리건뿐만 아니라 인도주의적 차원에서 미국이 파나마 해협에 대한 개입을 망설일 필요가 없으며, 그러지 못할 경우 중앙아메리카는 물론이요 쿠바까지 영국이 차지할 것이라고 경고했다.[59] 이들

58) Frederick Merk, "Presidential Fever," in *The Oregon Question: Essays in Anglo-American Diplomacy & Politics* (Cambridge, 1967), 371-373.

이 이러한 주장을 한 것은 그들이 '명백한 운명' 추종자이기도 하지만, 텍사스 합병 이슈와는 달리 남부 민주당이 오리건 문제에는 수동적인 태도를 취한 것에 대한 불만이 작용했기 때문이다. 특히 이들의 불만은 포크에 집중되었다. 하네간 상원의원은 대통령 선거운동 때에는 오리건에 대한 강경한 입장을 표명했던 포크가 대통령에 당선된 이후에는 남부 민주당의 정서를 고려해서 영국에 타협적인 태도를 보이고 있다며 "뱀의 혀를 가지고 거짓을 말하고 있다"고 비난했다.[60] 그래서 역사가 플레쳐는 "54° 40′ 아니면 전쟁" 슬로건은 영국뿐만 아니라 미국의 남부 지도자들을 겨냥한 것이라고 지적했다.[61]

강경파의 주장에도 불구하고, 전반적인 흐름은 온건파가 대세였다. 대다수의 민주당 의원들은 '명백한 운명'의 중요성에 대해서는 부정하지 않았지만, 오리건 전체를 차지하기 위해 영국과 전쟁을 불사하겠다는 생각은 타당하지 않다고 판단했다. 런던 Times는 미국 의회의 분위기를 전하면서 오리건에 대해서 뚜렷하고 일관성 있는 의견이 부각되지 않으면서 대체로 "협상과 타협negotiation and compromise"이 힘을 얻고 있다고 평가했다.[62] 이러한 흐름을 만드는

59) Schoultz, *Beneath the United States*, Loc 672-3.

60) *Congressional Globe* 29th Congress 1st Sess (5 March 1846), 458-460. Merk, "Presidential Fever," 381-382에서 인용.

61) David M. Pletcher, *The Diplomacy of Annexation: Texas, Oregon, and the Mexican War*. (Columbia, MO. 1973), 335-337.

62) "The Mexican-American War and the Media, 1845-1848," http://www.history.vt.edu/MxAmWar/Newspapers/Times/Times1846JanJuly.htm#LT46JJMarch161846.5E

데에는 매사추세츠의 웹스터Daniel Webster 상원의원의 역할이 컸다. 웹스터는 온건파로서 미국이 영국과의 전쟁에서 이길 수 없으며, 오리건 영토의 절반을 차지한 것으로도 미국은 충분한 소득을 얻는 것이라고 주장했다. 그는 오리건 영토를 놓고 양국이 전쟁을 한다는 것은 "매우 어리석은 짓이며 엄청난 죄악"이라고 못 박았다.[63)]

결국 4월 23일 투표에서 오리건 영토에 대해 영국과 타협안을 찾자는 안이 상원에서 42대10으로, 하원에서 142대46으로 통과되었다. 그리고 6월 15일 워싱턴에서 이른바 '오리건 조약the Oregon Treaty'이 체결되었다. 이로서 오랫동안 양국의 공동관리 하에 있었던 오리건은 49°를 기준으로 두 나라의 소유로 분리되었다. 1844년부터 약 1년간 다소 급작스러우면서도 뜨겁게 미국의 정계를 달구었던 오리건 논쟁이 마무리되었다.

V.

파나마의회 참석을 놓고 의회에서 벌인 논쟁은 먼로 독트린의 역사에서나 19세기 미국 외교사에서 별다른 관심을 받지 못했다. 여기에는 여러 가지 이유가 있겠지만, 가장 큰 이유는 먼로 독트린 이후 미국인들의 관심은 팽창에 있지 않았다. 파마마 미션은 10여 년 뒤에 발생한 '명백한 운명'과 비교하면 작은 일화에 해당할 뿐이었다. 또한, 파나마 미션에 따른 노예주와 자유주의 대결, 그리

63) Charles M. Wiltse, *Daniel Webster and the British Experience*. Proceedings of the Massachusetts Historical Society 85 (1973), 58-77.

고 그것이 가져올 국내 정치의 파장을 감수하고라도 미국 지도자들이 라틴아메리카 문제를 뚜렷하게 정리해야 할 필요를 느끼지도 않았다.

하지만 파나마 미션은 먼로 독트린을 이해하는데 중요하다. 하원에서 먼로 독트린이 자주 언급되었다는 점과 의원들이 해석하는 먼로 독트린의 원칙이 다르다는 점은 주목할 필요가 있다. 파나마 미션이 먼로 독트린의 원칙에 부합하는가에 대한 논쟁이나, 1826년 상황이 먼로 독트린에 근거해서 미국의 개입이 필요한 상황인가에 대한 논쟁은 미국 지도자들이 먼로 독트린을 어떻게 이해하고 있었는가를 판단하는 주요한 시사점을 던져준다. 무엇보다도, 한동안 "역사 속 문서에 속할 뿐" 대다수의 미국인들에게 잊힌 먼로 독트린이 다시금 부활했다는 데 가장 큰 의의가 있다고 하겠다. 물론 그것이 워싱턴의 고별사나 제퍼슨의 취임사와는 달리 하나의 '독트린'으로 여겨지지는 않았지만, 적어도 이 두 원칙의 부속으로서 언급된 것 자체로 그 의미가 있다고 할 수 있다.

역사가들은 오리건 영토 분쟁을 1840년대 미국의 대륙팽창의 열기를 대변하는 '명백한 운명'의 슬로건 아래 놓았다. 하지만 '명백한 운명'은 적어도 오리건에 관한 한 전체 국민들의 관심을 얻지 못한 일순간의 짧은 일화에 불과했다. 또한, 역사가들은 포크의 1845 연례교서로 인하여 '먼로 독트린'이 의미 있는 부활을 했다고 여긴다. 하지만 포크의 메시지는 먼로 독트린에 대한 당시의 정치적 혹은 국가적 정서를 반영하지 않는 공허한 수사(修辭)에 불과했다. 포크의 메시지가 선포된 이후 전개되었던 오리건 논쟁에서 누구도 대통령이 인용한 먼로 독트린의 원칙을 문제 삼지 않았다. 문제를 삼았다면 '명백한 운명'에 대한 타당성에 대한 것이었다. 선거 기간에 '명백한 운명'은 일부 팽창주의자들에 의해 메아리쳤지만, 먼로 독트린은 언급 조차되지 않았다. 휘그당은 물론이요 민주당에서도 먼로 독트린은 등장하지 않았고, 심지어 팽창주의를 표방했던 포크의 입에서도 등장하지 않았다. 적어도 의원들에게는 먼로 독트린은 잊힌 과거의 일이었다.

하지만 텍사스와 오리건 영토 논쟁에서 남부 의원들이 오랫동안 기억이나 논의에서 사라졌던 먼로 독트린에 근거해서 합병론을 주장한 것은 먼로 독트린의 정착을 위해서 의미 있는 일이다. 물론 남부 의원들의 주장은 노예제도를 고수하려는 지역주의의 발로였다. 다가오는 남북전쟁과 남부의 패배라는 역사의 엄연한 결과를 놓고 볼 때, 남부 의원들이 내세운 먼로 독트린 타령은 패배자들의 '변명'으로 취급할 수 있다. 그럼에도 대다수의 미국 지도자들에게 잊힌 먼로 독트린이 누군가에 의해서 지속적으로 언급되고 그것이 적용되었다는 점은 시간이 지나면서 먼로 독트린이 명실상부한 독트린으로 자리매김할 수 있는 그루터기를 제공했다는 점에서 중요한 의의를 갖는 것이다.

역사가 만들어지는 것이라면, 먼로 독트린도 만들어진 미국의 독트린이었다. 제한되고 소수의 의견이지만 그것이 역사 속에서 지속적으로 메아리치면서 훗날의 거대한 독트린으로 재탄생할 수 있는 토대가 된 것이다.

3

먼로 독트린의 시대: 독트린의 적용과 변용, 1861-1904

Ⅰ.

미국은 남과 북의 계속된 분열과 대결을 극복하지 못하고 1861년 남북전쟁의 파국으로 치닫고 말았다. 남북전쟁은 미국의 헌정질서와 연방의 정체성을 양분시키는 전쟁이자, 외교적으로는 그 동안 그 원칙과 해석의 유연성 속에서도 초기 미국 외교의 주요한 시금석으로 받들어왔던 먼로 독트린의 종말을 고하는 계기가 되었다. 특히 남부 연합에게는 이제 먼로 독트린은 더 이상 의미가 없었다. 그들은 그들이 오랫동안 유럽식 외교 방정식이라고 비판했던 '세력균형balance of power'을 내세우며 유럽 국가들이 미국의 전쟁에 개입해줄 것을 간청했다. 남부가 전쟁에서 이길 수 있는 가장 확실한 방법은 바로 유럽 국가들이 남부 연합을 국가로 인정하고 남부에 원조를 제공하는 것이었기 때문이다. 그래서 어느 남부 지도자는 연

방 탈퇴직후에 "먼로 독트린은 이제 완전히 사장되었다."고 말했던 것이다.[1)]

반면 북부는 계속해서 먼로 독트린을 적용해서 유럽 국가들이 미국 내란에 개입하지 못하도록 으름장을 놓았다. 특히 국무장관 슈어드William H. Seward는 어느 국가든지 남부 연합의 독립을 승인한다면 그것을 미국에 대한 선전포고로 간주하겠다고 경고했다.[2)] 링컨 행정부는 내전의 위기 속에서도 다른 라틴아메리카 관련 외교 문제에 민감하게 반응했다. 남북전쟁 내내 미국을 가장 곤란하게 만들었던 문제가 멕시코 사태였다. 1861년 멕시코 정부는 자국의 외채상환을 보류한다고 선언했다. 영국, 프랑스, 스페인은 베라크루스 항에서 채무상환을 요구하면서 멕시코 침공을 도모했다.

남북전쟁의 발발과 동시에 발생한 멕시코 사태는 슈어드에게 난해한 외교적 문제로 다가왔다. 1861년 4월 6일, 멕시코 주재 미국 대사 코르윈Thomas Corwin에게 보낸 서신에서 슈어드는 멕시코 사태는 "국제관계의 모든 역사에서 가장 흥미롭고도 중요한 접점에서 발생했다."며 적절한 해법을 찾아야 한다고 밝혔다.[3)]

영국, 프랑스, 스페인은 멕시코 사태를 해결하기 위해 1861년 10월에 회합을 가져 멕시코 사태를 논의했다. 그들은 멕시코의 주요

1) Robert Bonner, *Mastering America: Southern Slaveholders and the Crisis of American Nationhood* (Cambridge, 2009), 300.

2) James M. McPherson, *Battle Cry of Freedom* (New York, 1988), 389

3) William H. Seward to Thomas Corwin, 6 April 1861, Foreign Relations of the United States at the University of Wisconsin Digital Collections (FRUS), http://digicoll.library.wisc.edu/cgi-bin/FRUS/FRUSidx?type=article&did=FRUS.FRUS1861v01.i0007&id=FRUS.FRUS1861v01&isize=M

채권 국가였던 미국이 회담에 참여해서 그들과 공조해 줄 것을 요청했다. 하지만 이 과정에서 유럽 국가들은 미국 정부가 먼로 독트린 원칙을 고수하기 위해서 유럽의 요청을 거절할 것을 걱정했다. 회담을 준비하는 과정에서 영국의 외무장관에게 보낸 편지에서 스페인 주재 영국 대사는 "이른바 먼로 독트린이라 불리는 선언을 우리가 결코 인정할 수 없지만, 그것을 지키려는 미국은 유럽이 멕시코 사태에 개입하는 것을 그들의 상상적인 권리에 침해를 가한다고 생각할 것"이라고 우려했다.[4)]

유럽의 예상대로 링컨 행정부는 멕시코 문제에 대해 함께 회담을 갖자는 유럽의 제안을 받아들이지 않았다. 미국이 먼로 독트린의 원칙을 고수하기 위해서나 멕시코의 주권을 존중해서가 아니라 미국은 유럽과의 공조보다는 홀로 그 사태를 해결하기 원했기 때문이었다. 또한 미국은 멕시코의 편을 들어줄 수도 없었다. 주미 멕시코 대사인 로메로Martias Romero가 미국이 개입해줄 것을 간청했다. 1861년 10월 1일부터 다음 해 6월 30일까지 로메로는 무려 53차례나 슈어드와 면담해서 먼로 독트린에 근거해서 미국의 개입을 종용했다. 그는 심지어 대통령 당선자 신분이었던 링컨을 일리노이 주의 스프링필드에까지 찾아가 호소하기도 했다. 하지만 슈어드나 링컨은 움직이지 않았다.[5)]

4) Crampton to Russell, September 27, 1861, in "Correspondence respecting the affairs of Mexico, Presented to both Houses of Parliament by command of Her Majesty, 1862, London 1862," William S. Robertson, "The Tripartite Treaty of London," *Hispanic American Historical Review* 20 (May 1940), 170-171.

5) Jane A. Hobson, "Matias Romero and the Monroe Doctrine in the French

미국 정부가 멕시코 편에 서서 적극적으로 개입하기 어려웠던 이유는 남북전쟁이라는 현실적인 문제가 있었기 때문이다. 당시 미국 외교를 전담했던 슈어드 국무장관은 라틴아메리카에 대한 반개입주의자가 아니었다. 오히려 그는 아메리칸 시스템이 라틴아메리카에 확장되어야 한다고 믿었으며, 이러한 통상과 경제적 자유주의를 통해서 세계의 민주주의가 한층 성숙해질 것이라고 믿었다.[6] 그는 프랑스가 멕시코 사태를 계기로 중남미에서 그들의 식민지를 부활하려는 음모를 꾸미고 있으며, 이는 결국 미국의 이익에 중대한 걸림돌이 될 것이라고 보았다. 하지만 미국이 프랑스에 강력한 비난을 하거나 멕시코를 적극적으로 지원하게 된다면 프랑스가 남부연합을 승인할 수도 있다는 점을 가장 우려했다.[7]

슈어드는 정치적이나 군사적인 방법보다는 경제적인 방법으로 멕시코 사태를 해결하고자 했다. 그 해법은 1862년 4월에 맺은 코르윈-도브라도Corwin-Doblado 조약이었다. 이 조약은 멕시코 주재 미국 대사였던 코르윈이 멕시코 정부와 맺은 조약으로서 미국이 멕시코에 1,100만 달러 규모의 차관을 제공해서 멕시코의 부채를 해결해 주는 것이었다. 이 조약의 성사를 위해 멕시코의 자유주의자들을 대표해서 로메로 대사가 미국 내에서 적극적인 로비를 벌였다.

Invasion of Mexico 1862-1867" (unpublished M.A. dissertation, University of Chicago, 1962), 19-20.

6) Major L. Wilson, "The Repressible Conflict: Seward's Concept of Progress and the Free-Soil Movement," *Journal of Southern History* 37:4 (November 1971), 540-41.

7) Thomas D. Schoonover, trans and ed., *Mexican Lobby: Matias Romero in Washington, 1861-1867*, trans. and ed. (Lexington, 1986), 67.

그는 유럽보다는 미국식 자유주의가 멕시코의 민주주의 발전에 도움이 될 것으로 보았으며, 멕시코의 경제 활성화를 위해서도 최선의 방법이라고 생각했다. 더구나 미국과 연대하는 것이 유럽의 개입을 차단하는 최고의 방법이라고 믿었다. 미국은 이를 통해 유럽의 군사적 개입을 차단하고 멕시코에 대한 미국의 경제적 영향력을 높여서 멕시코를 사실상 미국의 속국으로 만들고자 했던 것이다.[8)]

미국의 강력한 저항에 부딪히자 영국과 스페인은 멕시코에서 물러났지만 프랑스는 계속 남아있었다. 나폴레옹 3세는 이 사태를 계기로 라틴아메리카에서 프랑스의 위상을 복원하고자 했다. 1863년 여름, 프랑스 군대는 멕시코시티에 진격해서 오스트리아의 맥스밀리언[Maximilian] 공작을 멕시코의 통치자로 임명했다. 이에 멕시코는 이들을 따르는 보수주의자들과 이에 저항하는 자유주의자들 간의 처절한 내전에 휩싸이게 되었다.[9)]

남북전쟁이 끝나고 링컨이 암살당하면서 미국의 외교는 거의 전적으로 슈어드에 의해 처리되었다. 슈어드는 남북전쟁이 종식되자 더 강력하게 프랑스와 오스트리아가 멕시코로부터 철수해야 한다고 요구했다. 결국 1867년 초 프랑스는 멕시코로부터 철수를 결정했다. 이러한 결과에 이르기까지 미국의 압박 외교가 얼마나 작용했는지를 가늠하기란 쉽지 않다. 프랑스의 패배에는 미국의 압박 외에도 여러 가지 변수가 작용했다. 우선 멕시코 자유주의자들의

8) 조약 내용 전체는 다음을 참조. N. Andrew N. Cleven, "The Corwin-Doblado Treaty April 6, 1862," *The Hispanic American Historical Review* 17:4 (Nov. 1937), 499-506.

9) Sexton, *The Monroe Doctrine*, 140-41.

필사적인 저항을 무시할 수가 없다. 또한 영국과 스페인 등 유럽 국가의 호응이 없던 것도 프랑스를 고립시켰던 배경이었으며, 프랑스 내부에서도 계속된 멕시코 전쟁에 지쳐있었고 이에 대한 반발도 커져갔다. 여기서 중요한 점은 프랑스의 패배를 불러온 가장 중요한 이유가 객관적으로 무엇이든지간에, 미국은 그들의 압박 외교가 프랑스를 멕시코로부터 후퇴하게 만들었다고 믿게 만들었다는 것이다. 이 과정에서 어김없이 먼로 독트린은 다시금 등장했다. 슈어드는 수차례 먼로 독트린을 언급하며 프랑스의 철군을 요구했고, 프랑스의 철군이 가시화되면서 오스트리아가 멕시코 파병을 검토하자, "남북전쟁에 의해 일시적으로 중단되었던 먼로 독트린이 다시 부활해야 한다."고 오스트리아에 경고했다.[10] 슈어드의 강력한 경고로 인해 오스트리아는 파병 계획을 접을 수밖에 없었다. 이처럼 멕시코 사태에서 미국의 지도자들은 먼로 독트린의 전통적 원칙을 고수했고 그것은 이번에도 아메리카에서 유럽의 식민화를 봉쇄해서 독트린의 반식민주의와 반개입주의를 현실화했다고 자부하게 만든 것이다. 이는 먼로 독트린의 신화를 재탄생시키는데 주요한 계기를 제공한 것이다.[11]

Ⅱ.

남북전쟁 후 미국의 폭발적인 산업화와 이에 따른 미국 국력의

10) Stephen J. Valone, "Weakness Offers Temptation: William H. Seward and the Reassertion of the Monroe Doctrine," *Diplomatic History* 19:4, (Fall 1995), 599.

11) Sexton, *The Monroe Doctrine*, 157.

신장은 한 동안 주춤했던 미국의 팽창주의적 욕망을 다시금 자극하기 시작했다. 여기에 먼로 독트린은 팽창의 이념적 토대로 재활용되었다. 그 대표적인 것이 파나마 운하 소유권에 대한 관심이었다.

대서양과 태평양을 가로지르는 파나마 운하는 원래 프랑스의 레셉스Ferdinand de Lesseps에 의해 계획되었다. 1869년 수에즈 운항 개통의 영웅이었던 그는 수에즈의 경험을 통해 파나마지협에 운하를 건설하는 것도 어렵지 않게 성공하리라고 기대했다. 1878년 레셉스는 콜롬비아로부터 계약을 획득해 운하 개발을 착수했지만, 중남미의 풍토병과 자금난에 허덕였다. 운하를 성공시키기 위해 미국의 참여가 필수적이라고 판단한 그는 미국을 운하 건설에 끌어들이고자 노력했다. 레셉스는 미국 회사들의 참여를 독촉했고 미국 의회에 출석해서 운하의 필요성을 역설했으며, 미국 언론의 관심을 이끌어내기 위해 백방으로 노력했다.[12)]

하지만, 그랜트Ulysses Grant 행정부는 별다른 반응을 보이지 않았다. 먼로 독트린은 여전히 미국인들의 기억에 깊이 새겨져 있었다. 미국은 프랑스 회사에 미국이 참여하는 것을 달갑게 여기지 않았을 뿐만 아니라, 운하를 건설한다면 미국 외에 다른 유럽 국가들이 그 소유권을 주장하는 것을 받아들일 수 없었다.[13)] 운하 건설에 참여할 것인가에 대한 하원 논의에서 하원은 먼로 독트린에 의거해서

12) Ferdinand de Lesseps, "The Interoceanic Canal," *North American Review* 130 (January 1880), 11-13.

13) Miles P. Du Val, *Cadiz to Cathay* (Stanford, California; Stanford University Press, 1940), 107. Dexter Perkins, *A History of the Monroe Doctrine* (Boston, 1955), 162-163.

유럽 국가들이 운하 소유권을 갖는 것을 완강히 반대했고[14], 상원에서는 미국의 허가 없이 외국 국가들이 운하를 건설하는 것 자체를 용납하지 않겠다는 결의문을 채택했다.[15]

헤이즈Rutherford B. Hayes 행정부가 들어서면서 미국은 운하에 관심을 보이기 시작했다. 1880년 3월 8일, 상원에 보낸 메시지에서 헤이즈는 "파나마 운하가 미국의 수중에 오도록 하는 것이 미국의 정책"이라고 지적하며 운하가 미국 소유로 되는 것이 "통상과 문명" 발전에 보탬이 될 것이라고 밝혔다.[16] 국무장관 블레인James G. Blaine 역시 수에즈 운하가 영국의 뒷마당이듯이 파나마 운하는 미국의 뒷마당으로 중요하다고 주장했다. 블레인은 라틴아메리카와 유럽이 어떤 이유이든 서로 관계를 맺지 못하도록 하는 것이 미국의 이익이라고 보았다. 콜롬비아와 코스타리카가 양국의 국경문제에 유럽 국가들에게 중재를 부탁하자, 블레인은 미국이 엄연히 존재하고 있는데 라틴아메리카 문제에 유럽을 끌어들이는 것은 마땅치 않다고 보았다.[17] 이것은 블레인 개인의 생각만은 아니었다. 당시 대부분의 미국인들은 블레인과 같은 정서를 갖고 있었다. *New York Herald*는 당시 미국의 여론을 대변하듯이 영국은 보어와 줄

---

14) United States, House of Representatives, *Report on the Monroe Doctrine from the Select Committee on the Interoceanic Ship-Canal*, Report No. 390, 46th Congress, 3rd Session, 1881, pp.4-9.

15) Alice Felt Tyler, *The Foreign Policy of James G. Blaine* (Minneapolis: University of Minnesota Press, 1927), 28.

16) Sexton, *The Monroe Doctrine*, 181.

17) Lars Schoultz, *Beneath the United States: A History of U.S. Policy toward Latin America* (Cambridge, 1998, Kindle Edition), Loc 1326.

루 문제나 신경 쓰지 "대양의 이쪽 면에 신경 쓸 필요가 없으며, 미국은 영국이 없어도 충분히 이 대륙 문제를 처리할 수 있다."고 밝혔다.[18]

1881년에 블레인은 칠레, 볼리비아, 페루 사이에 이른바 '태평양 전쟁War of the Pacific'이 발발하자 적극적으로 개입하고자 했다. 이 전쟁은 3국 사이의 천연자원 이권과 국경 문제 때문에 발발했지만 미국은 전쟁의 이면에는 그 지역의 이권을 장악하고 있던 영국의 음모가 있다고 본 것이다. 블레인은 이 전쟁을 "칠레와 페루의 전쟁이라고 말하는 것은 완전한 실수이다. 이 전쟁은 영국이 칠레를 끌어들여 페루와 전쟁하는 것이다."고 주장했다.[19] 아메리카 대륙에서 영국의 영향력을 차단하는 것을 미국 외교의 우선적인 목적으로 삼았던 블레인은 미국이 중남미 국가들과 무역을 확장하는 것이 그 지역에서 영국의 간섭을 제한하는 실질적인 방법으로 간주했다.[20] 그 해 말에 블레인은 한걸음 더 나아가 라틴아메리카 국가들에게 팬 아메리카 회의를 제의하기까지 했다.[21] 가필드James Garfield 대통령의 암살과 함께 국무장관 임기가 끝나면서 블레인의 이러한 구상은 현실화되지 않았지만 라틴아메리카에 대한 적극적인 외교의 부활을 알리는 신호탄이었다.

---

18) Milton Plesur, *America's Outward Thrust: Approches to Foreign Affairs, 1865-1890* (DeKalb, Ill., 1971), 176에서 인용.

19) Schoultz, *Beneath the United States*, Loc 1326.

20) Edward P. Crapol, *James G. Blaine: Architect of Empire*. Biographies in American Foreign Policy 4. (Wilmington, Delaware, 2000), 62-64.

21) Ibid., 65-66.

1880년대 내내 파나마 운하는 의회 내 가장 중요한 외교적 현안이었다. 운하 개발에 연관된 회사들은 경쟁적으로 의회 로비에 열을 올렸고, 의회는 운하 개발에 찬성하는 편과 반대하는 편으로 갈렸다. 1884년 말에 아서Chester A. Arthur 행정부는 상원에 니카라과에 운하를 건설하려는 조약Frelinghuysen-Zavala Treaty을 제시하여 운하를 사실상 미국의 보호령으로 두려고 했다. 블레인은 이 조약이 라틴아메리카에서 미국의 "도덕적 영향력과 문명의 질"을 높일 뿐만 아니라, 유럽의 개입을 차단하는 의미 있는 조약이라고 설파했지만[22], 의회 내 반발이 만만치 않았다. 주로 반대하는 입장에 섰던 민주당 의원들은 그것이 니카라과에 대한 내정간섭으로서 미국의 정신에 위배되며, 자칫하면 영국 등 유럽 국가들을 자극해서 미국을 뒤얽히는 국제 관계의 수렁으로 내몰게 될 것이라고 반대했다.[23] 결국 그 조약은 상원의 비준을 받는데 실패했다. 민주당의 클리블랜드 행정부가 등장하면서 운하 문제는 그 탄력을 잃었다. 클리블랜드는 운하 문제에 개입하는 것은 니카라과의 주권을 침해할 뿐만 아니라 관련된 국가들과 복잡하게 얽힐 수 있는 소지가 있기에 운하 문제에 개입하는 것에 비판적이었다. 그는 또한 운하는 국가적 차원에서 개발되는 것보다는 국제 사회의 보호 아래 민간 회사가 개발을 주도해야 한다고 보았다.[24]

---

22) Lars Schoultz, *Beneath the United States: A History of U.S. Policy toward Latin America* (Cambridge, 1998), 94

23) United States, House of Representatives, *Report to accompany House Bill 5799*, Report No. 1698, 47th Congress, 1st Session, 1882, Part 1, pp.1-6, and Part 2, 1-5.

Ⅲ.

19세기 막바지에 가서 먼로 독트린은 새롭게 재등장하는데 그 계기는 그 동안 미국의 관심밖에 있었던 지역에 대한 영토 분쟁이었다. 1895년, 베네수엘라와 영국 사이에 해묵은 영토분쟁이 재차 발생했다. 미국 정부는 개입할 의도가 없었다. 미국은 기본적으로 영국과 베네수엘라 양국이 사태를 원만하게 해결해 줄 것을 기대했다. 적어도 미국 정부 내에서는 이 문제에 대해서 먼로 독트린이나 이와 유사한 성격의 원칙을 적용하려는 움직임이 없었다.[25]

하지만 전직 베네수엘라 미국 대사를 역임한 바 있으며 워싱턴에서 베네수엘라 로비를 해오던 스크루그스William L. Scruggs가 영토 분쟁에 미국이 개입해야 한다고 역설하면서 외교적 이슈로 떠오르게 되었다. 스크루그스의 주장이 미국 내에서 관심을 받게 된 이유는 그가 영국의 음모를 제기하며 먼로 독트린의 원칙을 환기시켰기 때문이다.[26] 그는 영국이 베네수엘라 영토 분쟁을 통해서 중남미 국가들과의 "상업적 관계와 정치적 제도에 대해서 급격한 변화를 도모"하고자 한다고 비난하면서[27] 먼로 독트린에 근거해서 미국의

---

24) Richardson, *Messages*, Vol. 8, 327-328. Sexton, *The Monroe Doctrine*, 183.

25) Theodore C. Smith, "Secretary Olney's Real Credit in the Venezuelan Affair," *Proceedings of the Massachusetts Historical Society* LXV (1940), 116.

26) R. A. Humphreys, "Anglo-American Rivalries and the Venezuela Crisis of 1895," Presidential Address to the Royal Historical Society 10 December 1966, *Transactions of the Royal Historical Society* 17:13 (1967), 164.

27) W. LaFeber, *The New Empire. An Interpretation of American Expansion, 1860-1898* (Ithaca, 1998), 253.

개입을 주장했다. 1894년 10월, 스크루그스는 한 팸플릿에서 "영국의 베네수엘라 침공, 시험대에 오른 먼로 독트린"이라는 제목을 사용하여 베네수엘라 사태에 대한 미국인들의 여론을 환기시켰다.[28] 그의 이러한 노력은 로지Henry Cabot Lodge 상원의원을 비롯해서 의회 내에서 영향력이 큰 의원들과 언론인들의 관심을 끄는데 성공했다. 영국에 대항하는 강경한 정책을 주장하는 로지 의원의 화법은 스크루그스의 그것과 다를 바 없었다. 로지는 "지고한 먼로 독트린은 가능한 평화적인 방법으로 지켜져야 하겠지만 그럴 수 없다면 무력으로라도 지켜내야 한다."고 역설했다.[29] *New York Sun* 역시 영국의 행동을 먼로 독트린에 대한 명백한 위반으로 간주하고 만약 영국과 베네수엘라가 무력으로 맞붙게 된다면 미국은 베네수엘라를 지원해야 한다고 주장했다.[30]

베네수엘라 사태가 여론의 주목을 받을 시점인 1895년 5월, 클리블랜드 대통령이 가장 믿고 신뢰하는 국무장관 그레샴Walter Gresham이 사망하자, 클리블랜드는 충격에 빠졌다. 미국이 아직 심각한 경제공황의 늪을 빠져나오지 못하는 상황에서 베네수엘라 사태로 곤경에 처한 클리블랜드가 선택한 그레샴의 후임자는 법무장관 올리Richard Oley였다. 올리가 국무장관에 선임된 이유는 그의 외교적 배경보다는 국내 문제에 있었다. 올리는 당시 클리블랜드의

28) T. A. Bailey, *A Diplomatic History of the American People* (New Jersey, 1980), 439

29) H. C. Lodge, "England, Venezuela and the Monroe Doctrine," *The North American Review* 160 (1895), 651-658 인용부분은 658.

30) N. M. Blake, "Background of Cleveland's Venezuelan Policy," *The American Historical Review* 47:2 (1942), 263.

가장 큰 골치 거리였던 풀만 기차 파업Pullman Strike을 성공적으로 타결했던 인물이었다. 7월 8일, 클리블랜드는 연방 군대를 동원해서 파업 해체를 명령했고, 그것을 올리가 실행에 옮기면서 파업이 종식되었다. 클리블랜드는 곧바로 올리를 국무장관에 임명했다. 그가 풀만 파업처럼 베네수엘라 사태를 해결해 줄 것이라고 기대했던 것이다.[31] 올리는 기본적으로 먼로 독트린의 옹호자였다. 7월 20일, 영국 정부에 보낸 문서에서 그는 먼로 독트린을 언급하며 아메리카 대륙에서 "미국은 실질적으로 주권을 행사할 수 있다"고 주장하며 미국이 개입할 것을 시사했다.[32] 올리가 이 문서를 작성하면서 대통령으로부터 어떤 지시를 받았는지는 정확하지 않지만, 클리블랜드가 올리를 국무장관에 선임할 당시 미국의 가장 큰 외교적 문제가 베네수엘라 사태였기에, 사태를 보는 대통령의 생각이 올리에게 전달되었을 가능성이 높다. 올리의 전문을 보고 난 후 대통령은 "내가 지금까지 읽은 것 중에 최고"라고 찬사를 했다.[33] 클리블랜드는 그의 회고록에서 베네수엘라 사태에 대한 영국의 개입을 먼로 독트린의 위반이라고 보면서, 그는 "먼로 독트린을 옹호"하기 위해서나 "미국의 명예"를 지키기 위해 베네수엘라 사태에 개입하지 않을 수 없었다고 밝혔다.[34]

영국은 처음에 미국의 개입과 중재 노력에 별다른 의미를 부여

31) Schoultz, *Beneath the United States*, Loc 1598-1607.

32) Humphreys, "Anglo-American Rivalries and the Venezuela Crisis of 1895," 150.

33) Schoultz, *Beneath the United States*, Loc 1607.

34) Ibid., Loc 1574.

하지 않았다. 살리스베리Marquess of Salisbury 영국 수상이나 주미 대사 폰세포트Julian Pauncefote는 미국의 이러한 움직임을 심각하게 받아들이지 않았다.[35] 살리스베리는 올리의 전문을 받은 후 4개월여가 지난 이후에야 공식적으로 답신을 보냈고, 답신의 내용도 미국측의 주장에 비아냥거리는 것이었다. 문제가 되는 지역이 "단순히 서반구에 위치한 것 때문"에 그 지역에 대해서 미국이 영향력을 행사하려는 태도를 영국은 받아들일 수 없다는 것이다. 또한, 영국과 베네수엘라는 오랜 "이웃"으로서 이런 저런 갈등을 겪었지만, 이는 근본적으로 양국 간의 문제이지, 미국이 실질적으로 어떤 관심을 가져야 할 그런 대상이 아니라고 못박았다.[36]

영국의 답신을 받은 올리는 미국 의회에 보낼 베네수엘라 사태 관련 대통령 특별 담화문을 작성했다. 12월 17일 의회에 보낸 특별 담화문에서 클리블랜드 대통령은 영국의 태도를 비판하면서 국제법에 의해 논란의 소지가 있는 영토에 영국이 그 소유권을 주장하는 것은 먼로 독트린의 반식민지원칙에 위배된다는 것을 재차 확인했다. 그리고 "[미국의] 권리와 이익을 저해하는 의도적인 침략에 허락하는 모든 방법을 동원해서 저항할 것"임을 천명했다.[37] 이것

35) Paul Gibb, "Unmasterly Inactivity? Sir Julian Pauncefote, Lord Salisbury, and the Venezuela Boundary Dispute," *Diplomacy and Statecraft* 16:1 (Mar 2005), 23-55.

36) Chamberlain to Salisbury, 4 September 1895, reprinted in J. A. S. Grenville, *Lord Salisbury and Foreign Policy: The Close of the Nineteenth Century* (London, 1964), 63. Schoultz, *Beneath the United States*, Loc 1617-1627.

37) Fareed, Zakaria, *From Wealth to Power* (Princeton, NJ: Princeton University Press. 1999), 145-146. R. A. Humphreys, "Anglo-American Rivalries and the Venezuela Crisis of 1895," Presidential Address to the Royal Historical Society

은 만약 영국이 미국 측의 중재를 받아들이지 않는다면 미국은 영국과의 전쟁을 불사하겠다는 의지를 표명한 것이었다. 미국 정부와 여론의 강경함을 목도한 영국 정부는 결국 미국의 중재안을 받아들여서, 베네수엘라로부터 소정의 배상금을 받는 것을 조건으로 사태를 해결하였다.[38)]

베네수엘라 사태가 해결되는 과정에서 영국과 미국 사이에 심각한 대결 조짐은 나타나지 않았다. 살리스베리 수상은 클리블랜드의 12월 17일 담화문은 미국의 "국내용 조치"였지 영국을 실질적으로 압박하는 것이 아니라는 것으로 받아들였다.[39)] 살리스베리의 판단은 근거가 없는 것이 아니었다. 위에서 언급했듯이, 당시 클리블랜드 행정부의 가장 큰 난관은 풀만 파업이었다. 그 해 여름에 클리블랜드와 당시 법무장관 올리가 강경책으로 파업 사태를 무마했지만, 파업의 여파는 쉽게 가라앉지 않았다. 클리블랜드는 베네수엘라 사태 역시 강경책으로 해결하려 했었고, 이는 공화당의 지지를 얻는 데에도 필요한 방법이었다. 공화당 내에서 가장 열렬한 먼로 독트린의 신봉자였던 시어도어 루스벨트가 클리블랜드의 강경책을 칭송했고, 클리블랜드가 그에게 감사 편지를 보낸 것은 이러한 분위기를 잘 대변한 것이라 하겠다.[40)] 이렇듯 영국 정부는 클리블랜드

---

10 December 1966, *Transactions of the Royal Historical Society* 17 (1967), 131-164.

38) Ibid.

39) J. A. S. Grenville, *Lord Salisbury and Foreign Policy: the Close of the Nineteenth Century* (London, 1964), 66-67.

40) Schoultz, *Beneath the United States*, Loc 1637.

의 담화문이 미국 내 상황과 관련이 있다고 보았으며, 실제로 영국과의 무력 충돌을 염두에 두고 발표된 것이 아니라고 보았다. 물론 역사가들 중에는 클리블랜드의 담화문이 영국의 태도에 따라 미국이 실질적으로 무력 행동을 할 수 있다는 것을 암시했으며, 이것을 영국 정부도 알고 있었다고 주장하기도 하지만,[41)] 적어도 클리블랜드-올리를 비롯한 미국의 핵심 지도자들과 살리스베리를 비롯한 영국 측은 베네수엘라 사태로 양국이 대결구도로 가는 것을 원치 않았던 것으로 보인다. 특히 영국 자유당(Liberal Party)은 미국에 대해 호의적인 태도를 보였기에 살리스베리 정부가 미국에 강경책을 쓸 수 없는 분위기였다.[42)]

클리블랜드 담화문으로 양국 간에 약간의 외교적 실랑이가 벌어졌고, 그 동안 비교적 관심을 보이지 않던 언론이 사태를 다루면서 여론의 관심을 받게 되었지만, 양국 정부는 비교적 우호적인 관계를 유지하며 합리적으로 사태를 해결했다. 1896년 1월 1일, 5명의 미국인으로 구성된 베네수엘라 중재위원회가 구성되었지만, 위원회는 문제가 되는 영국과 베네수엘라 사이의 명확한 경계선을 제시하고, 양국이 그 경계선을 수용하도록 압박하는 것이 아니라, 문제 지역에 대한 그 동안의 사실관계 확인 등 "부수적이며 간접적인 역할"에 머물렀다.[43)]

41) 예를 들면, J. B. Brebner, *North Atlantic Triangle: the Interplay of Canada, the United States and Great Britain* (New Haven, 1946), 250. B. Perkins, *The Great Rapprochement: England and the United States, 1895-1914* (New York, 1968), 17.

42) T. Boyle, "Venezuela Crisis and the Liberal Opposition, 1895-96," *The Journal of Modern History* 50:3, On Demand Supplement (Sep. 1978), D1185-D1212.

하지만 영국이 미국의 중재를 받아들였고, 무엇보다도 먼로 독트린의 원칙을 수용했다는 점은 아메리카 대륙에서 19세기 내내 지속되었던 양국의 대결 구도에 변화가 일기 시작했다는 것을 시사하고 있다. 어느 영국 사학자가 지적했듯이 베네수엘라 위기는 "일반적인 의미에서 볼 때의 영미 관계사뿐만 아니라, 특히 라틴아메리카에서 양국의 경쟁 관계를 볼 때, 의미심장한 사건"이었다.[44] 이는 분명히 양국 관계뿐만 아니라 세계에서 미국의 위상을 드높이는 계기가 되었다. 무엇보다도 19세기 내내 미국 외교의 뚜렷한 좌표로 정착하지 못하던 먼로 독트린이 새롭게 재탄생하는 순간이었다.

1888년 미국은 최초의 범 아메리카회의를 워싱턴에서 개최했다. 회의의 목적은 먼로 독트린의 원칙을 지키기 위해 아메리카 국가들의 협력을 다지기 위함이었으며 초청 대상은 유럽 국가들을 배제한 순수한 아메리카 국가의 대표자들이었다. 회의는 관세, 통화, 교통, 통신 및 운송 등 순수하게 경제적 이슈에 초점이 맞춰졌다. 라틴아메리카 국가들이 주로 외교통으로 대표단을 보낸 것과는 달리 미국 대표단은 전부 통상 관련 전문가들로 구성되었다.

미국 측이 워싱턴 회의를 정치 외교적 목적보다는 경제 통상적 목적을 두고 개최한 것은 사실이다. 하지만 미국 정부의 의도와는 상관없이 이것을 순수하게 경제 통상 회의라고 볼 수는 없다. 당시

---

43) George B. Young, "Intervention Under the Monroe Doctrine: The Olney Corollary," *Political Science Quarterly* 57:2 (June 1942), 263-267. 인용부분은 266.

44) Humphreys, "Anglo-American Rivalries and the Venezuela Crisis of 1895," 131-164.

미국은 산업자본가의 시대였고 정치는 경제의 시녀였다. 예를 들면, 철도자본가들은 그들의 미국 내 경제적 성공을 모델로 라틴아메리카를 '미국화'해서 미국의 영향권에 두게 할 목적으로 회의에 참석했던 것이다.[45]

하지만 워싱턴 회의는 성공할 기미가 보이질 않았다. 미국과 경쟁 관계에 있으며 라틴아메리카에서 경제적으로 가장 큰 비중을 차지하고 있던 아르헨티나가 대표자를 보내지 않았기 때문에, 회의는 범 아메리카 회의로서의 상징성이 약했다. 더군다나 서로 다른 경제적 이해관계로 뒤섞여있는 미국 대표단들이 일치된 의견을 내놓지 못하자 라틴아메리카 대표들은 당혹해할 수밖에 없었다. 또한 당시 미국 국내 문제의 가장 큰 정치적 이슈였던 통화정책의 갈등이 그대로 워싱턴 회의에 재현되었다. 범 아메리카 통상을 촉진하기 위해서는 일관적인 통화정책이 전제되어야 하는데 워싱턴 회의에서는 그것에 대한 합의를 이끌어내지 못했다.[46] 거기다가 워싱턴 회의가 실패할 수밖에 없는 결정적인 관세 법안인 '매킨리 관세법 McKinley Tariff'이 1890년에 의회에서 통과되었다. 매킨리 관세법은 라틴아메리카 국가들의 요구를 무시하고 채택되었다.[47] 매킨리 관

---

45) Thomas Schoonover, *The United States in Central America, 1860-1911: Episodes in Social Imperialism and International Rivalry in the World System* (Durham, NC, 1991), 78; J. Valerie Fifer, *United States Perceptions of Latin America, 1850-1930: A "New West" South of Capricorn?* (Manchester, 1991).

46) Robrt E. Hannigan, *The New World Power: American Foreign Policy, 1898-1917* (Philadelphia, 2002), 54-6.

47) David Healy, *US Expansionism: the Imperialist Urge in the 1890s* (Madison, 1970), 162-4.

세법은 블레인이 불평했듯이 미국이 워싱턴 회의를 통해 통상을 증진하고자 했던 라틴아메리카 국가들의 "뺨을 때리는 것과 마찬가지"였던 것이다.[48] 이렇듯 워싱턴 회의는 훗날의 범 아메리카 회의를 위한 귀중한 선례를 남겼지만 당시로는 이렇다 할 결과를 도출하지 못하고 완전한 실패로 마감되고 말았다.

라틴아메리카에 대한 미국의 뚜렷한 정책의 부재는 1891-92년 칠레 사태에서도 엿볼 수 있다. 칠레는 심각한 내분을 겪고 있었는데, 집권당은 친미적 성향이었지만 반대파는 친영적 성향을 띠었다. 미국 내 개입주의자들은 내란의 배후에 영국이 있다고 간주하고 미국의 적극적인 개입을 주장했다. 해리슨Benjamin Harrison 대통령은 칠레의 내란에 섣불리 개입해서는 안 된다고 생각했다. 그러던 차에 칠레 인근 해안에 정박 중이던 미군 전함 '볼티모어Baltimore'의 선원 2명이 칠레 군중에 의해서 살해되고 10여명이 부상당한 사고가 발생했다. 개입주의자들은 이를 계기로 칠레에 대한 군사적 개입을 요구하고 나섰지만, 해리슨은 일단 칠레 정부에 사과와 배상을 요구했다. 다행히 칠레 정부가 이를 정중히 받아들여 공식적이고 정중한 사과와 피해자 가족에 대한 충분한 보상을 약속함으로써 사건이 일단락되었다. 이 사건 때, 시어도어 루스벨트Theodore Roosevelt는 겁쟁이 민주당원들 때문에 미국이 무력으로 칠레에 개입하지 못하게 되었고, 이로 말미암아 라틴아메리카에 대한 미국의 결연한 의지를 보여줄 기회를 놓쳤다고 한탄했다.[49]

48) Joseph Smith, *Illusions of Conflicts: Anglo-American Diplomacy Toward Latin America, 1865-1896* (Pittsburgh, 1979), 144.

루스벨트의 이러한 정서가 당시 미국인들의 정서를 대변한다고 볼 수는 없지만 의회는 공화당의 개입주의와 민주당의 반개입주의로 팽팽하게 양분되었다. 개입주의자들은 주로 먼로 독트린을 언급하며 유럽 중심의 제국주의 팽창 속에서 미국은 적어도 라틴아메리카가 유럽 제국주의자들의 희생이 되지 못하도록 강력한 외교를 펼쳐야하고, 그곳에 미국식 민주주의를 이식하여 문명화를 시켜야 한다고 주장했다. 반면에 민주당의 반개입주의자들은 주로 워싱턴의 '고별사'와 제퍼슨의 '취임사'를 언급하며 라틴아메리카에 대한 개입 혹은 팽창 정책은 미국의 자유와 독립 정신에 위배되며, 미국을 유럽 제국주의자들의 복잡한 정치적 혼란 속으로 몰고 갈 것이라고 생각했다.[50] 이러한 반개입주의는 클리블랜드 행정부에 들어서면서 더욱 강하게 부상되었다. 여기에는 클리블랜드 대통령은 물론이고 국무장관 그레샴의 입김이 컸다. 그레샴은 이전 해리슨 행정부가 하와이 문제에 개입해서 하와이를 미국에 병합하려고 시도한 것은 미국의 반개입주의 전통을 심각하게 위반하는 것이라고 비난하면서, 미국이 라틴아메리카, 태평양에 대한 개입을 중단해야 한다고 주장했다.[51]

---

49) Joyce S. Goldberg, *The* Baltimore *Affairs* (Lincoln, 1986), 110, 116; Theodore Roosevelt, "The Foreign Policy of President Harrison," *The Independent*, August 11, 1892.

50) Robert I. Beisner, *Against Empire: The Anti-Imperialists, 1898-1900* (New York, 1968), E. Berkeley Tompkins, *Anti-Imperialism in the United States: The Great Debate, 1890-1920* (Philadelphia, 1970).

51) Alfred L. Castle, "Tentative Empire: Walter Q. Gresham, U.S. Foreign Policy, and Hawai'i, 1893-1895," *The Hawaiian Journal of History* 29 (1995), 85-96.

Ⅳ.

19세기 말 이른바 '신제국주의New Imperialism' 경쟁은 라틴아메리카에서도 예외가 아니었다. 특히 중남미 국가들의 정치, 경제적 불안은 유럽 열강이 그 지역에 개입하게 만드는 빌미를 제공하였다. 그 대표적인 곳이 베네수엘라였다. 1902-03년 베네수엘라와 경제적 이해관계가 얽혀 있는 유럽 열강이 베네수엘라의 채무불이행을 빌미로 군사적 봉쇄를 감행함으로써 이른바 '베네수엘라 위기'가 재발하였다.

'베네수엘라 위기'는 영국과 같은 기존의 유럽 열강이 주도한 것이 아니라 19세기 말부터 '신제국주의' 경쟁에 본격적으로 뛰어든 독일이 주도했다. 라틴아메리카에 대한 유럽 열강의 개입에 새로운 변화가 생성되었다. 1895년 제1차 베네수엘라 사태를 통해서 영국은 중남미에서 미국의 영향권을 인정하고 이후 그 지역에서 미국과 대결하기를 꺼려했다. 프랑스는 해군력이 약하기 때문에 중남미에서 이렇다 할 입김을 넣을 수 없는 입장이었다. 이런 상황에서 유일하게 독일이 중남미 진출에 강한 의지를 보였다.[52] 19세기 후반부터 독일인들이 베네수엘라의 수출입과 은행 제도 등을 사실상 장악하고 있었다. 1892년 내전을 시작으로 베네수엘라는 끊임없이 정치적 혼란을 겪게 되고, 이는 곧 경제적 혼란으로 이어졌다. 이러한 혼란 속에서 베네수엘라 정부가 채무상환을 제대로 하지 못하자,

52) Nancy Mitchell, "The Height of the German Challenge: The Venezuela Blockade, 1902-3," *Diplomatic History* 20:2 (Spring 1996), 185.

독일은 다른 채권국인 프랑스, 스페인, 벨기에 등과 함께 베네수엘라 사태에 공동으로 베네수엘라 정부에 채무이행을 압박했다.[53] 하지만 1899년 10월 정권을 장악한 치프리아노 카스트로Cipriano Castro가 주로 독일 은행을 비롯한 유럽 은행들에서 차용한 1,250만 달러를 더 이상 상환하지 않겠다고 선언하고 나섬으로써 사태는 심각하게 되었다.[54]

처음에 독일 수상 뷜러Bernard von Bülow는 카스트로의 선언으로 불이익을 당하게 될 독일 경제인들의 요구와 국내의 제국주의자들의 영향력을 무시할 수 없었기에 카스트로에 대한 강경책을 강구했다. 하지만 빌헬름 2세는 뷜러의 강경책을 받아들이지 않았다. 빌헬름 황제는 독일 해군력이 아직 충분히 강하지 않으며, 무엇보다도 강경책이 미국을 자극할까 걱정했던 것이다.[55] 그래서 뷜러는 카스트로를 설득해서 부채상환 불이행 선언을 철회하도록 종용했다. 하지만 카스트로는 굽히지 않았다. 1902년 2월부터 6월까지 베네수엘라 거주 영국 대표들은 카스트로에게 17개항의 요구서를 제출했으나 카스트로는 답신조차 하지 않았다.[56] 카스트로가 믿는 바는 미국의 개입이었다. 그는 미국이 먼로 독트린에 근거해서 유럽

53) Ian L.D. Forbes, "The German Participation in the Allied Coercion of Venezuela 1902-1903." *Australian Journal of Politics & History* 24:3 (1978), 323.

54) Jack Greene and Spencer C. Tucker eds, in *The encyclopedia of the Spanish-American and Philippine-American wars: a political, social, and military history*, Volume 1, ABC-CLIO (2009), 676-7.

55) Mitchell, "The Height of the German Challenge," 187-188.

56) Nancy Mitchell, *The danger of dreams: German and American imperialism in Latin America* (Chapel Hill, 1999), 71-2.

국가들이 군사적으로 개입하는 것을 막아줄 것으로 기대했다.

하지만 시어도어 루스벨트 대통령은 유럽 국가들이 라틴아메리카의 영토를 차지할 경우에 먼로 독트린의 원칙이 적용되지 단순한 개입 그 자체에는 적용되지 않는다고 보았다. 물론 루스벨트는 카스트로에 대해 부정적인 시각을 갖고 있었다. 그가 부통령으로 있을 때 루스벨트는 카스트로를 "말할 필요도 없는 작은 악당 원숭이"라고 혐오했다.[57] 매킨리 대통령의 서거에 따라 대통령에 취임한 후 12월에 의회에 보낸 첫 연례교서에서 루스벨트는 카스트로의 베네수엘라를 염두에 두고 "어느 아메리카 국가라도 잘못된 행동에 대해 비(非)아메리카 국가들이 해당 국가를 처벌해도 그것이 영토복속의 형태가 아니라면 미국은 그 국가를 보호"할 책임이 없다는 점을 명확히 했다.[58] 국무장관 헤이John Hay 역시 루스벨트와 같은 생각이었다. 루스벨트의 12월 메시지가 발표된 지 얼마 되지 않아 독일 정부가 베네수엘라 사태를 언급하며 독일의 무력응징 가능성을 미국 국무성에 전달하자, 헤이는 루스벨트의 메시지를 인용해서 베네수엘라의 "잘못된 행동"에 대한 "처벌"에 미국은 반대하지 않을 것임을 분명히 했다.[59]

베네수엘라 곳곳에서 카스트로와 반카스트로 세력 간의 내전이

57) Elting E. Morison, ed., *The Letters of Theodore Roosevelt*, vol. 4 (Cambridge, 1951-1954), 1156.

58) Theodore Roosevelt, "Message of the President," 3 December 1901, U.S. Department of State, *Papers Relating to the Foreign Relations of the United States* (이후 *FRUS*), 1901 (Washington, D.C., 1903), xxxvi-xxxvii.

59) Hay Memorandum, *FRUS*, 1901 (Washington, D.C., 1902) 195-96.

계속되자 베네수엘라의 경제는 더욱 혼란에 빠지게 되었다. 하지만 카스트로의 군부독재는 더욱 굳건하게 구축되었다. 베네수엘라 사태는 진정될 기미가 보이지 않고, 카스트로는 채무상환 불이행 선언을 철회할 생각이 없었다. 그는 "이른바 외국에 대한 부채는 공공 부채에 대한 베네수엘라 국내법을 벗어나서 논의될 사항이 아닐 뿐 아니라 결코 그래서는 안 된다"고 주장할 뿐이었다.[60] 결국 1902년 12월 7일 영국과 독일은 군함을 보내 베네수엘라 해안 봉쇄를 감행했다. 3일 뒤에는 이태리까지 봉쇄에 동참하였다. 유럽 연합군은 12월 15일까지 베네수엘라의 모든 군함을 나포하거나 무력화시켰다. 해상에서 이렇다 할 저항을 할 수 없었던 카스트로는 지상에서 200여명의 영국과 독일 거주민을 체포하였다. 독일 주재 미국 공사 보우웬Herbert W. Bowen의 노력으로 체포된 거주민들이 석방되었고, 영국과 독일 공사관이 보호되긴 했지만[61], 연합군은 자국민을 소개시키기 위해 상륙작전을 감행할 태세였다. 12월 3일, 영국 상선에 탑승한 영국 선원이 나포된 것을 빌미로 영국은 푸에르토카베요Puerto Cabello 항을 폭격하기 시작했고, 독일도 폭격에 가담했다[62]

상황이 급박해지자 루스벨트는 카스트로와 유럽 연합국과의 중

---

60) George Winfield Scott, "Hague Convention Restricting the Use of Force to Recover on Contract Claims", *The American Journal of International Law* 2:1 (Jan. 1908), 82.

61) Matthias Maass, "Catalyst for the Roosevelt Corollary: Arbitrating the 1902 - 1903 Venezuela Crisis and Its Impact on the Development of the Roosevelt Corollary to the Monroe Doctrine," *Diplomacy & Statecraft* 20:3 (2009), 387.

62) Mitchell, *The danger of dreams*, 84-6.

재를 시도했다. 루스벨트는 평소에 중재협정을 통해서 중남미 지역에서 유럽 열강의 침투를 막으면서 미국이 "합법적 침투를 확보하기 위한 수단"으로 유용하다고 생각했다. 그리고 그것이 먼로 독트린에 대한 "법적 보호장치"를 만드는 것이라고 판단했다.[63] 하지만 유럽 연합국은 루스벨트의 중재를 받아들이지 않았다. 12월 3일, 영국과 독일은 그들이 푸에르토카베요 항을 폭격한 날, 미국 정부로부터 카스트로의 중재안을 전달 받았지만 그 중재안을 수용하지 않았다. 카스트로가 1898년 이후의 부채에 대한 상환만을 약속했을 뿐, 다른 것에 대해선 언급을 하지 않았기 때문이었다.[64] 영국은 12월 20일로 푸에르토카베요 봉쇄를 공식화하겠다는 최후통첩을 카스트로에 보냈고, 독일은 12월 22일에, 이탈리아는 24일로 정해서 보냈다.[65]

한편, 유럽 연합국의 군사적 행동이 임박하자 미국 내에는 반연합국 여론이 팽배하게 대두하기 시작했다. 서인도제도 훈련의 일환으로 베네수엘라 인근 수역을 항해하던 조지 듀이 제독의 함대는 베네수엘라에 대한 만약의 사태에 대비하라는 명령을 하달 받았다. 이러한 미국의 움직임에 대해 처음에는 영국을 비롯한 연합국은 이렇다 할 반응을 보이지 않았다. 적어도 영국 정부나 영국 신문은 미국 개입 가능성을 심각하게 고려하지 않았다.[66] 하지만 12월 최후

63) 최정수, "미국 '현대 외교'의 기원: 시어도어 루즈벨트의 '세계 연방'," 『미국사 연구』 제17집 (2003), 63.

64) Maass, "Catalyst for the Roosevelt Corollary," 383-402.

65) Mitchell, *The danger of dreams*, 87-8.

66) Ibid., 91-3.

통첩이 전달될 이후 미국 정부는 특별 조사단을 베네수엘라에 파견해서 미 해군이 독일의 침략을 격퇴시킬 수 있는지를 검토했다.[67)]

미국의 개입이 가시화되자 영국은 12월 17일에 비공식적으로 사태해결을 위한 국제적 중재를 수용할 수 있음을 표명했고, 독일도 이틀 후에 같은 입장을 표명했다.[68)] 미국의 움직임에 부담을 느낀 데다, 강경책에 부정적인 태도를 보인 영국 내 여론을 의식한 영국 정부는 중재를 받아들여야 했다. 독일 역시 영국 내 여론의 동향을 무시할 수 없는데다, 독일과 미국의 관계는 영국과 미국의 관계보다 더 취약하기 때문에 영국이 중재를 수용한 이상, 독일은 그것을 받아들일 수박에 없는 상황이었다.[69)]

베네수엘라 사태가 지난 지 14년 후에 시어도어 루스벨트는 독일이 중재를 받아들일 수밖에 없었던 이유를 그가 듀이 함대를 동원해서 독일을 공격할 것이라고 위협했기 때문이라고 했다. 이에 대한 명확한 증거는 불충분하지만,[70)] 루스벨트는 독일이 베네수엘라 항구를 봉쇄하고 항구적인 독일 군사 기지를 건설하려고 획책하고 있다고 판단한 것은 사실이었기에[71)], 그가 어떤 식으로든 독일에 미국의 우려를 전달했을 가능성은 크다.

---

67) Seward W. Livermore, "Theodore Roosevelt, the American Navy, and the Venezuelan Crisis of 1902-1903", *The American Historical Review* 51:3 (Apr. 1946), 459-460.

68) Edward B. Parsons, "The German-American Crisis of 1902-1903," *Historian* 33:3 (1971), 437.

69) Mitchell, "The Height of the German Challenge," 198-9.

70) Ibid., 197-8.

71) Mitchell, *The danger of dreams*, 98.

중재협상이 진행되는 가운데 연합국의 봉쇄에 따른 크고 작은 군사적 마찰이 발생했다. 1903년 1월 17일, 산 카를로스 요새에서 독일과 베네수엘라 간에 교전이 발생했고, 이후 몇 차례의 군사적 마찰이 발생했다. 1월 21일, 독일은 산 카를로스 요새를 폭격해 요새를 초토화시켰고 인근 주민 25명의 목숨을 앗아갔다.[72] 이러한 사태는 미국 내 반독일 여론을 더욱 증폭시켰다.[73] 이러한 여론을 업고 루스벨트는 주미 독일 대사에게 그가 듀이 제독에게 카리브 해로 출동준비를 하라고 명령했다고 전달하면서 독일을 압박했다.[74]

미국 내 여론이 악화되고 이를 우려한 영국이 독일의 군사행동을 동조하지 않자, 독일은 미국의 중재를 받아들이는 방향으로 정책을 선회했다. 미국 내 여론의 향방이나 루스벨트의 강경책이 독일로 하여금 미국의 중재를 받아들이게 하는 결정적인 계기가 되었는지는 의문이다. 하지만 독일이 베네수엘라 사태에서 가장 신경을 썼던 부분은 영국의 태도이며, 영국이 독일의 강경책을 수용하지 않았던 가장 큰 이유는 영국 내 여론이 독일의 강경책에 우호적이지 않았으며, 그 배경에는 베네수엘라 사태로 영국이 미국과의 불편한 관계를 원치 않았던 것이기에[75], 독일의 정책 변화에는 간접적이나마 미국의 영향력이 컸다고 할 수 있다. 이것이 2월 13일, 워

72) Parsons, "The German-American Crisis of 1902-1903," 447.

73) Spencer and Tucker eds, in *The encyclopedia of the Spanish-American and Philippine-American wars,* 676-7.

74) Leslie Bethell, *The Cambridge history of Latin America* (Cambridge. 1984), 100.

75) Mitchell, "The Height of the German Challenge," 198-205.

싱턴에서 개최된 이른바 '워싱턴 협약the Washington Protocols'이었다. 협약의 주요 내용은 독일은 베네수엘라의 경제적 능력을 감안해서 부채의 상당부분을 감면해주고, 베네수엘라는 점진적으로 부채를 상환할 것이며, 만약 베네수엘라가 부채를 상환할 능력이 되지 않으면 베네수엘라의 주요 항구인 라궤이라La Guaira와 푸에르토카베요 항의 관세수익의 30%를 독일에게 지급하며, 베네수엘라가 그 약속을 지키지 않을 경우, 약속을 지킬 때까지 벨기에가 관세업무를 대행할 것이라는 것이다.[76)]

하지만 카스트로가 채권 국가 모두에 대해 평등하게 대우할 것임을 밝히자 독일과 영국은 '차별적인 대우preferential treatment'를 요구하고 나섰다. '차별적인 대우'의 근본적인 문제는 베네수엘라의 관세수입을 놓고 봉쇄 국가들이 어떻게 배분하느냐의 문제였는데, 독일과 영국은 그들이 가장 큰 경제 및 외교적 위험부담을 갖으며, 무엇보다도 베네수엘라를 군사적으로 압박해서 그러한 중재를 도출하게 만들었기에 다른 국가들과 똑같은 대우를 받을 수 없다는 입장이었다. 베네수엘라가 이들 개별 국가들의 요구를 거부하자, 5월 7일에 베네수엘라와 이해관계가 있는 10개 국가들이 베네수엘라 문제를 헤이그의 국제중재재판소를 통해 해결하는 것에 합의했다.[77)] 다음 해 2월 22일에 헤이그 재판소는 개별 채무

76) 워싱턴 프로토콜의 전문은 다음을 참조. "Germany, Great Britain, and Italy v. Venezuela et al," *The American Journal of International Law* 2:4 (October 1908), 902-911.

77) Henry Dodwell, *The Cambridge history of the British Empire*, Volume 1, (Cambridge, 1929), 322. Maass, "Catalyst for the Roosevelt Corollary," 389-90.

국가들이 베네수엘라로부터 '차별적인 대우'를 받을 자격이 있다고 판결했다.[78]

헤이그 재판소의 결정으로 베네수엘라 위기는 일단락되었지만, 루스벨트는 헤이그 판결이 향후 유럽 국가들의 라틴아메리카 진출과 개입을 합법화할 수 있다고 우려했다. 헤이그의 결정은 베네수엘라와 유사한 상황을 겪게 되는 다른 라틴아메리카 국가들에게도 적용될 것이기 때문이었다. 이미 도미니카공화국에서 베네수엘라 사태와 유사한 상황이 벌어지고 있었다. 도미니카 상황이 베네수엘라와 차이가 있다면 독일과 영국뿐만 아니라 상당액의 미국 회사의 자본도 도미니카에 투자되어 있었던 점이다. 루스벨트는 도미니카 사태로 미국이 경제적으로 손해를 보는 것보다는 유럽 열강의 개입을 걱정했다. 루스벨트는 중남미 상황을 염두에 두고 미국의 새로운 외교원칙을 선포할 준비를 했고, 그 선포의 시점을 1904년 대통령 선거에서 당선된 직후로 정했다.[79] 선거 운동 기간에 그 원칙을 발표하는 것은 루스벨트에게 부담스러운 일이었다. 민주당이 공화당 정권의 필리핀에 대한 제국주의적 침탈과 파나마에서 콜롬비아의 주권을 침해하는 것을 비판하고 있는 상황에서 라틴아메리카에 대한 공격적인 개입 정책을 공식적으로 표방하는 것은 선거에서 유리하게 작용되지 않을 수 있기 때문이었다.[80]

---

78) Ibid., 383-402.

79) Richard H. Collin, "Symbiosis Versus Hegemony: New Directions in the Foreign Relations Historiography of Theodore Roosevelt and William Howard Taft," *Diplomatic History* 19 (Summer 1995), 488-89.

80) Schoultz, *Beneath the United States*, Loc 2564-2574.

루스벨트는 루트Elihu Root 국무장관에게 베네수엘라 사태를 겪으면서 그가 처음에는 "독일이나 영국이 카리브 해의 경찰로 행동하도록 내버려두었는데 그들이 심각한 잘못을 행하는 것을 목도하고 우리가 개입할 수밖에 없었다."라는 점과 "미국이 유럽 국가들에게 카리브 해에서 손을 떼라고 하는 것은 조만간에 미국이 경찰관 역할을 해야 한다."는 점을 밝혔다.[81] 베네수엘라 문제가 그로 하여금 "먼로 독트린에 대한 해석을 다시하게 만들었다."고 밝히며 외국 세력이 중남미 지역에서 무력시위를 통해 그들의 부채를 상환받으려 하는 것은 용납될 수 없으며, 그는 "중남미를 [미국의] 보호령으로 만들어버리는 것이 유일한 대안으로 생각하곤 했다."고 고백했다.[82] 1904년 2월, 루스벨트는 다음과 같이 그의 생각을 정리했다.

> "우리의 남쪽에 있는 나약하고 혼란스러운 정부들과 국민들에 대한 태도는 우리나라의 팽창에 대한 열망과는 거리가 먼 것으로서, 절대적인 필요가 있을 시에 질서와 문명의 이익을 위해서 이러한 국가들을 보호하려는 우리의 순수한 책무에 해당하는 이론에 근거한 것이다."[83]

유럽의 식민주의와 군사적 개입을 차단하려는 기존의 먼로 독트린으로는 그 한계가 있다고 판단한 루스벨트는 시대의 변화와 요구

---

81) Mark T. Gilderhus, *The Second Century: U.S.-Latin American Relations Since 1889* (Wilmington, DE, 2000). 29.

82) Perkins, *the Monroe Doctrine*, 408.

83) Elting E. Morison, ed., *The Letters of Theodore Roosevelt*, 8 vols. (Cambridge, 1951-1954), Vol. 4, 740.

에 따라 먼로 독트린을 새롭게 해석할 필요가 있다고 본 것이다. 이러한 대통령의 생각은 1904년 5월 쿠바독립기념일 만찬에서 행한 루트 국무장관의 연설에서 가장 처음 공식적으로 드러났다. 루트는 "[중남미의] 어느 나라든지 제대로 행동하면 우리의 따뜻한 우정을 기대할 수 있을 것"이지만 "악랄한 잘못brutal wrongdoing이나 무기력으로 인하여 문명사회와의 연계가 느슨하게 되고 말았을 경우에는 결국 어떤 문명사회의 개입이 필요하게 될 수밖에 없으며, 서반구에서 미국은 이러한 책무를 피할 수 없다."고 밝혔다.[84)]

루트의 연설은 1904년 12월에 루스벨트가 의회에 보낸 연례교서에서 반복되었는데 이것이 바로 유명한 '루스벨트의 먼로 독트린에 대한 보충이론the Roosevelt Corollary to the Monroe Doctrine'이다. 이 선언의 핵심은 중남미 지역의 만성적인 정치·경제적 혼란은 유럽 열강의 개입과 침략을 초래하기 때문에 미국이 그 지역의 안정을 위해서 경찰력을 행사하는 것이며, 이는 먼로 독트린의 원칙을 파기하는 것이 아니라 시대의 변화 속에서 그 원칙을 지키기 위함이라는 것이다. 그 선언의 핵심부분을 보면 다음과 같다.

> "문명사회의 유대를 전반적으로 이완시키는 결과를 가져오는 만성적 비행과 무기력은, 다른 곳에서와 마찬가지로 아메리카에 있어서도 끝내는 어떤 문명국에 의한 간섭을 필요로 하는 것인데, 서반구에 있어서 먼로주의를 견지하는 미국은 이러한 비행과 무기력 상태가 극심할 때에는 결코 내키지는 않지만 국제 경찰력의 행사를 감행하지 않을 수 없을 것이다. [중략] 미국은 이들 나라

84) Lewis L. Gould, *The Presidency of Theodore Roosevelt* (Lawrence, KS, 1991), 175.

가 국내에서나 국외에서나 정의를 실천하기에 무능하거나 또는 본의 아니게 미국의 권리를 침해하거나, 아메리카 대륙 여러 국민 전체를 손상시킬 만한 외국의 공격을 초래하는 것이 명백하게 되었을 때에만 이들 나라에 대해서 오직 최후의 수단으로서 간섭할 것이다."[85]

이 선언은 5월에 루트에 의해 발표된 내용과 거의 같았다. 루트의 연설문은 실질적으로 루스벨트가 작성한 것이었으며, 12월 연례교서는 5월의 연설과 비교하면 "악랄한 잘못"을 "만성적chronic" 이란 형용사로 대체했을 뿐, 거의 같은 내용의 반복이었다.[86] 루스벨트는 베네수엘라 사태를 겪으면서 위에서 언급했듯이 라틴아메리카에 대한 미국의 새로운 외교원칙을 발표해야 할 필요성을 느꼈고, 그 시기를 대통령 선거 직후로 정했으며, 그가 선거에 승리한 직후 그 원칙을 발표한 것이다.

지금까지 루스벨트의 메시지는 하나의 독트린으로 자리매김하지 못하고 '루스벨트의 먼로 독트린에 대한 보충이론'이라는 애매하고 장황한 용어로 사용되었다. 이것은 '루스벨트 보충이론'이 큰 틀에서 먼로 독트린의 원칙에서 벗어나지 못하기 때문이기보다는 19세기 내내 라틴아메리카에 대한 미국 외교의 원칙으로 고착된 먼로 독트린의 아성을 깨는 것에 대한 부담감이 작용되었기 때문일 것이다.

---

85) 미국사 연구회 엮고 옮김, 『미국 역사의 기본 사료』, 소나무, 1992, 205-6.
86) Schoultz, *Beneath the United States*, Loc 2574.

4

냉전의 기원과 트루먼 독트린

I.

1947년 3월 12일 의회연설에서 트루먼Harry S. Truman 대통령은 "무장 소수집단이나 다른 외부 위협에 대항해서 저항하는 자유 국민들을 도와주는 것이 미국의 정책이 되어야 한다."고 밝혔다. 그는 '전체주의 정권들'로부터 자유 국민들을 보호하는 것이 미국의 사명이라고 단언했다. 그것이 세계 평화와 미국의 안보를 지키는 것이기 때문이라는 것이다. 이른바 트루먼 독트린이 탄생하는 순간이다.

트루먼 독트린은 먼로 독트린으로 대표하는 이전까지의 미국 외교의 원칙을 공식적으로 내려놓고 개입주의를 미국 외교의 새로운 원칙으로 내놓은 역사적인 선언이다. 미국 외교사를 크게 두 갈래로 구분한다면, 하나는 먼로 독트린에 근거한 고립 및 중립주의이며, 다른 하나는 트루먼 독트린에 근거한 개입주의라고 할 수 있다.

이 두 갈래 중에서 트루먼 독트린이 먼로 독트린에 비해 훨씬 선명한 원칙과 뚜렷한 비전을 제시하고 있다. 먼로 독트린은 하나의 '독트린'으로 정착하기까지 오랜 시간이 흘렀다. 먼로 독트린이 명확히 어떤 나라를 겨냥하고 있으며 미국의 영향권에 해당하는 서반구Western Hemisphere가 어디까지를 포함하고 있는지, 미국이 어느 선까지 개입을 해야 하는가에 대한 논란과 논쟁이 끊이지 않았다. 반면, 트루먼 독트린은 미국의 적을 분명하게 규정했다. 트루먼이 '전체주의'라는 표현을 사용했지만 그가 겨냥한 곳은 소련이었다. 독트린이 발표되기 직전 상황이 그 적이 소련이라는 것을 명백하게 보여준다. 당시 트루먼의 가장 큰 우려는 2차 대전 이후 소련접경 국가들이 소련의 영향력에 굴복하게 되는 것이었다. 그 대표적인 곳이 그리스와 터키였다. 트루먼은 그리스와 터키가 도움을 받지 못한다면 그들은 결국 공산화될 것이며 이는 해당 지역에 심대한 위협을 가져올 것이라고 단정했다. 트루먼 독트린은 냉전의 고착과 함께 순식간에 누구도 이견을 제시할 수 없는 냉전 독트린으로 정착하게 되었다. 1990년대 초에 소련과 동부 유럽 공산주의가 무너지기까지 트루먼 독트린은 미국 외교의 절대적인 원칙으로 자리매김하였다.

20세기가 '미국의 세기'라면 그 세기를 상징적으로 대표하는 독트린은 트루먼 독트린이라 할 수 있다. 트루먼 독트린 이전의 20세기는 트루먼 독트린의 원시적 기원long-term origins에 해당하며, 1945년 2차 세계대전 직후부터 독트린이 발표되기까지의 시기는 독트린의 근시적 기원short-term origins에 해당하고, 나머지 20세기는 독트린의 영향에 해당되기 때문이다.

트루먼 독트린이 갖는 그 역사적 무게만큼이나 독트린의 기원을 추적하는 연구물의 퇴적은 깊고 다양하며 풍성하다. 그것을 보는 시각과 해석도 다양하다. 냉전의 책임을 기본적으로 소련과 스탈린에 두고 미국의 대응을 시대의 숙명으로 해석하는 이른바 '정통orthodox'에서부터 그 반대로 미국과 트루먼에 책임을 묻는 '수정주의revisionist', 그리고 두 해석을 절충한 '후기 수정주의post-revisionist' 등 다양한 해석이 등장했다.[1)]

트루먼 독트린은 냉전이 종식된 이후에도 여전히 역사가들의 관심에서 벗어나지 않고 있다. 소련 연방이 해체되자 소련 측 자료의 '철의 장막'이 그 빗장을 열었기 때문이다. 구소련의 자료가 공개되자 제일 먼저 러시아로 달려가 크렘린 서고의 먼지를 털고 냉전의 새로운 보고를 찾고자 분주했던 학자들 대부분이 미국 학자들이었다. 마치 서부시대 새크라멘토 강줄기에서 반짝이는 사금을 찾기 위해 사력을 다했던 모험가들 마냥 학자들은 아직 완성되지 않는 냉전의 퍼즐을 맞출 보물을 찾기 위해 혈안이었다. 또한 구소련의 자료뿐만 아니라 '30년 제한'의 규칙에서 해방된 영국의 자료들이

1) 냉전이 우리나라에 끼친 영향, 특히 한국전쟁과의 연관성 때문에 많은 국내 연구자들도 냉전의 기원에 대해 직·간접적인 연구물을 내놓았다. 하지만 우리나라와의 관계보다는 순수 미국사의 관점에서 냉전의 기원을 추적하는 대표적인 연구물로는 다음을 들 수 있다. 김정배, 『미국과 냉전의 기원』 (서울: 혜안, 2001). 그는 냉전을 대소 강경책의 공식적인 선언이나 그들 간의 갈등의 결과물보다는 미국 자본주의 체제 내에서 헤게모니를 수립하기 위한 원리로 해석한다. 이에 대한 서평은 다음을 참조. 권오신, "김정배, 『미국과 냉전의 기원』 <서평>" 『미국사연구』 제17집 (2003), 239-245. 같은 논지의 이전 논문도 참조. 김정배, "냉전의 기원: 공존과 지배의 전략," 『미국사연구』 제5집 (1997), 135-161.

공개되면서 냉전을 추적하는 연구자들에게 새로운 설렘을 가져다 주었다. 냉전이 종식되면서 일반인들의 냉전에 대한 관심이 확연히 줄어들었음에도 학자들의 냉전에 대한 관심은 좀처럼 줄지 않았고, 시간이 갈수록 더욱 다양한 해석을 제시하고 있다.

냉전의 기원에 대한 학자들의 끊임없는 관심은 그것이 단순히 미국 외교사에서 가장 중요한 주제이며 가장 많은 논란의 대상이기 때문이기도 하지만, 더 큰 이유는 미국이 과연 어떤 '제국'인가를 이해하는 귀중한 단서를 제공해주기 때문이다. 한국전쟁 이후 미소 간의 냉전이 본격화되고, 미국이 하나의 제국으로서 세계질서에서 절대적인 힘을 발휘할 때보다는 2차 세계대전 직후 모든 것이 불확실하고 혼란스러웠던 시기에 미국이 어떤 정책을 폈는가를 살피는 것이 제국으로의 미국의 정체성을 이해하는데 중요하기 때문이다. 그런 점에서 룬데스타드Geir Lundestad가 1945년부터 1952년까지 시기에 국한해서 미국의 외교를 추적하면서 미국을 '초대받은 제국empire by invitation'이라고 정의한 것은 의미 있는 연구이다.[2)] 그가 미국을 어떠한 제국으로 규명한 것보다도 그 규명을 위해 제기한 시기가 의미 있다는 얘기다. 모든 것이 정착된 이후, 즉 수레가 속도와 탄력을 받아 궤도에 들어간 이후보다는 그 직전에 방향을 잡기 위해 덜거덩거리는 그 과정이 더 중요하기 때문이다.

2) Geir Lundestad, "Empire by Invitation? The United States and Western Europe, 1945-1952," *Journal of Peace Research* 23 (September 1986), 263-277.

Ⅱ.

냉전이 고착되자마자 그 기원을 밝히려는 냉전의 초기 학자들은 이른바 '정통' 해석의 기초를 닦았다. 이들은 국익추구라는 국제질서의 현실적인 고려에 따라 미국 정책결정자들이 국익을 위해 트루먼 독트린을 발표했다고 주장하면서, 소련, 특히 스탈린(Josef Stalin)의 공산주의 이념에 근거한 팽창주의가 냉전의 근본적인 원인이라고 보았다. 소련이 전후 동부 유럽에서 영토를 확장하고 주변 국가들에 소련의 허수아비 정권을 세우는 등 그 영향권을 확대하며, 다른 공산주의 국가, 특히 중국과 연계해서 세계 공산주의 팽창 야욕을 보였다는 해석이다. '정통파'들이 대체로 스탈린에게는 비판적으로, 루스벨트나 트루먼에게는 긍정적으로 접근하지만, 이들 중에는 루스벨트나 트루먼에 비판적인 시각을 보이기도 한다. 하지만 이들은 스탈린의 공산주의 위협을 차단해야 하는 미국의 세계사적 책임에 대해서는 같은 생각을 갖고 있다.[3] 이들은 주로 정부문서에 기초하고 해당 인물들의 회고록, 일기, 편지 등 사적인 기록에 의존했다. 페이스Herbert Feis처럼 미국 정부 관료였던 자들도 저술을 남겼는데 이러한 증언이 '정통' 해석의 두터운 후원이 되었다.[4] 이러한 초기 '정통파' 해석은 그것이 냉전의 기원에 대한 최초의 분석으로서 그 영향력이 막대했다. 지금까지도 대다수의 미국인들은 이러한 정통이론의 틀에서 크게 벗어나지 못하고 있다.[5]

3) Ann Lane, 'Introduction: the Cold War as history', in Klaus Larres and Ann Lane, eds., *The Cold War* (Oxford, 2001), 1-16.

4) Herbert Feis, *Between war and peace: the Potsdam conference* (Princeton, NJ, 1960).

1960년대에 이르자 정통 해석에 도전하는 수정주의 학파가 등장했다. 이들은 트루먼 독트린을 소련의 위협에 대한 미국의 불가피한 대응이라고 보지 않고 오히려 미국의 팽창주의적 속성을 비판했고, 특히 미국이 세계에 대한 경제적 영향력을 확장하려는 의도를 비판했다.[6] 예르긴Daniel Yergin은 소련 지도자들이 공산주의 이념보다는 그들의 안보를 염려해서 정책을 폈다며 주장하며, 정통 해석의 주요 논거인 소련의 세계 공산주의 팽창정책을 반박했다. 그는 냉전의 기원을 객관적으로 보기 위해서는 "해당 국가의 이익과 위치interests and position"를 정확히 간파해야 한다고 주장했다.[7]

반면에, 개디스John Lewis Gaddis는 그가 정의한 '후기 수정주의' 이론을 제시했다. 그는 미국이 냉전의 발발에 소정의 책임이 있으며 미국의 외교는 경제와 이념적 고려에 의해 영향을 받았고, 근본적으로 소련의 행동과 정책에 대한 방어적인 대응이었다고 주장했다.[8] 미국은 러시아가 주변 지역에 대한 영향권을 확보함으로써 그

5) Ronn Pineo, "Recent Cold War Studies," *The History Teacher* 37:1, Special Feature Issue: Environmental History and National History Day 2003 Prize Essays (Nov. 2003), 81.

6) W. A. Williams, *The Tragedy of American Diplomacy* (New York, 1962), and D. F. Fleming, *The Cold War and its origins, 1917-1960,* 2 vols. (Garden City, NY, 1961). 이 밖에도 David Horowitz, *The free world colossus: a critique of American foreign policy in the Cold War* (New York, 1965); Gabriel Kolko, *The politics of war: the world and United States foreign policy, 1943-1945* (New York, 1968); Lloyd Gardner, *Architects of illusion* (Chicago, 1970).

7) Daniel Yergin, *The shattered peace* (New York, 1977), 7.

8) John Lewis Gaddis, *The United States and the origins of the Cold War, 1941-1947* (New York, 1972); idem, "The emerging post-revisionist synthesis on the origins of the Cold War," *Diplomatic History* 7 (1983), 171-93.

들의 안보를 확실하게 하려는 의도를 잘못 판단했으며, 소련 역시 미국의 의도를 잘못 판단했다고 주장하면서, 개디스는 미국과 소련 둘 다 "사람, 이념, 정치적 압박, 심지어 무지와 불합리 등 여러 가지의 선입견 때문에 영향"을 받았다고 주장했다.[9] 개디스와 마찬가지로 메서Robert Messer와 라르손Deborah Welch Larson 역시 후기 수정주의 해석을 제시했는데, 그들은 루스벨트와 트루먼의 외교 수완의 문제점과 내부의 갈등 등을 지적했고, 미소 양국 쌍방 간의 불신을 강조했다.[10]

1970년대 후반과 1980년대 초반에 냉전사에 대한 새로운 움직임이 나타났다. 이전의 해석은 주로 미국과 소련의 관계에 초점이 맞춰졌고, 특히 미국에 집중되었는데, 와트Donald Cameron Watt는 1978년 논문에서 '30년 제한'에서 해지된 영국 문서의 중요성을 강조하고 나섰다.[11] 물론 냉전을 다루는 영국 학자들은 있었지만,[12] 와트의 논문이 발표된 이후, 영국의 자료들에 근거해서 미국 역사가들이 영국 측의 입장을 드러내는 연구물을 지속적으로 발표했다.[13]

---

9) Gaddis, *The United States and the origins of the Cold War*, 355-360.

10) Robert L. Messer, *The end of an alliance : James F. Byrnes, Roosevelt and the origins of the Cold War* (Chapel Hill, NC, 1982); Deborah Welch Larson, *Origins of containment: a psychological explanation* (Princeton, NJ, 1985).

11) D. C. Watt, 'Rethinking the Cold War: a letter to a British historian', *Political Quarterly* 49 (1978), 446-56.

12) Desmond Donnelly, *Struggle for the world* (London, 1965), G. F. Hudson, *The hard and bitter peace* (London, 1966), Evan Luard, ed., *The Cold War* (London, 1964).

13) Robert M. Hathaway, *Ambiguous partnership: Britain and America, 1944-1947* (New York, 1981). Roy Douglas, *From war to Cold War, 1942-1948* (London, 1982); Victor Rothwell, *Britain and the Cold War, 1941-1947* (London, 1982);

이들은 전후 독일 문제라든지 북대서양조약기구의 형성 등 냉전으로 가는 전후 초기 문제 등에서 영국이 중요한 역할을 했다고 주장했다. 블록Alan Bullock과 디톤Anne Deighton은 '봉쇄정책'을 가장 먼저 제안한 것은 영국이었다고 주장했다.[14] 켄John Ken과 영John Young은 영국이 군사적, 경제적 약화로 미국의 동맹으로 안주하기 전까지 '제3의 세력'으로 정책을 폈다고 주장했다.[15] 그밖에도 몇 몇 유럽 학자들도 대체로 각자의 국가에서 새로 공개된 자료들에 근거해서 유럽 국가들의 서로 다른 역할을 추적했다.[16]

탈냉전과 함께 소련과 다른 동구권 국가들에서 자료들이 공개되면서 냉전의 역사는 새로운 전환점을 갖게 되었다. 소련 외무성, 공산당중앙위원회, 폴리트뷰로, KGB 등이 선택적으로 자료를 공개하고, 폴리트뷰로의 내부 회의 자료 등 중요한 자료는 공개되지 않았기에 소련 측의 상황에 대한 결정적인 단서를 포착하기는 힘들다.

Elisabeth Barker, *The British between the superpowers, 1945-1950* (London, 1983). Michael Dockrill and John W. Young, eds., *British foreign policy,* Terry H. Anderson, *The United States, Great Britain and the Cold War, 1944-1947* (Colombia, MI, 1981), Sean Greenwood, *Britain and the Cold War, 1945-1991* (Basingstoke, 2000).

14) Alan Bullock, *Ernest Bevin: foreign secretary, 1945-1951* (London, 1983); Anne Deighton, ed., *Britain and the first Cold War* (London, 1990).

15) John Kent and John W. Young 'The "Western Union" concept and British defence policy, 1947-1948', in Richard Aldrich, ed., *British intelligence, strategy and the Cold War* (London, 1992), 166-92.

16) Josef Becker and Franz Knipping, eds., *Power in Europe? Great Britain, France, Italy and Germany in a postwar world, 1945-1950* (Berlin, 1986); Olav Riste, ed., *Western security: the formative years: European and Atlantic defence, 1947-1953* (Oslo, 1985); Reynolds, ed., *Origins of the Cold War*. 21.

하지만 이들 자료는 적어도 "소련 지도부의 내부 논쟁이나 생각들을 들여다 볼 수" 있는 귀중한 단서를 제공했다.[17] 이들 자료가 "스탈린이 소련을 지배하고 있는 한 냉전은 불가피했다"고 냉전 기원의 정통 해석을 재확인하는 계기를 제공한 경우도 있지만,[18] 냉전사가들에게 기존의 해석을 전반적으로 재해석하는 계기를 제공했고, 이러한 움직임은 대체로 전통적인 해석에 회의적인 방향으로 전개되었다.[19] 물론 여기서 '전통적인 해석'이라함은 단순히 미소대결의 측면만을 포함하는 것은 아니라 냉전의 기원에서 미국과 소련 중에 누가 더 책임이 있는가에 대한 기존의 해석 전부를 포함한다. 새로운 자료의 공개는 냉전사에 대한 보다 시기적이나 지리적인 개념에서 보다 포괄적이며 폭넓은 접근을 가능하게 했던 것이다. 예컨대 가장 최근에 출판된 핀크Carole K. Fink의 저서는 새로운 자료들을 근거로 해서 냉전은 1917년 볼셰비키 혁명부터 사실상 시작되었으며 단순히 미국과 소련과 같이 몇 몇 국가들뿐만 아니라 수많은 관련 국가들을 포함하며, 그 밖에도 "동맹국, 경쟁국, 방관하는 국가들의 중대한 역할"과 그와 관련된 "인물, 사상, 그리고 사건들을" 포함한 전지구적 대결이었다고 주장했다.[20] 안타깝게도 탈냉전 직후에 공개되었던 구소련 문서들이 최근에는 더 이상 공개

17) Raymond Garthoff, "Some observations on using Soviet archives", *Diplomatic History* 21 (1997), 243-57, 인용부분은 245.

18) John Lewis Gaddis, *We now know: rethinking Cold War history* (Oxford, 1997), 292.

19) Pineo, "Recent Cold War Studies," 82.

20) Carole Fink, *Cold War: an International History* (Boulder, CO., 2014, Kindle Editoin), Loc 1186.

되지 않지만[21] 이들 자료는 기존의 해석을 점검해보는 주요한 준거를 제공한 것은 의미 있는 일이다.

소련의 자료 공개와 더불어서 영국 정부와 소련 관계를 추적하는 연구물이 나오기 시작했다. 그 대표적인 것이 2000년에 폴리 Martin Folly가 최초로 영국 정부 자료에 근거해서 전쟁 중에 영국 정부가 소련을 어떻게 받아들였는지를 추적하는 책을 출판했다.[22] 폴리는 소련군이 성공적으로 히틀러에 대항하자 영국 지도자들은 소련을 진심으로 다시보기 시작했고 조심스럽게 소련이 서방 연합국과 협력할 것이라고 예견했다. 이에 대한 몇 가지 정황을 보면, 첫째 소련의 외교는 제한적이고 대체로 방어적이었다. 그들의 목표는 세계 혁명이 아니라 국가 안보였으며, 무엇보다도 독일의 부활에 대한 두려움이었다. 둘째, 전후 소련의 재건은 엄청난 예산과 도전을 동반하는 과제였기에 스탈린은 서구의 도움을 필요로 했을 것이다. 이를 위해서 그는 대결보다는 협력을 원했을 것이라는 얘기다. 셋째, 스탈린은 "지혜로운 정치가요 현명한 현실주의자"로서 연합국과 협력을 통해 소련의 국익을 찾는 것이 최선의 선택이라는 것을 알고 있었다는 것이다.[23]

폴리는 이러한 소련에 대한 신뢰는 적어도 전시 처칠 정부의 기본적인 정서였으며, 심지어 1945년 여름까지도 이러한 기조는 변함

---

21) Raymond Garthoff, "Foreign intelligence and the historiography of the Cold War," *Journal of Cold War Studies* 6 (2004), 25-6.

22) Martin H. Folly, *Churchill, Whitehall, and the Soviet Union, 1941-1945* (London, 2000).

23) Ibid., 168.

이 없었다고 주장했다. 처칠은 스탈린이 협조적인 현실주의자라는 것을 잘 알았다. 처칠은 크렘린의 다른 교조주의적 볼셰비키주의자들에 대한 우려가 있었기에 소련에 대한 대응에 변화가 있었기는 하지만 기본적으로 협조 체제 틀에서 벗어나지 않았다는 것이다.[24)]

그렇다면 도대체 언제, 무엇 때문에 소련과 영미 연합국이 서로의 신뢰를 잃고 서로에게 등을 돌리게 되었는가? 이 의문에 대해 폴리는 잠잠했다. 많은 학자들은 1946년 초반 국제연합에서 이란 문제에 대한 미소간의 대결, 처칠의 '철의 장막' 연설, 조지 케넌George F. Kennan의 '장문의 전문Long Telegram' 등을 지적한다.[25)] 국제관계가 단순한 외교적 작용-반작용의 원리에 의해 작동하는 것이 아니기에, 폴리의 주장이 설득력을 갖기 위해서는 더욱 보강될 필요가 있다. 하지만 냉전의 기원에 대한 진실을 위해서는 포괄적이고 복잡한 환경에 대한 종합적인 이해가 전제되어야 하기에, 폴리가 주제에 대한 새로운 화두를 던진 점에서 그 의의를 찾을 수 있다.

소련과 동구권 국가들의 자료가 공개되면서 이데올로기 논쟁도 다시 점화되었다. 고울드-데이비스Gould-Davies 등은 이데올로기가 냉전 기간 소련 지도부의 정책에 가장 중요한 역할을 했다고 주장했다.[26)] 고울드-데이비스는 "이데올로기적 국가들은 그들의 안보

---

24) Ibid., 137-8.

25) Gaddis, The United States and the origins of the Cold War, ch. 9; Fraser J. Harbutt, *The Iron C urtain: Churchill, America, and the origins of the Cold War* (New York, 1986); Sean Greenwood, *Britain and the Cold War, 1945-1991* (London, 2000), 7-19.

26) Nigel Gould-Davies, 'Rethinking the role of ideology in international politics during the Cold War', *Journal of Cold War Studies* 1 (1999), 90-109; Mark

를 증진하기 위해서라기보다 그들의 국내 제도를 전파하기 위해 힘을 기른다."고 전제하며 소련은 안보의 개념을 "적국의 제도가 팽창되는 것을 막으면서 그들의 국내 제도를 팽창하는 것"에 두었다고 지적했다.27) 매스티니Vojtech Mastny 역시 스탈린이 권력을 장악하고 유지하기 위해서 이데올로기를 이용했다고 강조했다.28) 그렇지만 여전히 폴리트뷰로 자료나 당서기의 자료 등 가장 중요한 부분은 접근하는 데 한계가 있기 때문에 소련 측의 정확한 정황을 파악하기엔 한계가 있다.29)

고울드-데이비스의 접근은 소련학자로서 소련 측 자료의 공개와 분류, 해석에 중추적인 역할을 했던 주보크Vladislav Zubok와 플레샤코프Constantine Pleshakov의 영향이 컸다. 이들에 의하면 이데올로기는 "정권의 정당성을 부여하는 중심으로 소련이라는 국가의 진전 섬망이었고, 이러한 무서운 환상은 결코 사라질 수 없었다."고 못박았다.30) 이들이 주장하는 스탈린 외교의 핵심은 "제국의 팽창과 이데올로기의 규율이 공생"하는 소련의 전통적인 본성에 공산주의

Kramer, "Ideology and the Cold War," *Review of International Studies* 25 (1999), 539-76.

27) Gould-Davies, "Rethinking the role of ideology in international politics during the Cold War," 102-103.

28) Vojtech Mastny, *The Cold War and Soviet Insecurity: The Stalin Years* (New York, 1996), 3-24.

29) Michael F. Hopkins, "Continuing Debate and New Approaches in Cold War History," *The Historical Journal* 50:4 (Dec., 2007), 919.

30) Vladislav Zubok, "Stalin's Plans and Russian Archives," *Diplomatic History* 21:1 (Spring 1997), 295-306; Vladislav Zubok, Constantine Pleshakov, *Inside the Kremlin's Cold War: From Stalin to Khrushchev* (Cambridge, 1996), 275-76.

혁명 열망을 더해진 것에 있다는 것을 이해하는 것이었다.[31]

주보크와 플레샤코프의 주장은 수정주의 해석에 크나큰 타격을 줄 수밖에 없었다. 소련의 새로운 자료에 근거해서 그들이 수정주의 해석의 가장 중요한 주장, 즉 트루먼 대통령이 동부 유럽에 대한 공격적인 정책이 스탈린을 자극해서 그가 해당 지역에서 소련의 영향력을 확대하게 만들었다는 그런 주장을 정면으로 반박했기 때문이다. 그들은 1945-1946년 미국의 동부 유럽 정책이 크렘린에 이렇다 할 영향을 주지 못했다고 주장했다.[32]

주보크와 플레샤코프는 소련출신 학자로서 소련의 새로운 자료에 근거해서 냉전 초기 소련 내부 상황과 이데올로기와의 관계를 추적했다. 하지만 미국 학자들은 이데올로기에 한해서는 오히려 소련보다는 미국 쪽에 더 무게를 둔 학자들이 많다. 서로 방향은 다르지만 이들 학자들은 특히 냉전이 종식된 이후 정치, 군사의 힘의 논리보다는 이데올로기의 논리에서 냉전의 기원을 찾아야 한다고 주장한다.[33] 그 대표적인 학자가 호간Michael Hogan인데, 그는 미국의 이데올로기가 단순히 미국의 패권을 합리화하는 것이 아니라 전통적인 미국의 민주주의나 자본주의에 대한 사명감에 기초한다고 주장한다.[34] 호간은 미국의 내부 여건이 외교의 가장 중요한 배경이

31) Ibid., 3.

32) Melvyn P. Leffler, "The Cold War: What Do 'We Now Know'?," *American Historical Review* 104:2 (April 1999), 512-521.

33) Gaddis, We now know: rethinking Cold War history, 282-3; Odd Arne Westad, "The new international history of the Cold War," *Diplomatic History* 24 (2000), 552-6; Odd Arne Westad, ed., *Reviewing the Cold War: approaches, interpretations, theory* (London, 2000).

었다고 주장하면서 특정한 경제적 목적을 위해서 정부, 기업, 그리고 여러 조직이 연합전선을 폈다고 주장했다. 마셜플랜이 그 대표적인 사례이며, 이후에도 중남미, 동남아시아 및 다른 지역에서 미국이 개입한 것은 미국의 경제적 이익을 지키기 위한 방책이었다는 것이다.[35] 호건은 미국의 주 관심은 "미국의 가치관을 잃지 않으면서 어떻게 국가를 안전하게 보호 하는가"에 있었다고 주장했다.[36] 국가안보와 이데올로기 사이에 정확한 균형이 불가능하기에 호건 역시 결국은 전후 미국인들의 이데올로기와 문화가 냉전을 바라보는 주요한 척도임을 강조한 것이다. 루카스Scott Lucas는 냉전은 "자유 대 독재"의 이분법으로 보는 미국의 이데올로기적 시각에서 발생했다고 단언하면서, 정치인들보다 일반 국민들의 반공 정서가 냉전을 이해하는 가장 중요한 정서적 배경이라고 주장했다.[37]

이 밖에도 냉전을 이해하는 가장 중요한 요소로 핵무기와 핵전쟁에 초점을 맞춘 학자들도 있다. 프리덤Lawrence Freedom은 핵에 대한 두려움이 결국에 냉전을 조성하고 지속시키게 만들었다고 주장했다.[38] 개디스는 반대로 미소 핵 경쟁이 '오랜 평화'를 가져왔다고 주장했다.[39] 그는 1962년 쿠바 미사일 위기에서 드러난 것처럼

---

34) Michael Hogan, *A cross of iron: Harry S. Truman and the origins of the national security state* (Cambridge, 1998), 34.

35) Michael Hogan, *The Marshall Plan* (Cambridge, 1987).

36) Hogan, *A cross of iron,* 266.

37) Scott Lucas, *Freedom's war: the US crusade against the Soviet Union, 1945-1956* (Manchester, 1999), 2-3.

38) Lawrence Freedman, *The evolution of nuclear strategy* (London, 1983).

39) John Lewis Gaddis, *The long peace* (Oxford, 1983), 37.

미국과 소련은 핵무기가 양국 모두에게 위협이라는 것을 깨달았다는 것이다.[40] 하지만, 프리덤이나 개디스의 주장은 핵무기를 보는 시각의 차이를 들어낼 뿐 핵무기를 통해 냉전의 기원을 설명하기에는 한계가 있다. 그 한계의 하나가 핵무기가 유럽에서 어떻게 미소간에 갈등이나 평화를 가져왔는가에 초점이 맞춰져 있기에 아시아, 아프리카, 라틴아메리카 등에 대한 지역을 간과했기 때문이다. 이들 지역에 대한 연구는 상대적으로 빈약하지만 이러한 문제를 다루면서 불균형을 그나마 해소하려는 노력은 시도되고 있다.[41]

Ⅲ.

1917년 러시아의 볼셰비키 혁명은 산업화, 고도성장, 그리고 자본주의 시장 확대에 국운을 걸었던 유럽 열강과 미국에게 충격적인 사건이었다. 혁명이후 러시아는 곧바로 1차 세계대전에서 철수했고, 이것은 전쟁의 분수령이 되었다.[42] 유럽 국가들은 러시아의 공산혁명이 자국에 미칠 여파를 우려해서, 1918년 초 러시아 내에서 고립된 7만 명 규모의 체코 부대를 지원하는 명분으로 러시아에 군대를 파견해서 러시아의 반혁명 세력을 지원했다. 윌슨 대통령도 7월에 2만 명의 미군을 러시아에 파병했다. 윌슨은 1917년 3월에 러

40) John Lewis Gaddis et al., eds., *Cold War statesmen confront the bomb: nuclear diplomacy since 1945* (New York, 1999), 78.

41) David Miller, *The Cold War: a military history* (London, 2001); David Stone, *Wars of the Cold War: campaigns and conflicts, 1945-1990* (London, 2004). Jeremy Black, *War since 1945* (London, 2004).

42) John Keegan, *The First World War* (New York, 2000), 373.

시아 제정이 무너지고 임시정부가 세워지자 환호를 보내며 드디어 러시아에도 민주주의의 꽃이 피게 되었다고 흥분했지만 얼마가지 않아 볼셰비키 혁명이 터지자 실망을 감추지 못하던 차에 연합국의 요청을 받고 러시아 파병을 결정한 것이다. 윌슨은 파병을 미국의 전통적인 중립주의를 깨는 것이 아니라 '진정한 러시아'를 위해 필요한 행위라고 간주했다.43)

하지만 연합국과 미국의 노력은 볼셰비키 세력의 반감만을 높일 뿐이지 혁명을 저지하는 데에는 한계가 있었다. 미국은 워싱턴 주재 러시아 임시정부와 적십자사와 같은 민간단체를 통해 반혁명군을 지원했지만, 그 지원은 지극히 제한적이어서 러시아의 상황을 역전시킬 이렇다 할 변수가 되지 못했고, 볼셰비키 세력의 반감만 증폭시킬 뿐이었다.44) 레닌Vladimir Lenin은 "호전적인 자본주의자들에게 에워싸인" 소련이 그들의 적들을 분열시킴과 동시에 코민테른을 통해 자본주의에 도전하기 위해 세계 곳곳에서 혁명적 혼란을 충동질해야 하며, 이를 위해 공격적으로 외교력을 발휘해야 한다고 주장했다.45)

결과적으로 볼셰비키 혁명과 1차 세계대전 철수로 소련은 국제사회에서 스스로를 고립시켰다.46) 레닌이후 소련을 장악한 스탈린

---

43) Daivd S. Fogelsong, *America's Secret War Against Bolshevism: U.S. Intervention in the Russian Civil War* (Chapel Hill, NC, 1996), 190-91.

44) Ibid., 187.

45) Robert C. Tucker, *Stalin in Power: The Revolution from Above, 1928-1941* (New York, 1992), 34.

46) Stephen J. Lee, *Stalin and the Soviet Union* (New York, 1999), 57.

역시 소련을 "사회주의 섬island"으로 간주하고 "현재의 자본주의 포위가 사회주의 포위로 대체되어야 한다."고 역설했다. 1925년, 스탈린은 세계가 소련의 영향을 받은 사회주의 체제와 기존의 자본주의 체제와의 양극 체제로 분리될 것이며, 이 체제는 궁극적으로 자본주의의 몰락으로 귀결될 것이라고 믿었다.47)

이후 소련 내의 상황과 소련의 영향을 받은 소련 밖의 상황 전개는 서구 자본주의 세계를 더욱 우려하게 만들었다. 1926년 소련이 영국노동자 총파업에 자금을 지원하자 영국은 소련과 외교 관계를 단절했다. 1927년 스탈린은 샤흐티Shakhty 공개재판을 시작으로 대대적인 숙청작업을 단행해서 수십만 명을 처형하고, 1932-33년 우크라이나 기근 동안 6백여만 명이 사망하는 비극을 낳게 하자 서구 유럽과 미국은 소련과의 관계를 사실상 중단했다. 특히 영국은 스탈린과 소련 공산주의에 대해 가장 경계하였으며, 어떤 학자들은 1920년대에 이미 영국과 소련 사이에 초기 냉전이 발발했다고 보고 있다.48)

미국은 1933년까지 소련을 승인하지 않으면서 볼셰비키 정권이 몰락하기를 바랐다. 이는 이후 미국이나 소련 지도자들의 의식 속에 오랫동안 자리 잡고 있었던 역사적 기억이었다.49) 스탈린의 등장과 그의 전체주의 통치 시기는 미국이 오랜 고립주의 정서에 젖

---

47) Tucker, *Stalin in Power*, 46-8. 인용은 46.

48) 예를 들어, M.J. Carley, *Silent Conflict: A Hidden History of Early Soviet-Western Relations* (Lanham, MD, 2014).

49) Walter LaFeber, "Cold War." *A Reader's Companion to American History*, Eric Foner and John A. Garraty, eds. (New York, 1991).

어 있을 때와 맞물려 있어서 미국 내에 이렇다 할 반(反)스탈린 운동이 일어나지는 않았지만, 대다수 미국인은 스탈린을 신뢰하지 않았다. 1939년 8월 23일, 모스크바에서 독일의 외무장관 리벤트로프와 소련의 외무장관 몰로토프가 독·소 불가침 조약을 체결하고 얼마 지나지 않아 독일의 폴란드 침공이 감행되자 미국인들은 히틀러나 스탈린은 콧수염의 길이만 다를 뿐 같은 부류의 전체주의 독재자로 인식했다.[50)]

1941년 12월 7일 일본의 진주만 공습으로 미국이 세계대전에 참전하면서 미국인의 소련에 대한 이미지에 약간의 변화가 일기 시작했다. 그 계기는 6월 22일 독일이 바바로사 작전Operation Barbarossa을 감행하며 몰로토프-리벤트로프 조약을 파기하며 소련 영토를 침공한 것이다. 스탈린은 이제 히틀러와 등을 지고 처칠과 공조했고, 처칠은 독일의 소련 침공을 영국 침공의 전주곡으로 파악하고 서둘러 1941년 7월 12일에 소련과 상호원조 협정을 체결했다. 루스벨트 역시 서유럽을 나치 지배의 위협으로부터 보호하기 위해서는 미국-영국-소련의 '대연합'이 절실하다는 판단 아래 소련과의 관계 개선을 서둘렀다. 일본의 진주만 공습으로 공식적으로 참전을 선포하기 전까지 미국은 소련과의 동맹을 체결하지 않았지만, 무기대여정책Lend-Lease에 근거해서 트럭, 식료품, 의류 등 상당량의 전쟁 물자를 소련에 제공했다.[51)]

50) Les K. Alder and Thomas G. Patterson, "Red Fascism: The Merger of Nazi Germany and Soviet Russia in the American Image of Totalitarianism, 1930s-1950s," *American Historical Review* 75:4 (April 1970), 1051.

51) Albert L. Weeks, *Russia's Life-Saver: Lend-Lease Aid to th U.S.S.R. in World War*

하지만, 미국이 무기대여정책으로 연합국과 소련에 대한 군사적 지원을 한 것을 1930년대 고립주의를 탈피해서 전쟁에 개입하는 수순으로 이해할 수는 없다. 1930년대 미국은 미국 역사상 가장 강력한 고립주의 성벽에 갇혀 있었다. 민주당과 공화당, 동부와 중서부, 보수와 진보 및 사회 각계각층을 불문하고 고립주의는 하나의 확고한 정서로 자리를 잡고 있었다. 1939년에 우려했던 전쟁이 터지고 말았지만 대다수 미국인은 미국의 개입을 원치 않았다. 그들은 1차 세계대전이 그랬듯이 이번에도 어느 특정한 국가나 사람에 의해 전쟁이 일어난 것이 아니라 유럽 전체의 갈등과 모순 때문에 전쟁이 발발했다고 믿었다. 물론 이러한 철저한 고립주의 정서는 히틀러가 유럽을 완전히 정복하지 못할 것이라는 확신에 근거한 것이었다. 1940년 봄 여론 조사에 의하면 미국인의 90%는 영국-프랑스 연합이 독일에 승리할 것이라고 믿었다.[52] 이러한 확신이 1941년 중반에 이르러서 약간 흔들리기 시작하면서 제한적이고 간접적이긴 하지만 무기대여정책을 통해 연합국에 지원을 시작한 것이다.

미영소의 '대연합'은 히틀러라는 공동의 적을 겨냥해서 이루어진 순수한 군사 동맹이었다. 이는 서로가 군사적 고려 외에 정치적 혹은 문화적 공감대를 형성하는 것은 아니었다. 앵글로 연맹이자 자본주의 연맹이라 할 수 있는 미국과 영국의 깊은 정서적 교감에 비해 소련과의 연맹은 군사적 문제에 국한되었을 뿐이었다. 군사적

II (Lanham, MD, 2004), 107.

52) Roland N. Stromberg, *Collective Security and American Foreign Policy: From the League of Nations to NATO* (New York, 1963), 129.

교감에 근거한 연맹은 그 한계가 있었기에, 시간이 지나면서 서로 간의 불신은 깊어졌다. 예컨대, 소련은 1941년 7월부터 영국에게 프랑스 북부 상륙작전을 요청했으나, 영국은 그 요구를 들어주지 않았다.[53] 미국이 참전한 이후에도 스탈린은 영미 연합군이 제2전선을 구축해 줄 것을 요청했으나, 영국과 미국은 스탈린의 요청을 이행하지 않았고, 1944년 6월에야 노르망디 상륙작전을 감행했다. 소련은 영국과 미국이 제2전선 구축을 일부러 연기하다가 막판에 가서야 상륙작전을 감행한 것은 그들이 평화협상과 전후 유럽의 지배권을 장악하기 위한 정치적 계산에 따른 것이라고 비판했다. 영국과 미국에 대한 소련의 불만은 전쟁 후반부에 연합국 사이의 긴장과 대립에 중요한 기조가 되었다.[54]

Ⅳ.

종전이 다가오면서 전후 처리문제 등을 놓고 미영과 소련과의 관계는 더욱 악화되기 시작했다. 미국은 국제평화를 위해서 독일로부터 해방될 유럽과 인근 국가들이 민주 정부와 시장 경제에 근거해서 복구되어야 하며, 국가 간의 문제들은 국제기구에 의해 평화적으로 해결되어야 한다고 보았다. 미국이 생각하는 이상적인 전후 세계 질서의 기준은 1941년 대서양 헌장에서 기초한 자유 무역과 열린 시장이었다. 이를 위해서 자본주의적 유럽 질서가 부활해야

53) John Lewis Gaddis, *Russia, the Soviet Union, and the United States: an Interpretive History* (New York, 1990), 149.

54) Ibid., 151.

하며, 그 중심에는 건실한 독일의 재건이 중심이 되는 것이었다.[55)]

반면에 소련의 지도자들은 전후 안전보장을 지리적 개념에서 보았다. 이는 과거 150년 동안 외부 세력으로부터 침공을 당했던 소련의 역사적 경험과 2차 대전 동안 러시아가 받은 엄청난 고통 때문이었다. 나치의 침공으로 2천만 명 이상이 사망했으며, 수 천 개의 도시와 마을이 폐허가 되었고, 3만 여개의 공장들이 파괴되었다. 향후 이러한 재앙을 막기 위해 스탈린은 폴란드를 장악하고, 발칸반도를 지배하며, 독일이 또 다른 전쟁을 일으킬 수 없도록 철저하게 독일을 단속하는 것에 총력을 기울였다.[56)]

이렇듯 종전이 다가오면서 미영소 '대연합'이 전후 처리문제를 놓고 서로 간에 신경전을 벌였다. 스탈린은 루스벨트와 처칠이 연합해서 소련을 견제하지 않나 하고 의혹의 시선을 보냈고, 루스벨트와 처칠은 스탈린이 동부 유럽 등에서 소련의 영향력을 증대하기 위해 음모를 꾸미고 있지 않나 의혹을 가졌던 것이다.

큰 틀에서 보면 영국과 미국이 소련과 대결하는 구도인 것은 사실이나, 한 집에 두 명의 가장을 둘 수는 없는 일이다. 전후 세계질서를 놓고 영국과 미국도 상당한 시각차를 보였으며, 힘의 균형은 점차 영국에서 미국으로 기울고 있었다. 1970년대 이후 영국에서 공개된 자료에 근거해서 맥커처B. J. C. McKercher는 미국이 참전해서부터 전쟁이 끝날 때까지 영미관계에서 주도권을 쥐었다고 밝혔다.

---

55) LaFeber, "Cold War."

56) David F. Schmitz, "Cold War (1945-91): Causes," *The Oxford Companion to American Military History*. John Whiteclay Chambers Ⅱ, ed., (Oxford, 1999).

영국의 고위 외교관의 말을 빌어서 그는 "거의 절대적으로 미국이 주도하는 권력의 궤도에서 [영국은] 하급 동료" 역할을 했을 뿐이었다고 지적했다.[57)]

이러한 시각은 미국 측 학자들도 공유한다. 미국에서 공개된 자료에 근거해서 주로 미국의 합동 참모 본부 내의 힘의 역학관계를 추적해온 스톨러Mark Stoler는 종전이 다가오면서 미국의 군부는 대체로 영국을 신뢰하지 않았으며 향후 세계질서는 미국과 소련에 의해 주도되는 '빅 투Big Two' 체제가 될 것으로 판단했다고 밝혔다. 특히 젊은 장교를 중심으로 미국의 군부는 미국의 전통적인 고립주의 정서에서 자유로웠으며, 상급 장교들처럼 전통적인 친영 정서보다는 오히려 반영 정서가 강했고, 이러한 젊은 세대들이 전후 미국의 정책을 펴는데 주도적인 역할을 했다고 주장했다.[58)]

스톨러가 주장했듯이 전후 세계질서는 미소 '빅 투' 체제로 압축되었고, 영국의 영향력은 급속히 줄어갔다. 이는 여러 가지 전후 문제들 중에서 미영소 모든 나라에 직간접적으로 영향을 주고 있는 문제를 보면 더욱 명확해진다. 특히, 이란, 그리스, 터키 문제는 가장 중요하다. 이 지역들은 삼국 모두가 관심을 갖고 있었으며, 세계대전 이후 세계질서 주도권을 이해하는데 주요한 지역이기 때문이다. 무엇보다도, 그리스와 터키 문제로 트루먼 독트린이 선포되었기 때문에 이들 문제는 냉전의 기원을 직접적으로 파악하는데 가장

---

57) B. J. C. McKercher, *Transition of power: Britain's loss of global pre-eminence to the United States, 1930-1945* (Cambridge, 1999), 343.

58) Mark A. Stoler, *Allies and adveisaries: th e Joint Chiefs of Staff, the Grand Alliance, and U.S. strategy in World War II* (Chapel Hill, 2000). 264-7.

중요하다고 볼 수 있다. 또한 전쟁 중 몇 차례의 회의를 통해서 미영소가 전후 처리 문제로 어느 정도 교감을 갖고 있던 동부 유럽의 문제나 기타 전후 탈식민화를 겪는 아시아, 아프리카 지역의 문제와는 달리 이란, 그리스, 터키 문제는 종전과 함께 미영소의 새로운 문제로 떠올랐던 것이었기에 전후 급변하는 세계정세 속에서 세계질서의 주도권을 놓고 삼국이 어떠한 갈등과 대결을 겪었는가를 볼 수 있는 대표적인 지역이기 때문이다.

대부분의 외교사가들은 1946년 이란 사태를 냉전의 시작점으로 판단한다. 1941년 소련군이 이란의 북부 지역을, 영국군이 중부와 남부 지역을 점거하면서, 전쟁이 끝나면 6개월 안에 각자 이란에서 철군하기로 약속했는데, 소련이 그 약속을 어겼기 때문에 전후 미영소의 갈등이 본격적으로 시작되었다는 것이다. 물론 이것은 '정통' 해석의 주장이다. '수정주의'는 미국이 전후 전략적인 면과 중동의 석유에 대한 경제적인 이유 때문에 필요이상으로 소련을 압박해서 미소관계가 악화되었다는 주장이며, '후기 수정주의'는 이러한 관계악화의 원인 제공이 미국에 있지 않고 소련에 있다고 주장한다.[59]

이러한 주장 중에 과연 어떤 것이 가장 설득력이 있는가를 파악하는 것은 냉전의 기원 전체에 대한 해석과 맞닿아 있기에 섣불리 결론을 내리기가 곤란하다. 하지만 이러한 주장 중에서 역사가들이

59) 이에 대한 정리는 다음을 참조. Fred H. Lawson, "The Iranian Crisis of 1945-1946 and the Spiral Model of International Conflict," *International Journal of Middle East Studies* 21:3 (Aug. 1989), 307-326.

간과하는 것이 있다면, 이란 사태로 미소관계가 불편해지기 이전에 미영관계가 불편한 관계였다는 점이다. 전통적으로 수에즈 운하를 비롯해서 걸프 지역에 대한 전략적, 경제적 이해관계가 높았던 영국은 전쟁 중에 미국이 그 지역에 대해 개입하고 이권을 챙기려 하자 불만을 토로했다. 걸프 지역에 대한 서로간의 힘겨루기로 양국관계는 불편해졌다. 영국의 한 관료는 미국과 영국 사이에 중동 문제를 놓고 벌인 "파렴치한 경제 제국주의 형태의 외교적 패권싸움으로 서로 간에는 협조라는 것은 찾아 볼 수 없다"라고 푸념했다.[60] 하지만 영국은 전쟁이 끝나자 더 이상 미국을 견제할 힘이 없었다. 1946년 1월 2일 영국은 할 수 없이 미군 전함이 사우디의 다하란 기지를 자유롭게 사용할 수 있도록 허락했다.

중동 지역에 대해 다소 관망적이고 수동적인 태도를 취하고 있던 미국이 전쟁 막바지에 접어들면서 적극적인 정책을 선택하면서, 중동에서 영국의 영향력을 감소시키려고 했던 점은 이란 사태의 배경을 이해하는데 중요하다. 소련 역시 영국처럼 중동에 대한 이해관계가 큰 것은 사실이나, 영국만큼이나 크지는 않았다. 당시 소련은 중동에 대해 "대체로 기회주의적인 역할을 했지 막무가내로 공격자의 행동을 보이지는 않았다."[61] 러시아에서 공개된 새로운 자료를 중심으로 이란사태를 추적한 예고로바Natalia I. Yegorova에 의하면 스탈린은 이란의 내정에 간섭하지 않았고, 이란 정부를 전복할 계획을 세우지 않았다. 오히려 미국과 영국이 소련 국경과 맞닿아

60) Ibid., 312에서 인용.

61) Ibid., 324.

있는 이란 북쪽 접경에서 유전을 개발하려고 했던 것이 소련에게 위협으로 다가왔던 것이다.[62)]

이란에 대한 미국의 관심이 증폭되면서 미국이 이란 철군을 미룬 소련과 불편한 관계가 되었고, 이것이 터키와 이란 문제와 연계되어서 트루먼 독트린이 발표되었다는 것은 결과적으로 틀린 얘기는 아니다. 하지만 그 당시 이란은 다른 주요 현안이었던 독일 문제나 동부 유럽, 발칸 반도 지역에 대한 전후 처리 문제에 비하면 사소한 문제일 뿐이었다. 그런데 그 사소한 문제가 트루먼 독트린으로 이어지는 중대한 계기가 된 것은 트루먼과 관계가 크다. 루스벨트의 서거로 급작스럽게 대통령이 된 트루먼은 외교 문제를 그가 선택한 번스James F. Byrnes 국무장관에 전담시켰다. 얄타회담에 참여했던 번스는 스탈린이 무엇을 요구하는지를 잘 알고 있었다. 스탈린의 주요 관심사는 동부 유럽이었지, 이란과 같은 '주변부peripheral' 지역이 아니었다. 1945년 9월과 12월에 런던과 모스크바에서 미영소 삼국 외상(外相) 회의가 열렸다. 그 회의에서 이란 문제는 최종 의정서에 포함되지도 않았다.

하지만 모스크바삼상회의 결과를 전달받은 트루먼은 격노했다. 번스에 보낸 편지에서 트루먼은 미국이 이란에 대해 강경한 입장을 취해야 한다고 밝혔다. 소련에 대한 트루먼의 강경한 발언이 처음 등장하는 순간이다. 이 편지에서 트루먼은 "지금 소련은 그의 우방

62) Natalia I. Yegorova, "The 'Iran Crisis' of 1945-1946: A View from the Russian Archives," Working Papers, Woodrow Wilson International Center for Scholars, *Cold War International History Project*, no. 15 (Washington, D.C., 1996), 18-21.

이자 동맹국인 이란에서 반란을 획책하며 그들의 군대를 철군하지 않고 있다. 철권 주먹과 강한 언어로 러시아를 제압하지 않으면 또 다른 전쟁이 발생할 것이다. [중략] 나는 우리가 더 이상 타협해서는 안 된다고 생각한다. [중략] 나는 소련을 달래는 일에 진저리가 났다."[63]

모스크바삼상회의 이후 대통령과 번스의 관계는 소원해지기 시작했다. 번스는 동부 유럽과 발칸 지역에서 소련의 영향권을 인정할 수밖에 없다고 보았다. 일본과 중국 및 태평양 지역에서 미국의 영향권을 소련이 인정하는 것과 같은 것이었다. 하지만 대통령은 번스가 그 회의에서 너무 유화적으로 소련에 대했다고 생각했으며, 무엇보다도 회의 과정을 보고하지 않고 결과만 통보하는 번스에 불쾌해했다.[64] 트루먼은 이란 문제에 미국이 강경한 입장을 취해야 한다며 간접적으로 번스의 현실주의 정책 혹은 유화 정책을 비판했다. 결국 1947년 1월, 번스는 국무장관을 사임했다. 그리고 3개월 뒤 트루먼 독트린이 발표되었다.

미국이 터키에 관심을 갖게 된 것도 이란 사태와 관련되어 있다. 전후 터키는 소련으로부터 압박을 받고 있었다. 소련이 흑해와 지중해를 연결하는 터키 해협을 자유롭게 통과할 수 있도록 허락하라고 요구하고 나섰기 때문이다. 터키 정부가 소련의 요구를 거부하자 소련은 해군을 인근 해역에 출동시켜 터키를 위협했고, 그 지역

63) Harry S. Truman, *Memoirs,* Vol. 1: *Years of Decision* (New York, 1955), 551-552.

64) Ibid., 547-550.

에 긴장감이 돌기 시작했다. 처음에 미국 정부는 터키 문제에 이렇다 할 입장을 표명하지 않았다. 하지만 이란 사태가 발발하자 1946년 4월 국무성 관료들은 전략적 요충지로 터키의 중요성을 강조하기 시작했다. 중동 문제이든 지중해 문제이든 미국과 소련이 군사적으로 충돌하게 되면 소련을 초기에 진압하기 위해서는 공군 기지가 필요한데 그 전략적 요충지로 터키를 지목했으며, 소련이 중동을 향해 육상 침략을 감행할 경우에 그것을 저지하는 초동방패막으로 터키의 중요성을 강조했다.[65)]

당시 소련은 터키에 대해 특별한 관심을 보이지 않았다. 소련에게는 흑해와 연결되는 다르다넬스 해협을 확보하는 것이 우선적인 목표였다. 그래서 터키 정부에 그 해협을 소련이 자유롭게 통과할 수 있도록 요구했던 것이다. 1946년 4월에 열린 포츠담 회담에서도 스탈린과 소련 외교관들은 이 목표 외에 터키를 포함한 해협 인접 지역 문제들에 대해 유연한 태도를 보였다. 회담이후에도 소련의 이러한 태도는 변함이 없었다.[66)] 1946년 8월부터 트루먼 독트린이 발표된 1947년 3월까지 국무성 보고서를 면밀하게 검토하면, 1946년 12월에 소련이 터키 문제를 강력하게 언급한 것을 제외하곤 이렇다 할 의견을 제시하지 않았다. 터키는 당시 소련으로부터 내정간섭을 받지 않았으며, 경제적으로도 상황이 나쁘지 않았다.[67)] 하

---

65) Melvyn P. Leffler, "Strategy, Diplomacy, and the Cold War: The United States, Turkey, and NATO, 1945-1952," *The Journal of American History* 71:4 (Mar. 1985), 814.

66) Anthony R. DeLuca, "Soviet-American Politics and the Turkish Straits," *Political Science Quarterly* 92 (Fall 1977), 503-24.

지만 회담이후 미국은 만약 소련이 다르다넬스 해협을 확보할 경우, 지중해와 중근동 진출을 위해서 에게 해 지역과 터키에 군사기지를 구축할 것이라고 판단하기에 이르렀다.

그리스 사태는 근본적으로 영국과 소련의 문제였다. 1941년부터 그리스는 공산주의 세력과 공화주의 세력 간의 치열한 내전을 겪고 있었다. 1944년, 처칠은 스탈린이 영국의 그리스 지배를 인정하면, 그도 소련의 루마니아 지배를 인정하기로 약속했다. 발칸반도에 더욱 민감했던 스탈린으로서는 영국의 제의를 거부할 리가 없었다. 스탈린은 전쟁 중과 전쟁 직후에 그리스에 대한 특별한 관심을 보이지 않았다. 물론, 스탈린이 가끔 그리스에 '민주정부'가 들어설 수 있도록 외부 세력이 개입할 필요가 있다는 등 개입의사를 표명하기는 했지만, 그것은 그리스 자체에 대한 야망보다는 루마니아와 불가리아와 같은 소련의 남서지역에 대한 지배권을 보장받으려는 전략의 일부일 뿐이었다.[68]

영국의 지원을 받은 공화파가 내전에서 승리를 거두었고, 그리스는 영국의 영향권으로 남아 있을 것 같았다. 하지만 1946년 3월 총선거에서 공화파가 부정선거로 정권을 장악하자 공산주의 반군들은 다시 결집해서 공화파를 공격하면서 내전이 격화되었다. 공화파

---

67) Melvyn P. Leffler, "The American Conception of National Security and the Beginnings of the Cold War, 1945-48: Reply," *The American Historical Review* 89:2 (Apr. 1984), 391-400.

68) Geoffrey Roberts, "Moscow's Cold War on the Periphery: Soviet Policy in Greece, Iran, and Turkey, 1943-8," *Journal of Contemporary History* 46:1 (Jan. 2011), 63.

를 지원해야할 영국은 전후 경제적으로 힘에 부쳐서 그리스를 도울 여력이 없게 되었다. 그래서 영국은 1947년 2월 21일 공식적으로 그리스를 도와달라고 미국에 요청했다.[69] 이미 1946년 12월, 그리스의 살다리스Konstantinos Tsaldaris 수상은 워싱턴을 방문해서 미국의 지원을 요청했다.[70]

1947년 영국 정부가 그리스에 대한 '포기각서'를 미국 정부에 전달하며 미국의 도움을 요청한 것은 의미심장하다. 이란과 터키 사태와는 달리 그동안 그리스에 대한 미국의 움직임은 수동적이었다. 그리스의 사태를 예의주시한 것은 사실이나 그리스를 영국의 권한으로 받아들였던 미국은 영국의 조력자였을 뿐이었다. 그런데 영국이 공식적으로 미국에게 그 권한을 양도한 것이다. 그 당시 국무부 공보실에서 근무했던 존스Joseph Marison Jones에 의하면 국무부 관료들은 영국의 '포기 각서'를 받고 무척 들떠 있었다. 미국이 "영국의 요청에 의해 '세계적 책임'을 공식적으로 떠맡게 되는 역사적 순간이었기 때문이다"[71]

본격적으로 그리스를 맡게 된 미국 정책입안자들에게 그리스 문제는 어려운 문제가 아니었다. 그리스의 지정학적 위치 때문이었

69) Bullock, *Ernest Bevin: Foreign Secretary*, 368-9; Arnold Offner, *Another Such Victory: President Truman and the Cold War, 1945-2002* (Stanford, 2002), 197; Denise M. Bostdorff, *Proclaiming the Truman Doctrine* (College Station, TX, 2008), 51.

70) Freeland, Richard M.. *The Truman Doctrine and the Origins of McCarthyism* (New York, 1970), 90.

71) Joseph Marison Jones, *The Fifteen Weeks: February 21- June 5, 1947* (New York, 1955). 9. 김봉중, 『카우보이들의 외교사: 먼로주의에서 부시 독트린까지 미국의 외교전략』 푸른역사, 2006, 104.

다. 미국 지도자들은 그리스를 터키와 같은 성격의 문제로 보았다. 만약 그리스가 공산주의에 넘어갈 경우 터키의 운명도 마찬가지가 될 것이며, 터키가 소련의 요구에 굴복할 경우 그리스도 마찬가지가 될 것이라고 판단한 것이다.[72] 다시 말해, 미국은 그리스와 터키 지역의 상황이 인근 지역의 도미노 현상을 초래할 것을 우려했고, 만약에 소련과의 군사적 대결이 벌어질 경우 서방 국가들의 보급로가 차단당할 것을 우려했던 것이다.[73]

V.

그리스에 대한 영국의 '포기각서'가 미국에 전달된 지 불과 몇 주 만에 트루먼 독트린이 발표되었다. 복잡하고 혼란스럽게 전개되는 전후 세계질서에서 트루먼 독트린이 가져올 파장은 명백했다. 그것을 트루먼 대통령과 다른 미국 외교 관료들이 모를 리 없었다. 트루먼 독트린은 일종의 소련에 대한 선전포고나 다름없기 때문이었다.

과연 트루먼은 왜 그 시점에서 독트린을 발표했을까? 만약 트루먼이 전후 소련과의 대결이 불가피하다고 판단하고 그것을 기정사실화하는 계기를 기다렸고, 영국의 '포기각서'를 계기로 준비된 독트린을 발표했다고 생각하면 문제는 간단하다. 하지만 당시 상황을

72) Elizabeth Edwards Spalding, *The First Cold Warrior: Harry Truman, Containment, and the Remaking of Liberal Internationalism* (Lexington, KY, 2006), 64.

73) George McGhee, *The US-Turkish-NATO Middle East Connection: How the Truman Doctrine Contained the Soviets in the Middle East* (New York, 1990), 21.

종합해보면 그러한 각본은 설득력이 없다. 2차 세계대전이 종결되고 트루먼 독트린이 발표되기까지 미국 정부는 무엇이 가장 올바른 정책인가를 놓고 내부적으로 혼란스러웠다. 세계 곳곳에서 미국이 담당해야할 문제는 산적해 있었고, 그 해결 방법은 단순하지 않았다. 새로운 세계질서에서 미국의 역할이 가장 중요한 것은 사실이나, 미국은 그 역할을 자신 있게 감당할 만한 준비가 되지 않았다.

이러한 복잡한 국제정세와 그것에 대한 해법을 놓고 의견이 분분한 미국의 외교 관료들의 상황을 고려할 때, 트루먼 대통령의 사고가 중요하다. 이란 사태를 겪고 난 후 트루먼은 소련의 지중해와 중근동 진출로인 그리스와 터키에 민감하게 반응했으며, 평소 그가 소련에 대해 어떤 생각을 가졌는지를 드러내기 시작했다. 트루먼에게 소련은 차르 시대의 팽창주의 정책의 연장선에 있었다. 1946년 11월, 트루먼은 사적으로 "[현재의] 소련 정부와 [이전의] 차르 정부, 그리고 히틀러가 추구했던 정부 사이에는 별다른 차이가 없다"고 말했으며, 다음 해 5월 "나치든 공산주의든 아니면 파시즘 이든 [중략] 전체주의는 다 똑같다."고 단언했다.[74)]

그리스 문제와 마찬가지로 터키 문제를 다루면서 트루먼이 어떤 사고방식을 갖고 소련을 보았는가는 냉전의 기원과 트루먼 독트린의 배경을 이해하는 주요한 열쇠이다. 이들 문제를 다루는 트루먼의 지도력은 그동안 많은 학자들의 논쟁거리였다. 수많은 연구물들

---

74) J. Garry Clifford, "President Truman and Peter the Great's Will," *Diplomatic History* 4 (Fall 1980), 371-85. 인용부분은 Michael James Lacey, ed., *The Truman Presidency* (Oxford, 1989), 257.

이 쏟아져 나왔다. 당시 상황에서 트루먼이 올바른 정책을 선택했는가 아니면 섣부른 혹은 잘못된 정책을 선택했는가에 대한 논쟁은 사실상 '정통 해석'과 '수정주의 해석'의 갈림길이라고 할 수 있다. 하지만 옳고 그름의 문제와 결과론적 해석의 시각에서 벗어나 당시 가장 중요한 역할을 할 수밖에 없었던 트루먼 대통령의 의식, 특히 소련에 대한 의식만을 따진다면 트루먼은 분명 소련에 대해 단순하고 명료하게 인식하고 있었다. 소련은 지중해와 중·근동에 대한 팽창정책을 펼칠 것이고, 미국은 그것을 막아야 한다는 생각이다. 이 점에 대해서 대부분의 학자들은 이견이 없다. 가장 최근의 연구에서도 트루먼의 세계관이 당시 미국의 정책을 이해하는 주요한 열쇠인 것을 강조했다.[75] 전후 급변하는 세계질서에서 미국 정부가 추구해야 할 정책에 대한 엄청난 정보와 제안서의 홍수 속에서 미국 정부는 터키와 그리스 문제 등에서 신속하게 정책의 방침을 정해야 하는데, 대통령이 갖는 소련의 인식이 정해진 이상 그것은 문제해결의 핵심이 될 수밖에 없었던 것이다.

트루먼의 대소 강경 원칙이 대두될 즈음인 1946년 2월 22일, 케넌의 '장문의 전보'가 등장했으며, 이것이 '봉쇄Containment'의 원칙이 되었다. '장문의 전보'는 전후 소련에 대한 적절한 대책을 수립하지 못하고 혼란스러운 상태에 있던 국무부와 백악관이 뚜렷한 대책을 마련하게 만드는 결정적인 계기를 제공했다.[76] 그 당시 케넌

---

75) James Bilsland, *The President, the State and the Cold War* (New York, 2015), 49-65.

76) Frank Costigliola, "Unceasing Pressure for Penetration: Gender, Pathology, and Emotion in George Kennan's Formation of the Cold War," *Journal of American*

은 무명의 외교관이었지만, 그의 '장문의 전보'는 워싱턴 정가에서 영향력을 컸던 해군장관 포레스탈James Forrestal과 같은 대소 강경론자들에게 막대한 영향력을 끼쳤다. 케넌은 포레스탈의 도움으로 워싱턴의 국방대학 외교담당 수석연구원으로 발탁되었고, 1947년 7월 『Foreign Affairs』에 "X Articles"을 게재해서 이른바 '봉쇄정책'을 워싱턴 정가에 뿌리내리는데 결정적인 역할을 했다.[77] 그래서 '봉쇄정책'은 소련 공산주의를 봉쇄하거나 저지하려는 이데올로기적 정책뿐만 아니라 정치, 경제, 군사적 정책으로 굳히게 되었다. '봉쇄정책'은 이후 미국 외교정책의 기본적이면서 포괄적인 '대전략Grand strategy'으로 자리매김했다.[78]

냉전의 기원에서 케넌이 갖는 의의는 시대를 초월해서 절대적이라 할 수 있다. 냉전의 책임이 미국에 있든, 아니면 소련에 있든, 냉전의 주요 대결이 미국과 소련이라는 점, 그리고 두 나라는 세계 자본주의와 공산주의의 두 축이라는 사실 때문에, 냉전은 이데올로기적 대결을 제외하고는 어떤 식으로든 설명하기 힘들다. 그런 점에서 당시 미국 내에서 소련의 국내사정과 1917년 볼셰비키 혁명 이후 소련의 '세계전략'에 대해서 가장 정통한 전문외교관이었던 케넌이 갖는 영향력은 막강할 수밖에 없었다. 트루먼이 케넌의 '봉쇄' 원칙을 정확히 이해했으며, 그것에 근거해서 새로운 미국 외교

History 83 (March 1997), 1331.

77) Walter LaFeber, *America, Russia, and the Cold War: 1945-2002* (Boston, 2002), 69.

78) Christina Rowley and Jutta Weldes, "Identities and US foreign policy", in *US Foreign Policy*, Michael Cox & Doug Stokes, eds. (Oxford, 2008), 198.

의 원칙을 세운 것이 훗날 어떤 파장을 가져다 줄 지에 대한 명확한 예측을 하고 트루먼 독트린을 선포했는지에 상관없이, '봉쇄'가 후대 미국 지도자들에게 트루먼 독트린의 동의어로 여겨진 이상, '봉쇄' 원칙은 트루먼 독트린의 동의어가 될 수밖에 없었다. 이것은 결국 냉전이 단순히 2차 대전 이후 지엽적인 사건의 결과물이 아니라 적어도 1917년 볼셰비키 혁명이후 세계사의 큰 흐름이었던 자본주의 대 공산주의 대결의 숙명적 결과라고 할 수 있다.

냉전사의 대가인 개디스가 탈냉전 이후 구소련과 기타 관련국들에서 공개된 수많은 새로운 자료들 포함해서 냉전에 대한 종합적이며 '새로운 해석'을 제기하고자 출판했던 책에서 냉전에 대한 정통해석의 근간이었던 케넌의 주장과 그 영향력을 강조하며, 그 책을 케넌을 추모하며 그에게 헌정한 것은 아이러니이다.[79] 하지만 20세기 미국 외교사에서 가장 중요한 위치를 차지하며, 가장 다양하고 폭넓은 해석의 홍수를 몰고 왔던 '냉전'이란 거대 역사 담론에서 '봉쇄'가 의미하는 이데올로기적 대결의 중요성을 새삼 확인하는 것이라고 할 수 있다.

---

79) John Lewis Gaddis, *Cold War: A New History* (New York, 2005).

5

전후 중동정책과 아이젠하워 독트린

I.

1948년 5월 14일 자정을 기해 유대국가건국위원회 의장 벤-구리온David Ben-Gurion이 텔아비브에서 공식적으로 이스라엘 건국을 선언했다. 불과 11분 후에 트루먼 대통령이 공식적으로 이스라엘을 승인했다. 11분이라는 마법의 숫자가 미국과 이스라엘 관계를 재단하고 단순화시키지만, 실제로 트루먼이 이스라엘을 승인하기까지는 적어도 2년 반 이상의 복잡한 국내외 상황과 그의 고민이 농축되어 있었다.[1)]

1917년 영국의 '벨푸어 선언Balfour Declaration'을 기점으로 유대인 국가 건설 문제는 유럽과 아랍에서 복잡하고 미묘한 문제였다. 2차 대전이 끝나면서 이스라엘 건립은 급속도로 가시화되면서 중동 문

1) 김봉중, "탈식민주의 프리즘과 반공주의 렌즈: 전후 미국 중동정책의 이상과 현실, 1945-1960,"『서양사론』제113호 (2012), 104-111.

제의 돌풍의 핵으로 등장했다. 전후 영국의 영향력이 약화되자 유대인과 아랍인의 갈등이 증폭되고 있었고, 새로 탄생한 국제연합UN은 아직 중동 문제를 주도적으로 풀어갈 능력이 없었다. 미국 정부도 이에 대한 뚜렷한 해결책이 없었다. 미국 내의 다양한 여론과 로비 등으로 팔레스타인 문제는 누구도 쉽게 풀 수 없는 난제였다. 트루먼 대통령도 1947년 11월 15일, 그가 "2년 반 동안 팔레스타인 문제를 놓고 씨름하고" 난 이후 결론은 그 문제는 "해결책이 없다."라는 것이라며 푸념했다.[2] 그럼에도 누군가는 그 문제를 해결해야 했고, 트루먼은 결국 이스라엘 건립을 "피할 수 없는 현실로 인정하고 그에 따른 최상의 방책이 이스라엘을 즉각적으로 승인하고 다음 해결책을 찾는 게 타당하다고 판단한 듯하다."[3]

하지만 이스라엘 건립 이후 중동 문제는 더욱 복잡하고 난해하게 전개되었고, 미국이 '다음 해결책'을 찾는 것은 더욱 어렵게 되었다. 그래서인지 트루먼은 이스라엘 승인 이후 팔레스타인 문제뿐만 아니라 중동 문제에 더 이상 관심을 보이지 않았다. 트루먼의 대표적인 전기 작가 매컬로프David McCullough가 집필한 무려 1,100쪽의 트루먼 전기에서 이스라엘 승인 문제를 마지막으로 트루먼의 중동정책에 대해선 이후엔 일체의 언급도 없다.[4]

---

2) Correspondence between Elbert Thomas and Harry S. Truman, November 15, 1947. Official File, Truman Papers. http://www.trumanlibrary.org/whistlestop/study_collections/israel/large/documents/index.php?pagenumber=1&documentdate=1947-11-15&documentid=2&collectionid=ROI

3) 김봉중, "탈식민주의 프리즘과 반공주의 렌즈," 110.

4) David McCullough, *Truman* (New York, 1992), Ibid., 110-111.

트루먼은 두 번째 임기 대부분을 한국전쟁에 총력을 기울일 수 밖에 없었다. 한국전쟁은 3년 전 그가 선포한 트루먼 독트린의 타당성과 가치를 확인해주는 전쟁임과 동시에 중동 문제와 같은 다른 복잡한 문제들을 가장자리로 내몰게 해 줄 수 있게 만들었다. 하지만 금방 끝날 것 같던 한국전쟁은 지루하게 계속되었다. 전쟁에 대한 미국인들의 불만이 높아가고 관심이 약화되기 시작할 즈음, 이집트에서 혁명이 발발했다. 1952년 7월 23일, 나사르Abdul Nasser가 군사 쿠데타가 일으킨 것이다. 나사르는 한국전쟁으로 한동안 떠나 있었던 중동 문제를 다시 미국의 주요 관심사로 환원시켰다. 나사르는 이후 아랍 민족주의의 대명사가 되었고, 미국의 중동정책의 공통분모로 부각되었다. 적어도 "한국에 가겠다."라는 슬로건과 함께 대통령에 당선된 아이젠하워Dwight Eisenhower는 한국전쟁을 끝내고, 이제 중동으로 가야 했다. 아이젠하워는 임기 시작부터 이집트 사태를 비롯한 중동의 모래바람에 휘말리게 되었다.

아랍 민족주의를 대표하는 나사르와 영국을 비롯한 서방세계의 갈등이 계속되더니 결국 1956년 7월에 최악의 사태가 발생하고 말았다. 나사르가 수에즈 운하 국유화를 선언한 것이다. 이에 따른 이른바 '수에즈 위기'는 한국전쟁이후 최대의 국제적 문제로 등장했다. 나사르를 응징하기 위해 영국-프랑스-이스라엘 삼국이 비밀리에 공모해서 시나이Sinai 반도의 이집트 영토를 침공하기 시작했다. 아이젠하워는 미국의 우방인 이들 편에 서느냐 아니면 나사르로 대표하는 아랍 민족주의 편에 서느냐의 기로에 서게 되었다. 아이젠하워의 선택은 나사르였다. 아이젠하워는 우방의 군사행동을 식민주의 연장으로 비난하고 단호하게 철군을 요구했고, 그 의지는 단호했다. 11월 6일 영국, 프랑스, 이스라엘이 할 수 없이 휴전에 동의하면서 수에즈 위기는 일단락되었다.

수에즈 위기가 종결되자마자 아이젠하워는 향후 미국의 중동정책의 시금석이라 할 수 있는 '아이젠하워 독트린'을 발표했다. 독트린의 핵심은 미국이 전후 혼란스러운 중동을 소련 공산주의의 위협으로부터 지켜내겠다는 것이다. 트루먼 독트린을 중동에 한정해서 적용하겠다는 것이다. 하지만 독트린이 발표된 시기와 배경이 의아하다. 왜 아이젠하워는 수에즈 위기를 매듭지으면서 독트린을 발표했을까? 수에즈 위기는 기본적으로 아랍 민족주의 대 유럽 식민주의의 대결이었으며, 미국은 아랍 민족주의 쪽에 손을 들었는데, 왜 공산주의에 초점을 맞춰서 독트린을 발표했을까? 이러한 의문들은 아이젠하워 독트린이 트루먼 독트린 이후 최초의 독트린이라는 점에서 유의미한 것이기도 하지만, 2차 대전 이후 미국의 중동정책과 독트린 이후의 중동정책을 이해를 위해서 짚고 넘어갈 필요가 있다.

Ⅱ.

1947년 트루먼 독트린은 미국의 '냉전 선포'라고 할 수 있다. 트루먼이 소련을 염두에 두면서 전체주의의 위협을 받는 곳이면 미국은 세계 어디라도 가서 그 나라의 주권과 안전을 지킬 것이라고 했다. 그가 지목한 두 나라는 그리스와 터키였다. 그리스와 터키는 지정학적으로 전후 미국과 소련이 민감하게 대응했던 독일과 동부 유럽과 밀접한 관계가 있었지만, 중동과도 밀접한 관계를 갖고 있었다. 그런 점에서 트루먼 독트린은 "유럽에 대한 소련의 영향력을 견제하려는 목적 외에도 중동을 염두에 둔 냉전의 포석이라고 할 수 있다."[5]

특히 이른바 '이란 사태'는 트루먼 독트린이 태동하게 되는 주요한 배경이었다. 비록 독트린에는 이란이 언급되지는 않았지만, 소련이 약속을 어기고 이란으로부터 철군을 하지 않은 것이 트루먼을 격노하게 만들었다. 앞 장에서 설명했듯이, 1945년 9월과 12월에 런던과 모스크바 미영소 삼국 외상 회의에서 채택한 최종 의정서에서 이란이 포함되지 않는 것도 트루먼의 심기를 불편하게 만들었다. 트루먼은 이란에서 소련이 "반란을 획책하며 그들의 군대를 철군하지 않고 있다. 철권 주먹과 강한 언어로 러시아를 제압하지 않으면 또 다른 전쟁이 발생할 것이다. [중략] 나는 우리가 더 이상 타협해서는 안 된다고 생각한다. [중략] 나는 소련을 달래는 일에 진저리가 났다."[6]라고 회고했다. 많은 냉전 학자들은 1946년 초반 처칠의 '철의 장막' 연설, 조지 케넌의 '장문의 전문' 등과 함께 이란문제가 냉전의 주요한 배경임을 인정한다.[7]

하지만, 트루먼 독트린 이후 한동안 중동은 미국과 소련의 일차적인 격전지가 아니었다. 1948년 5월 14일, 이스라엘 건립이 선포되자 미국과 소련은 이에 우호적으로 반응했다. 이스라엘 건립이

5) 김봉중, "미국의 중동정책과 수에즈 위기: '수에즈 외교의 진실'에 대한 소고," 『미국사연구』 제28집 (2008), 103.

6) Harry S. Truman, *Memoirs,* Vol. 1: *Years of Decision* (New York, 1955), 551-552.

7) Gaddis, The United States and the origins of the Cold War, ch. 9; Fraser J. Harbutt, *The Iron C urtain: Churchill, America, and the origins of the Cold War* (New York, 1986); Sean Greenwood, *Britain and the Cold War, 1945-1991* (London, 2000), 7-19.

선포된 지 불과 11분 만에 트루먼 행정부는 이스라엘을 국가로 승인했고, 3일 후에 소련도 이스라엘을 공식 승인했다. 소련 정부는 이스라엘 건립이 "팔레스타인과 근동의 평화와 안전을 강화시킬 것이며 소련과 이스라엘 간의 우호적인 관계가 성공적으로 진척될 것을 확신"한다는 메시지를 이스라엘에 보냈다.[8] 이스라엘 건립 직후 아랍 연맹 국가들이 팔레스타인을 공격할 때에도 소련은 이를 비난하면서 소련이야말로 이스라엘의 유일하고 진정한 우방이라고 설명했다.[9] 사실, 이스라엘은 소련제 체코 무기로 무장했고, 이는 이스라엘 군사력의 중요한 부분이었다.[10]

물론 이스라엘 건립 직후 발생한 아랍-이스라엘 전쟁의 여파로 미국이 국내의 유대인 로비 등으로 친이스라엘 정책을 펴게 되자, 소련과 이스라엘의 관계는 악화되기 시작했다. 소련은 이스라엘과 적대관계에 있는 아랍 국가들에 우호적으로 다가가기 시작했고,[11] 미국은 중동에서 소련의 영향력이 커질까봐 걱정했다. 그래서 1950년 5월 25일, 미국-영국-프랑스는 '삼국선언Tripartite Declaration'을 선포해서 아랍 지역에서 소련의 영향력을 차단하려고 했고,[12] 중동방

---

8) Ivo J. Lederer and Wayne S. Vucinich, eds., *The Soviet Union and the Middle East: The Post-World War II Era* (Stanford, 1974), 161에서 인용.

9) Lederer and Vucinich, *Soviet Union and Middle East*, 147-48.

10) Richard H. Nolte and William R. Polk, "Toward a Policy for Middle East," *Foreign Affairs* 36 (July 1958), 654. 아랍 국가들은 체코의 무기가 이스라엘에 제공된 것에 대해 서방 국가들이 반대하지 않았던 점을 비난했다. 훗날 체코무기가 이집트에 제공되자 미국과 서방국가들은 요란스럽게 비난했다. Hoskins, *Middle East*, 105, Lederer and Vucinich, *Soviet Union and Middle East*, 161.

11) Walter Z. Laqueur, ed., *The Middle East in Transition* (New York, 1958), 148.

12) U.S., Department of State, *Bulletin* Vol. 22, No. 570, "Tripartite Declaration,"

위기구MEDO(Middle East Defense Organization)를 결성해서 아랍 국가들과 함께 소련의 위협을 차단하려고 했다.[13)]

하지만, 중동방위기구는 그 목적을 성취하기에 근본적인 한계가 있었다. 미국이 이스라엘과 가까운 이상 다른 아랍 국가들은 미국을 신뢰할 수 없었으며, 오랜 식민통치에 따른 서방세계에 대한 불신으로 말미암아 미국을 신뢰하기란 쉽지 않는 일이었다. 2차 대전 이후에 아랍 세계는 강력한 민족주의가 대두되고 있었기에, 이스라엘과 서구 유럽과 밀접한 관계를 맺고 있는 미국이 아랍 세계로부터 우호적인 시선을 받기란 애초부터 어려운 일이었던 것이다.

1956년 7월에 발생한 수에즈 위기Suez Crisis는 미국이 갖고 있는 딜레마를 명확하게 보여주고 있다. 1952년 7월 23일, 이집트 혁명으로 정권을 장악한 나사르는 아랍 세계를 대표하는 강력한 민족주의 노선을 추구했다. 나사르는 기본적으로 반영, 반이스라엘 아랍 민족주의를 대변했지, 친소 혹은 반미를 내세우지 않았다. 하지만 미국이 친영, 친이스라엘 정책을 견지하고 있는 이상, 이집트의 새로운 정권은 미국을 신뢰할 수 없었다. 1953년 아이젠하워 행정부가 들어서자 이집트는 "정의로운 평화peace with justice"와 중동에서의 "공평impartiality"한 정책을 약속한 미국의 신정부가 그들에게 더욱 우호적으로 다가올 것으로 기대했지만,[14)] 미국의 신정부는 여전

5 June 1950, 886.

13) John C. Campbell, *Defense of the Middle East: Problems of American Policy* (New York, 1960), 41, Ralphy H. Magnus, ed., *Documents on the Middle East* (Washington, D.C., 1969), 75-77.

14) Faiz S. Abu-Jaber, *America-Arab Relations from Wilson to Nixon* (Washington,

히 냉전의 테두리에서 벗어나지 못했다. 오히려 1953년 5월, 덜레스John Foster Dulles 국무장관이 구상한 터키, 이란, 이라크, 파키스탄을 포함한 '북단Northern Tier' 국가들을 하나로 묶는 방위체제 구상에 기초해서 1955년 2월에 터키와 이라크가 '바그다드 조약Baghdad Pact'을 체결하자, 나사르는 바그다드 조약을 아랍의 독립을 위협하는 "신식민주의 위협"이라고 맹렬히 비난했다.[15)]

이러한 배경에서, 1956년 7월 26일에 나사르가 수에즈 운하의 국유화를 선언하고 나서자 미국은 중동 문제에서 전후 가장 큰 난제에 부닥치게 되었다. 수에즈는 영국과 이집트 간의 문제만이 아니라, 영국 다음으로 운하의 지분을 갖고 있던 프랑스와도 관련이 있고, 운하가 이집트 소유가 될 경우 국경문제 등으로 민감하게 반응하는 이스라엘과도 연관이 있었다. "이렇듯 수에즈 사태는 전후 복잡하게 얽혀있는 중동 문제의 총체적 위기로 다가왔다."[16)]

결국 10월 29일, 수에즈 사태는 전쟁으로 치달았다. 영국과 프랑스와 공조한 이스라엘이 시나이 반도의 이집트 영토를 침공했다. 이스라엘의 침공 하루 전에 이스라엘의 군사행동 가능성을 보고 받은 아이젠하워는 벤-구리온 수상에게 전문을 보내 "평화를 위협하는 어떠한 행동을 하지 말라"고 경고했다. 침공의 배후에 영국과 프랑스가 있다는 것을 전혀 모르고 있던 아이젠하워는 침공 직후 UN 영국 대표에게 UN에서 이스라엘 제재를 논의해 줄 것을 요청

D.C., 1979), 23.

15) Robert R. Bowie, *Suez 1956* (New York, 1974), 9.

16) 김봉중, "미국의 중동정책과 수에즈 위기," 112.

하기까지 했다.[17] 11월 1일, 국가안보회의NSC 회의에서 덜레스는 미국은 "아시아와 아프리카에서 영국-프랑스 식민주의의 전철을 밟아야 할지, 아니면 그들의 노선으로부터 분리되어 나올 지를 선택해야 할 순간"에 처했고, 이제 유럽 식민주의와 그 식민지배에서 신음했던 민족들 중에서 하나를 선택해야 할 순간을 맞게 되었다고 밝혔다.[18] 아이젠하워는 우방에 대한 엄중한 경고를 선택했다. 미국의 입장이 확고한 이상 영국-프랑스-이스라엘은 전쟁을 계속할 수 없었다. 11월 6일, 프랑스와 이스라엘에 이어 영국까지 휴전에 동의했다. 이로서 약 4개월 동안 세계의 이목을 집중시켰던 수에즈 사태는 일단락되었다.

수에즈 사태 기간에 아이젠하워는 그 위기를 소련과 연관시키지 않았다. 만약 나사르의 운하 국유화 선언에 소련이 개입되었다고 판단했거나, 수에즈 위기를 이용해서 소련이 중동에서 그 영향력을 확대하려는 의도를 갖고 있다고 판단했다면, 미국의 대응이 달라질 수밖에 없었을 것이다. 영국과 프랑스는 수에즈 위기로 미국이 그들에게 등을 돌린다면 결국 소련이 이득을 볼 것이라고 주장하며, 나사르의 뒤에는 소련이 있다는 점을 주지하며 미국의 지원을 얻고자 했지만,[19] 아이젠하워는 이에 귀를 기울이지 않았다. 10월 말부

17) Jim Newton, *Eisenhower: The White House Years* (New York, 2011, Kindle edition), Loc 4388.

18) Memorandum of Discussion at the Meeting of the National Security Council, November 1, 1956, *Foreign Relations of the United States* (이후 *FRUS*로 통일), 1955-1957, vol. XVI, Suez Crisis July 26-December 31, 1956, 906-7.

19) Message From Prime Minister Eden to President Eisenhower, September 6, 1956, Ibid., 401. Telegram From the Embassy in France to the Department of

터 헝가리 사태로 골머리를 앓고 있는 소련이 수에즈 사태에 개입할 여력이 없다고 판단했기에, 미국은 사태를 소련과 연관시키지 않았던 것이다. 이스라엘 침공 직후부터 아이젠하워의 선택은 단호했다. 그것은 위에서 덜레스가 밝혔듯이 중동에서 다시는 식민주의 전통이 부활해서는 안 된다는 것이었다. 수에즈 위기 내내 아이젠하워는 그 원칙에서 "단 1 인치도 후퇴하지 않고" 이스라엘, 영국, 프랑스를 압박했다.[20] 대통령 선거를 코앞에 두고 발생한 수에즈 전쟁은 재선을 노리는 아이젠하워에게 커다란 난관임에 틀림없었다. 유대계의 투표를 염두에 둔다면 아이젠하워의 대 이스라엘 강경책은 도박이나 다름이 없었다. 아이젠하워는 유대계 표가 가장 많은 뉴욕뿐만 아니라 뉴저지, 펜실베이니아, 코네티컷까지 놓칠 수 있는 위기였다. 아이젠하워는 이스라엘이 계속 말을 듣지 않으면 "나는 무력을 사용해서 그들을 제지할 수밖에 없고," 그로인해 "나는 선거에서 질 것이다"고 푸념했지만, 그는 신념과 원칙을 바꾸지 않았다.[21] 수에즈 위기에서 보여준 아이젠하워의 일관되고 확고한 신념과 원칙을 고려할 때, 수에즈 위기는 트루먼 독트린이 선포된 이후 최초로 미국이 냉전 이데올로기가 아니라 반식민주의 이데올로기에 근거해서 중동의 문제를 해결했던 의미 있는 사건인 것이다.

State, November 1, 1956, Ibid., 919.

20) Stephen E. Ambrose, *Eisenhower*, Vol. 2: *The President* (Los Angeles, 1984, Kindle Edition), Loc 7030.

21) Ibid., 6928.

Ⅲ.

수에즈 위기의 가장 큰 수혜자는 나사르였다. 아랍 세계뿐만 아니라 식민지에서 갓 벗어난 3세계 국가들에게 나사르의 영향력과 인기는 치솟았다. 알제리의 민족주의를 지원한 나사르가 알제리에서 추앙받은 것은 그 대표적인 예이다. 중동에서 친서방 노선을 추구하던 정권은 강한 아랍공동체와 아프리카공동체 움직임 속에서 위축될 수밖에 없었다. 수에즈 위기로 인하여 중동에서 영국과 프랑스는 오래되고 힘없는 식민주의자들로 인식되어 그 영향력은 하락되고 있는 반면, 민족주의 운동을 지원하며 영국과 프랑스의 빈자리를 노리는 소련의 입김은 높아갔다. 미국은 소련이 그 영향력을 행사하기 전에 미국은 먼저 선수를 쳐야할 필요를 느꼈다.[22)]

1956년 12월, 아이젠하워 대통령이 밝혔듯이 수에즈 위기가 종식되면서 "우리는 NATO의 남쪽 경계 지역이 공산주의 침투로 완전히 무너지고 있으며 공산주의가 중동에서 성공을 거두고 있는 것을 보면서 [중략] 그저 바라만보고 있지는 않을 것이다."라고 했다. 덜레스 국무장관도 "우리는 우리의 존재가 중동에서 강하게 느낄 수 있도록 할 것"이라고 말했다.[23)]

국무부 문서에 따르면 미국이 명분으로는 중동에 대한 소련의 침투를 차단하기 위한 정책을 수립해야 하지만, 실질적으로는 이집

22) Peter L. Hahn, *Caught in the Middle East: U.S. Policy Toward the Arab-Israeli Conflict, 1945-1961* (Chapel Hill, 2004), 200-7.

23) Peter Hahn, "Securing the Middle East: The Eisenhower Doctrine of 1957," *Presidential Studies Quarterly* 36:1 (March), 39.

트가 중동 지역에서 영향력을 확대하지 못하게 하는 정책을 세워야 했다. 이를 위해서 미국은 나사르에 대한 견제 정책을 조심스럽게 수행해야 했다. 수에즈 위기를 통해서 미국은 피식민 국가들의 진정한 독립을 지원한다는 점을 확인시켰기 때문에, 그러한 신뢰를 훼손하는 어떠한 행동도 삼가 해야 했기 때문이다. 이들 국가들이 미국은 "그들을 지배하거나 조정하려는 의도를 갖고 있거나 다른 형태로 영국의 지배를 부활하려는 것이라는 의심"을 갖게 하는 어떠한 정책도 피해야 한다는 것이다. 그래서 나사르를 붕괴시키는 "간접적인 목표"를 세워야 했다.[24]

국무부 문서와 거의 같은 시기에 작성된 NSC 문건에서도 중동에서 미국의 가장 큰 위협은 민족주의라고 지적했다. 수에즈 위기 이후 나사르의 영향력이 커지면서 중동 곳곳의 민족주의가 세력을 확장하게 되었으며, 민족주의는 대체로 반유럽 정서가 강하기 때문에 이를 이용한 소련의 선전과 침투가 용이하게 될 가능성이 높음을 환기하며, 미국은 "자유롭고 완전한 주권 국가를 추구하려는 그런 진정한 요구에 자연스럽게 동조는 하지만, 그것은 때론 미국이 서구 동맹을 강화하거나 가까운 동맹국을 지원하는 것과 날카로운 마찰을 불러일으킨다."고 우려했다.[25] 하지만 이 문서는 미국이 현실적으로 민족주의를 저지할 수 있는 명분과 능력이 없다는 것을 인정했다. 민족주의가 서구 세계에 위협인 것은 사실이지만 오랜

24) Ibid.

25) "Operations Coordinating Board Report," 22 December 1956. Ibid., Document 178.

유럽의 식민통치에 의해서 민족주의는 "하나의 불가피한 현상으로서 미국은 그것을 반대하기보다는 그 방향을 조절해야 한다."는 것으로 받아들였다. 그렇기에 미국이 나사르를 성공적으로 제압하지 못하고 그럴 능력이 없기 때문에 "중동과 아프리카에서 나사르의 영향과 이집트의 행동을 적극적으로 억제하는 수위를 조절해야 한다."고 밝혔다.[26]

수에즈 사태로 말미암아 나사르의 영향이 가장 먼저 드러난 곳은 요르단이었다. 요르단은 오랫동안 영국의 지배하에 있었으며 2차 대전 이후에도 영국은 요르단에 경제 및 군사적 지원을 아끼지 않았다. 하지만 이스라엘 건국 이후 이스라엘과의 계속된 마찰과 팔레스타인 난민 문제 등으로 요르단은 어려움을 겪고 있었고, 나사르의 등장에 따라 민족주의가 요르단에도 고개를 들면서 영국과 요르단의 관계가 불편한 상태에서 수에즈 위기가 발발하자 요르단 내의 반영 감정이 본격적으로 고개를 들게 되었다. 1956년 총선에서 반영세력이 대두하고 이러한 분위기에서 국왕이 아랍 군단의 영국인 총사령관을 해임시켜 버렸다.

영국은 이러한 상황에서도 재정적 한계로 인해 더 이상 요르단에 대한 지원을 할 수 없었다. 영국의 지원이 중단되면 요르단이 소련에 도움을 요청할 가능성이 크다고 보고 아이젠하워 행정부는 수에즈 사태가 종결될 즈음에 요르단에 대한 지원을 검토하기 시작했다. 하지만 국내의 친이스라엘 정서를 고려해야 하고, 요르단 지원에 대한 명백한 명분이 없는 상태에서 의회의 동의를 얻어내기가

26) Ibid.

힘들어서 선뜻 지원을 결정하기가 어려웠다. 게다가 덜레스 국무장관은 지리적으로 요르단이 소련과 가까워지기란 어렵다고 판단했다. 12월 10일, 파리에서 영국 외무장관 로이드Selwyn Lloyd와 회담하면서 덜레스는 이 점을 강조하면서, 영국 지원의 공백을 메우기 위해 미국이 요르단을 지원하는 것은 절실하지 않는 사항이라고 밝혔다.[27)]

하지만 요르단에 대한 영국의 지원이 중단될 경우 팔레스타인 난민 문제 등을 포함한 요르단의 문제가 심각해질 것을 우려해서 미국 정부는 12월 말에 기술 및 경제적 지원금으로 연간 8백만 달러, 아랍 난민 지원금으로 연간 1,750만 달러의 지원을 결정했다. 물론 이것은 순수한 지원금은 아니었다. 만약 이러한 지원을 받고도 요르단이 "소련의 블록과 관계를 맺으려 한다면 [요르단은] 더 이상의 [미국의] 지원을 기대할 수 없을 것"이라는 전제가 깔려있었다.[28)]

수에즈 사태 이후에 시리아도 미국에게 주요한 위협으로 다가왔다. 1955년 8월, 알쿼트리Shukri al-Quwatli가 대통령이 되면서 미국과 시리아 관계는 악화되기 시작했다. 그가 바그다드 협정을 비판하고, 아이젠하워 독트린을 비난하면서 미국을 서구 유럽과 같은 제국주의 국가로 보았으며, 무엇보다도 시리아가 소련과 가까워지고

27) "Memorandum of a Conversation," Ambassador's Residence, Paris, December 10, 1956, FRUS, 1955 - 1957, Vol 13, Near East: Jordan-Yemen, Document 49.

28) "Telegram From the Department of State to the Embassy in Jordan," December 24, 1956, Ibid., Document 53.

있었기 때문이다. 수에즈 사태가 발생하자 알쿼트리 정권은 영국과 프랑스와 단교하고 갈수록 친나사르, 친소련 정책을 펴고, 소련 무기로 무장하기 시작했다. 시리아는 서구 유럽의 재건에 필수적인 석유를 수송하는 파이프라인의 대부분을 매장하고 있는 곳인데 1956년 11월 초에는 시리아에 소재한 3개의 이라크석유회사에 대한 태업을 통해 수에즈 위기에 따른 유럽의 석유 파동을 가중시켰다. 시리아는 아랍 세계에서 가장 큰 공산당을 갖고 있으며 갈수록 좌 편향적으로 기울고 있었다. 물론 이것이 공산주의에 대한 이념적 선호에 의한 움직임이기보다는 반서구 민족주의에 대한 반사행동이었지만, 중동에서 영향력을 키워가려는 소련을 견제해야 하는 미국의 입장에서는 골칫거리가 아닐 수 없었다. 그래서 1956년에 아이젠하워는 시리아에 대한 우려를 다음과 같이 표명했다.

> "시리아는 이집트보다 공산주의 침투에 훨씬 무방비한 상태이다. 이집트는 나사르 대령 한 사람의 강력한 존재가 있기 때문에 그가 공산주의자들을 다룰 수 있으며 그들의 원조를 받더라도 안전하다. 왜냐하면 모든 소련의 행동은 그를 통해서만 가능하다고 요구하고 있기 때문이다. 하지만 시리아는 유약한 사람이 정권을 잡고 있기 때문에 소련이 정부를 우회해서 다른 여러 기관들이나 군대, 그리고 외무부와 정당들을 통해서 직접 거래를 한다. 시리아는 언제라도 [소련에] 먹힐 수 있는 상태에 이르렀다."[29)]

하지만 시리아가 소련의 희생물이 될 것이라는 우려는 과장된

29) Ivan Pearson, "The Syrian Crisis of 1957, the Anglo-American 'Special Relationship', and the 1958 Landings in Jordan and Lebanon," Middle Eastern Studies (Vol. 43, No. 1, January 2007), pages 45-46.

것이다. 미국이 진정으로 걱정한 것은 시리아가 이집트와 결탁해서 강력한 '제3의 힘Third Force'을 결성할 지에 대한 우려였다. 물론 그 우려가 현실화되기는 쉽지 않았다. 영국은 여전히 이라크에 영향력을 행사하고 있었으며 이라크의 석유 시설을 보호하고 있었다. 영국은 이라크의 알사이드Nuri al-Said가 이라크, 시리아, 레바논, 팔레스타인, 요르단을 묶는 연맹체를 구성해서 아랍 민족주의를 이집트로부터 분리하도록 유도하고 있었다. 이러한 계획의 핵심은 시리아가 이라크에 우호적이 되면서 석유를 안전하게 보호함과 동시에 아랍 민족주의와 나사르를 견제하는 것이었다.[30)]

이러한 배경에서 1957년 1월에 아이젠하워는 이른바 '아이젠하워 독트린'을 발표했다. 독트린에 의하면 어느 나라든지 다른 나라의 군사적 침략의 위협을 받으면 미국에 경제 및 군사적 지원을 요청할 수 있다는 것이다. 아이젠하워는 소련의 위협을 지목하며 "국제 공산주의에 조정당하는 국가들의 노골적인 군사적 침략에 대항해서 지역의 안전과 정치적 독립을 보장하고 보호할 필요가 있을 경우 [미국의] 지원을 요청"하면 미국은 군사적 지원을 감행할 것이라고 밝혔다.[31)] 1957년 3월에 의회의 비준을 받은 아이젠하워 독트린은 중동 지역에서 발생한 힘의 진공상태를 "러시아가 메우기 전에 미국이 메워야" 하며 "국제 공산주의에 대항해서 싸우는 어떤 국가라도 도움을 필요로 하면 2억 달러의 경제 및 군사 지원"을 할

30) Ibid,, 46-47.

31) "The Eisenhower Doctrine, 1957", MILESTONES: 1953-1960. http://history.state.gov/milestones/1953-1960/eisenhower-doctrine

것이라고 했다. 아이젠하워는 이 새로운 독트린이 "세계 평화"를 위해 중요하다고 밝혔다.[32)]

아이젠하워 독트린은 트루먼 독트린의 연장선이었다. 다만 그 범위가 중동 지역으로 확대되었을 뿐이었다. 1956년 12월 초부터 국무부 내 중동정책 팀에서 작성한 문서에 의하면 "중동에서 미국과 서구 유럽의 이익을 가장 크게 위협하는 것은 소련의 침투"라고 밝혔다. 소련은 나사르와 시리아가 무기 획득을 위해서 소련과 기꺼이 거래하려는 것을 이용해서 중동에 진출하려고 획책하고 있다고 분석했다. 보고서는 또한 서구 유럽의 허수아비 정권들의 불안과 내분이 미국의 이익을 위협하고 있으며, "영국과 프랑스의 이집트 공격이 이스라엘과 함께 수행되었다는 것에 따른 영국과 프랑스에 대한 분노가 격화"되어서 중동 문제를 영국과 프랑스에 맡길 수 없는 상황이라는 것을 지적하며, 중동에서 "서구 세계의 위치를 회복하는 우선적인 책임이 미국에 있다."는 것을 영국과 프랑스에게 주지하는 것도 중요하다고 밝혔다.[33)]

Ⅳ.

아이젠하워 독트린에 대한 반응은 다양하게 나타났다. 리비아,

---

32) *FRUS*, 1955-1957, vol. 17 (Washington, D.C., 1990), 7-8. Hahn, "Securing the Middle East," 40.

33) "Paper Prepared in the Bureau of Near Eastern, South Asian, and African Affairs and the Policy Planning Staff," *FRUS*, 1955-1957, Vol. 12, Near East Region; Iran; Iraq, 5 December 1956, Document 161.

레바논, 터키, 이란, 파키스탄은 미국 의회에서 독트린을 승인하기 이전에 지지를 표명했다. 시리아와 이집트는 독트린을 지지하지 않았다. 아이젠하워는 나사르가 독트린을 거절하면서 그것을 훼손할까 우려해서 더 이상 나사르를 설득하지 않았다. 나사르는 훗날 미국 의원에게 독트린은 "비군사적인 방법으로 제국주의를 부활하려는 수단"으로서 "어느 공산주의 위협만큼이나 이집트를 겨냥한 것으로 느꼈다."고 말했다.[34)]

아이젠하워 독트린은 한 번도 공식적으로 적용되지는 않았지만, 적어도 세 번의 상황에서 미국 외교를 수행하는 안내자 역할을 했다. 첫 번째는 요르단의 위기였다. 1953년, 권좌에 오른 후세인은 친서방 노선을 유지했지만 아랍 민족주의자들의 견제로 정권을 안정시킬 수 없었다. 더군다나 요르단은 이스라엘과 국경을 맞대고 있기 때문에 수많은 팔레스타인 난민을 수용할 수밖에 없었는데, 이는 이스라엘과의 긴장관계를 계속하게 만들었고, 국내 아랍 민주주의자들을 자극할 소지가 다분했다.[35)]

이러한 배경에서 1956년 말 수상에 임명된 알-나불시Suleiman al-Nabulsi가 민족주의자들을 선동해서 후세인 정권을 무너뜨리고 시리아와 이집트의 연맹체에 가입할 것을 종용했다. 1957년 4월, 후세인은 동맹 군대인 베두인 전사 수천 명을 암만으로 불러들여 알-나불시를 제압하고 육군참모총장 누와르Ali Abu Nuwar를 반역죄로

34) Hahn, "Securing the Middle East," 41.

35) Douglas Little, "A Puppet in Search of a Puppeteer? The United States, King Hussein, and Jordan, 1953-1970," *The International History Review* 17:3 (August 1995), 512, 516-519.

체포했다. 미국은 신속하게 수 천만 달러의 경제 및 군사 원조금을 전달해서 후세인 정권을 안정시켰다.36)

미국이 신속하게 후세인 정권을 지원한 것은 요르단 위기가 증폭될 경우 그것이 국제적 위기로 확산될 우려가 있었기 때문이었다. 요르단은 이집트, 시리아, 이라크, 이스라엘 등의 주변 국가의 이해관계와 밀접하게 맞닿아 있으며, 오랫동안 영국의 영향력 아래 있었기 때문에 영국이 중동에서 가장 민감하게 반응하는 곳이었다. 하지만 위에서 밝혔듯이 영국이 계속해서 요르단을 지원할 의사가 보이지 않자, 미국은 요르단에 대한 지원을 적극적으로 검토하고 12월 말에 기술, 경제, 난민 지원금으로 연간 2천여만 달러의 지원을 결정한 것이다. 요르단 위기가 발생하기 전부터 요르단에 대한 경제적 지원을 고려할 계획을 세우고 있었던 것이다.

요르단 위기가 발생하자 아이젠하워는 삼국선언the Tripartite Declaration에 근거해서 요르단이 외부의 침략을 받으면 미국이 개입할 것임을 선언했다. 4월 24일, 국방부는 제6함대를 동 지중해로 항해하도록 했고, 제6함대의 상륙작전 부대를 베이루트에 대기시켰으며, 두 대의 구축함을 마사와-아덴Massawa-Aden 인근에 정박시켰고, 유럽에 주둔하는 육군과 공군 부대에 터키와 레바논 파병 가능성을 대비하라고 명령했다.37) 이러한 미국의 움직임 때문에 요르단의 주변 국가들은 더 이상의 군사행동을 자제했고, 요르단의 왕정은 살아남게

36) Uriel Dann, *King Hussein and the Challenge of Arab Nationalism: Jordan, 1955-1967* (New York, 1989), 55-77.

37) Telegram From the Joint Chiefs of Staff to Unified and Specified Commanders, *FRUS*, 1955-1957, Volume XIII, Near East: Jordan-Yemen, Document 72.

되었다.

요르단 사태는 아이젠하워 독트린의 가장 중요한 목적인 중동에서 소련의 입김을 차단하는 것과는 거리가 먼 것으로 주로 중동의 복잡한 정치적 관계와 민족주의의 문제였다. 워싱턴은 요르단에 대한 개입의 근거로 공식적으로 아이젠하워 독트린을 내밀지는 않았지만, 궁극적으로 독트린과 상관이 있다고 보았다. 1957년 4월 24일, 덜레스는 주미 이스라엘 대사 에반Abba Eban을 만난 자리에서 중동에 대한 소련의 영향력이 계속해서 확대되고 있다고 판단하면서 미국의 '중동 독트린Middle East Doctrine'은 중동 문제를 해결하는 근본적인 지침이라고 설명했다.[38]

둘째는 시리아 사태였다. 알쿼트리의 좌편향 정책으로 미국과 시리아는 사이가 좋지 않은데다, 수에즈 위기가 발생하면서 양국 관계는 더욱 악화되었다. 알쿼트리 정권은 영국과 프랑스와 단교하고 갈수록 친나사르, 친소련 정책을 펴고, 소련 무기로 무장하기 시작했다. 1956년부터 영국은 알쿼트리 정권을 전복시킬 비밀작전을 시행했지만 번번이 실패했고, 이것은 오히려 정권을 강화시키는 결과를 초래했다. 게다가 1957년 1월에 아랍사회당인 바스당the Ba'ath Party이 의회와 각료를 장악하면서 시리아는 터키와 영토 분쟁을 격화시켰고, 록펠러의 스탠다드석유회사 가스관이 시리아 영토를 통과하는 것을 허가하지 않았다. 1957년 8월 13일, 시리아는 세 명의

38) Memorandum of a Conversation, Department of State, Washington, April 24, 1957, *FRUS*, 1955-1957 Volume XIII, Near East: Jordan-Yemen, Document 70.

미국 외교관이 다마스쿠스에서 비밀공작을 수행했다고 주장하며 그들을 추방하고 미국 대사관을 탱크로 포위하였다. 이에 대한 보복으로 미국 정부는 주미 시리아 대사를 포함해서 두 명의 시리아 외교관을 미국에서 추방했다.[39]

시리아 사태는 친미적 아랍 정권들에게도 위협으로 다가왔다. 요르단, 레바논, 이라크, 터키 정부는 해당 미국 대사관을 통해서 시리아 사태는 중동의 평화를 해치며 소련의 침투를 용이하게 만들기 때문에 조기에 해결되어야 한다고 주장했다.[40] 하지만 백악관은 성급하고 직접적으로 시리아 사태에 개입하기를 꺼려했다. 대부분의 중동 사태가 그랬듯이 시리아 사태도 중동의 복잡한 이해관계가 얽혀있었고, 미국이 가장 신경을 쓰고 있었던 시리아에 대한 소련의 영향력 역시 정확하지 않았다. 8월 20일, 시리아 문제로 대통령과 상의하면서 덜레스는 알쿼트리가 반미, 친소련 정책을 취하는 것은 내부적으로 그들의 정권을 강화할 목적으로 사용하는 일종의 '연막전술'이라고 밝혔다.[41]

그렇지만 시리아 사태는 쉽게 진정될 기미가 보이지 않았다. 시리아와 국경을 맞닿아 있으며 시리아 공산화가 가져올 파장에 대한 우려로 시리아 사태에 가장 민감하게 반응하는 터키를 중심으로 반

39) Memorandum From the Assistant Secretary of State for Near Eastern, South Asian, and African Affairs (Rountree) to the Acting Secretary of State, Ibid., Document 355.

40) Daily Top Secret Summary, Ibid., Document 358.

41) Memorandum From the Secretary of State to the President, August 20, 1957, Ibid, Document 361.

시리아, 반나사르 정권들이 연합해서 시리아에 진군해서 알쿼트리 정권을 전복시킬 계획을 세우고, 미국의 개입을 강력하게 호소하기 시작했다. 10월 말에 가서 아이젠하워는 국방부로 하여금 제6함대를 동지중해로 이동시키게 하였으며, NATO 공군기를 터키로 이동시키도록 했다. 하지만 아이젠하워는 의회에 군대 이동에 대한 명분을 설명하기가 곤란했으며, 군부 내에서도 그 명분에 대해 의아해 했다. 미국-유럽 연합사 총사령관 노르스태드Lauris Norstad 장군이 중동 문제로 군대를 이동하는 것이 NATO와 유럽 내 미국의 이미지에 손상이 갈 수 있다고 걱정하자, 덜레스는 중동에서 소련이 "우두머리top dog"가 되고 미국은 유약한 존재가 되고 있기 때문에 군대 이동을 할 수밖에 없다는 궁색한 변명만 할 뿐이었다.[42)]

미국의 군사적 움직임은 알쿼트리 정권을 압박하는데 별다른 도움이 되지 않았다. 요르단, 이라크, 레바논은 예상과 달리 수동적인 태도를 보였고, 터키만 시리아 국경에 군대를 집결해서 시리아와의 전쟁에 대비했다. 시리아와 터키 간의 무장충돌의 가능성이 높아가자 미국은 딜레마에 빠졌다. 시리아를 압박하려는 원래의 의도와는 달리 실질적인 군사적 충돌이 발생할 경우 그 파장이 만만치 않을 것이기 때문이었다. 게다가 1958년 2월 1일, 시리아와 이집트는 통일아랍공화국the United Arab Republic: UAR 결성을 선포했다. 미국이 이를 반대하거나 승인하지 않을 경우, 아랍 민족주의의 반미 정서가 증폭될 것이고, 승인할 경우 시리아에 대한 미국의 군사적 압박

42) Memorandum of a Conversation Between the Secretary of State and General, Department of State, Washington, October 28, 1957, Ibid., Document 415.

이 물거품이 될 것이기에, 워싱턴은 난처한 입장에 빠졌다. 2월 8일, 대통령에 보낸 보고서에서 덜레스는 이라크, 요르단, 레바논, 사우디아라비아 등이 UAR를 와해시키기 위해 연합해서 모종의 행동을 취하지 않고 가만히 앉아있는 상황에서 미국이 UAR를 인정할 수밖에 없지 않느냐는 볼멘소리를 전달했다. 결국 미국은 2월 25일 공식적으로 UAR를 인정했고, 시리아 사태는 진정되었다.[43)]

세 번째는 1958년 7월에 발생한 레바논, 요르단, 이라크 사태였다. 1958년 초 나사르의 범 아랍 민족주의에 경도된 레바논의 모슬렘 교도들이 샤문Camille Chamoun 대통령 정권에 저항하기 시작했다. 기독교도로서 친미 외교를 펼쳤던 샤문이 헌법을 수정해서 1958년 9월에 마감되는 그의 6년 임기를 연장하려고 했기 때문이었다. 1958년 5월, 레바논에서 소요가 발생하자 미국 관리들이 샤문에게 무기를 제공해서 반정부 소요를 진압하도록 했다. 그러나 불안정한 시국이 계속되자 샤문은 미국이 아이젠하워 독트린에 근거해서 군사적 개입을 해 줄 것을 요청했다.[44)]

아이젠하워는 미국의 개입에 부정적인 입장을 표명했다. 미국이 개입해야 할 뚜렷한 명분이 없었기 때문이다. 샤문의 실각이 중동에서 반서방, 친나사르 급진주의자들을 결집시킬 것이며 이스라엘-UAR 전쟁이 발발한 가능성을 높게 할 것이기는 하지만, 그렇다고

43) Memorandum From the Secretary of State to the President, February 8, 1958, FRUS 1958-1960, Vol. XIII, Arab-Israeli Dispute; United Arab Republic; North Africa, Document 194.

44) Irene L. Gendzier, *Notes from the Minefield: United States Intervention in Lebanon and the Middle East, 1945-1958* (New York, 1997).

미국이 샤문의 정권 연장을 도울 경우 제3세계에서 미국의 이미지가 손상을 입을 것이기 때문이었다. 또한 아이젠하워는 제2의 수에즈 사태가 발생할까봐 걱정했다. 미국의 개입에 대한 불만으로 나사르가 수에즈 운하를 차단하고 시리아가 이라크 석유 파이프라인을 차단해 석유가 레바논 항구로 수송되지 못하게 할 경우 서방세계에 석유파동이 발생할 가능성이 있기 때문이었다.[45] 5월 14일, 국무부 근동 차관보 라운트리William Rountree는 샤문에게 그의 요청을 거절하는 아이젠하워의 입장을 전달하면서, 이라크, 요르단, 영국과 레바논 주재 미 대사들에게 미국은 레바논의 독립이 위협받는 상황이 아닌 이상 "어느 특정 대통령의 권력을 유지하거나 세우기 위해" 개입하지 않을 것이라는 전보를 보냈다.[46] 결국 5월 15일, 백악관 회의에서 아이젠하워는 미국이 레바논 사태에 개입하지 않을 것임을 공식화했다. 만약 다른 아랍 국가들도 미국의 개입을 요청한다면 모르겠지만, 그렇지 않을 경우 미국은 개입하지 않겠다고 결정했다.[47]

다른 아랍 국가의 요청은 없었다. 하지만 다른 국가에서 미국의 레바논 개입을 부추기는 사태가 발생했다. 7월 14일, 이라크에서 쿠데타가 발생한 것이다. 이라크 사태가 터지자 아이젠하워는 즉시 제6함대를 24시간 내에 레바논으로 출동하도록 명령했고, 해병대가 베이루트의 전략적 요충지를 점령해서 레바논의 독립과 주권을

45) "Memorandum of a Conversation," 13 March 1958, FRUS, Vol. XI, 47.

46) "Telegram from DOS to Amembassy Baghdad, Amman, London and Beirut," 14 May 1958, FRUS, Ibid., 44.

47) "Memorandum for Record," 15 May 1958. FRUS, Ibid., 38.

지키도록 명령했다.[48] 그리고 국무부 차관보 머피Robert D. Murphy를 레바논에 급파해서 미군의 조기 철군을 가능하게 하는 정치적 협상을 찾아보도록 했다. 다행히 미군의 개입으로 말미암아 단기적이나마 레바논의 평화가 찾아왔다. 7월 31일, 체하브Fuad Chehab 장군이 대통령에 당선되었고, 그가 미국과 거리를 두면서 민족주의자들과 모슬렘 반군들을 포용했기 때문이다. CIA 국장 알렌 덜레스Allen Dulles는 체하브의 당선이 "레바논의 복잡한 사태를 진정시키는 가장 바람직한 결과"라고 국가안보회의에 보고했다.[49]

미 해병대가 레바논에 파견되자 아이젠하워는 요르단의 혁명을 차단하려는 영국의 작전을 지지했다. 바그다드에서 쿠데타가 발생한지 얼마 되지 않아 영국은 요르단에서 유사한 반란이 발생할 것을 대비해 미국에 공동 개입을 제안했다. 영국의 제안을 놓고 워싱턴은 개입의 찬반과 개입의 수위를 놓고 의견이 갈렸다. 덜레스는 아이젠하워에게 영국의 제안을 받아들일 수 없다고 했다. 요르단에서 지지도가 낮은 후세인을 지지했다가는 아랍 민족주의를 자극할 것이기 때문이었다. 하지만 합동참모본부는 개입을 주장했다. 알렌 덜레스는 요르단의 권력 공백이 이스라엘-이라크 충돌로 이어질 가능성이 있다고 보았다. 결국 아이젠하워는 전투부대 파견이 아닌

48) White House, Memorandum of Conference with the President, July 14, 1958 (FRUS/1958-60/XI/doc.128), pp.226-28; and U.S. Navy, Chief of Naval Operations to the Commander in Chief, U.S. Naval Forces, July 15, 1958 (FRUS/1958-60/XI/doc.130), p.231.

49) Douglas Llittle, "His Finest Hour? Eisenhower, Lebanon, and the 1958 Middle East Crisis," in *Empire and Revolution: The United States and the Third World Since 1945*, ed. Peter L. Hahn and Mary Ann Heiss (Columbus, 2001), 17-47.

병참 지원 선에서 영국을 지원하기로 결정했다.[50)]

7월 14일, 이라크 쿠데타는 알사림 아리프Colonel Abd al'Salim Arif 소령이 이끈 소장파 장교들이 일으켰다. 그들이 파이살 2세 왕과 알사이드를 살해하자 요르단은 미국이 즉각 개입해서 쿠데타를 초기에 진압하도록 요청했다. 하지만 백악관은 쿠데타에 대한 즉각적인 반응을 보이길 꺼려했다. 쿠데타 군인들이 나사르를 추종한 것은 사실이나 쿠데타 배후에 나사르가 존재한지에 대한 정확한 사실 확인이 불투명했기 때문이었다. 무엇보다도 쿠데타를 진압할 수 있다는 확신이 없었으며 자칫하면 사태를 오히려 더 악화시켜서 쿠데타 세력이 소련 쪽으로 기울까봐 우려했기 때문이다. 그래서 아이젠하워는 이라크 사태를 당분간 '지켜보기wait and see'로 했다.[51)]

'지켜보기'를 계속하던 이라크 사태가 미국의 우려했던 방향으로 가지 않고 급속도로 진정되고 있었다. 새로운 지도자로 부상한 카심Abd al-arim Qasim 준장을 비롯한 신군부는 서방 세계와 우호적인 관계를 유지할 것을 표명했고, 바그다드 회원국으로도 남아있을 것이며, 석유의 국유화도 시도하지 않을 것임을 약속했다. 혁명이 난지 채 보름밖에 지나지 않았지만 7월 30일에 미국은 신군부를 이라크를 새로운 정부로 공식 승인했다.[52)]

그런데 카심 정권이 안정되는 시점에서 미국은 오히려 이라크

---

50) Hahn, "Securing the Middle East," 45.

51) Memorandum, Cumming to Reinhardt, July 20, 1958 (FRUS/1958-60/XII/doc.126), p.329. Dwight Eisenhower, *The White House Years: Waging Peace, 1956-1961* (London, 1966), 269-71.

52) FRUS/1958-60/XII/doc.131, pp.333-34.

사태를 걱정하기 시작했다. 카심이 이라크공산당ICP과 연계해서 소련으로부터 군사 및 경제적 원조를 받을 가능성이 컸다고 판단했기 때문이다. 특히 카심이 1946년부터 소련에 망명 중이었던 쿠르드족 민족주의자 지도자인 바르자니Mulla Mustafa Barzani가 10월에 이라크로 귀환하자 그를 환대했다. 미국은 이를 우려의 시선으로 지켜보았는데, 바르자니를 소련 공산주의에 젖어 있는 민족주의자로서 그의 바그다드 귀환은 이라크의 정치적 안정을 해칠 수 있는 요소로 받아들였기 때문이다.[53)]

하지만 미국 정부는 기본적으로 이라크 내정에 간섭하기를 꺼려했다. 12월 초에 이라크의 통일아랍공화국 지지자들이 카심을 제거하려는 음모를 세웠고, 미국 대사관을 방문해서 미국의 지원을 요청하기도 했지만, 미국은 지원을 하지 않았다. 미국 대사관 관계자들은 이러한 움직임을 우호적으로 받아들였지만, 국무부는 대사관에 "극도로 조심하고 자제"하며, 이라크 내정에 간섭하지 말 것을 요구했다.[54)]

이라크 문제에 대한 아이젠하워의 고긴은 카심 정권의 색깔이 정확하지 않는 데에 있었다. 당시 CIA를 비롯한 정보기관의 이라크 내정 보고서는 과연 카심이 소련과 모종의 관계를 맺고 있는가, 아니면 이라크 내 공산주의자들과 어느 정도 긴밀한 관계를 유지하는가에 대한 것이었다. 대체로 CIA 보고서들은 카심의 친공산주의 성

53) Baghdad 1312 to State, October 14, 1958 (FRUS/1958-60/XII/doc.138), pp. 345-46.

54) State 001505 to Baghdad, December 4, 1958 (FRUS/1958-60/XII/doc.145), pp. 355-56.

향에 대한 우려를 담고 있지만 카심이 소련 쪽으로 기울고 있다는 뚜렷한 증거가 없다는 것이고, 바그다드 미 대사관은 카심이 스스로 소련의 영향권에 들어갈 것이라는 예상 그 자체를 인정하지 않았다. 국무부서 오랫동안 중동 문제 전문가로 근무했던 신임 대사 저네간John Jernegan은 카심 정권 내부에 반공주의자도 상당히 포진하고 있으며 카심이 완전히 소련 쪽으로 기울고 있지는 않다고 보았다.[55] 이처럼 카심 정권에 대한 미국 내 분석은 한목소리를 내지 못했다. 사실, 바르자니는 소련 공산주의자가 아니었다. 그가 소련에 망명중일 때 소련은 그를 이라크와 쿠르드족에게 소련 공산주의 대변자로 세뇌시키려 했지만 실패했다. 물론 당시 미국 정부는 이 사실을 알지 못했다.[56]

이라크 사태는 중동 정치의 복잡한 면을 그대로 드러내고 있었다. 이라크 내 정치적 변수도 다양하지만, 이라크를 보는 주변 입장도 다양했다. 나사르는 그와 함께 범 아랍주의 정책에 동참하지 않고 '홀로서기'를 하는 카심이 못마땅해서 그를 전복시키려는 음모를 획책했고, 영국은 중동에서 나사르의 영향력을 차단하기 위해서 카심을 지지했으며, 이스라엘 역시 이라크의 공산화보다는 나사르의 영향력이 확대되어서 강력한 이슬람 연합세력이 이스라엘을 견제할 것을 더 우려했기에 카심 정권을 적극적으로 비난하지 않았다. 이러한 복잡한 이라크의 내·외부 환경에 따라 미국은 카심이

---

55) DoS, Memorandum, Herter to the President, "Call by Ambassador John D. Jernegan," December 17, 1958 (FRUS/1958-60/XII/doc.149), p.360.

56) Edgar O'Ballance, *The Kurdish Revolt, 1961-1970* (London, 1973), 63-64.

뚜렷하게 소련의 영향권에 들어가지 않는 한 사태를 계속해서 지켜보는 것으로 가닥을 잡았다. 이것이 적어도 1960년까지 이라크에 대한 미국의 기본적인 정책이었다.[57]

이후에도 아이젠하워는 중동의 내부 문제에 서방세계가 군사적으로 개입하는 것에 반대 입장을 견지했다. 영국이 미국에 이라크와 시리아의 급진주의자들을 제거하기 위해 공동 군사작전을 제안했고, 알렌 덜레스가 이라크 쿠데타를 받아들일 경우 레바논, 요르단뿐만 아니라 사우디아라비아와 터키, 이란까지 위험하게 될 것이라고 경고했지만, 아이젠하워는 개입을 거절했다. 그것이 "헌법에서 허락한 나의 권력에서 너무 벗어난 일"이기 때문이라는 것이다.[58]

이후 아이젠하워 독트린은 실질적인 중요성을 상실하기 시작했다. 물론 독트린의 반소련 원칙은 계속해서 미국의 중동정책의 근간이었고 아랍 민족주의와 반서구 움직임 역시 중동에서 미국이 주시하는 것이기는 했지만, 미국은 아랍 민족주의에 대한 저항이 서구의 이익을 보장해 주지 않는다는 것을 깨닫게 되었다. 그래서 미국이 나사르와 화해를 도모하는 정책 등을 추진하면서 독트린의 의미는 자연스럽게 퇴색할 수밖에 없었다.

57) CIA, ""The Communist Threat to Iraq,"" SNIE (Special National Intelligence Estimate) 36.2-59, February 17, 1959 (FRUS/1958-60/XII/doc.161), pp. 381-8.

58) Hahn, "Securing the Middle East," 45.

V.

수에즈 위기가 종결되자마자 아이젠하워가 향후 미국의 중동정책의 시금석이라 할 수 있는 '아이젠하워 독트린'을 발표한 것은 한 편으로 보면 의아하지만 다른 한 편에서 보면 의미심장하다. 수에즈 위기는 기본적으로 아랍 민족주의 대 유럽의 식민주의와의 대결이었으며, 미국은 아랍 민족주의 쪽에 손을 들었는데, 아이젠하워는 공산주의 위협으로부터 중동을 지킨다는 명분으로 독트린을 발표했으니 의아할 수밖에 없다.

그런데, 아이젠하워 독트린이 등장하기까지 미국의 중동정책을 면밀히 살펴보면 독트린은 단순히 수에즈 위기로 탄생한 다소 우연한 결과가 아니다. 독트린은 이보다 훨씬 중요한 의미를 갖고 있다. 우선 미국은 2차 대전이후 복잡하고 혼란스러운 중동 문제를 풀어갈 하나의 원칙을 제시할 필요가 있었고, 아이젠하워는 반공주의라는 중동정책의 원칙을 냉전의 올가미에 씌워 단순화시킨 것이다. 위에서 살펴보았듯이 수에즈 운하를 둘러싼 중동 문제들에 소련의 영향력에 대한 우려는 그리 크지 않았다. 중동 지역에서 미국이 공산화를 가장 걱정했던 지역이 있었다면 그 곳은 시리아였다. 그러나 시리아조차도 워싱턴 내부에서는 그들의 반미, 친소련 정책이 내부적으로 그들의 정권을 강화할 목적으로 사용하는 일종의 '연막전술'이라는 것을 알고 있었다. 하지만 워싱턴은 아이젠하워 독트린으로 중동의 모든 문제의 핵심이 소련 공산주의 위협이라고 단언한 것이다. 이례적으로 독트린이 발표된 직후 미국 정부는 '아이젠하워 독트린'이라는 명칭을 사용했다. 보통 하나의 선언이 공식적인 독트린으로 명명되기까지는 얼마간의 시간이 지나서이다. 그런데 2월 12일, 국무부는 이라크 대사관에 보낸 전보에 '아이젠하워 독트린'이란 용어를 명기했다.[59)]

다른 하나는 아이젠하워 독트린은 트루먼 독트린의 연장선으로 이해할 필요가 있다. 취임 직후 아이젠하워는 '뉴룩New Look'으로 알려진 새로운 국가안보전략을 마련했고, 1953년 4월의 소위 "평화를 위한 기회Chance for Peace" 연설, 같은 해 12월 유엔총회에서의 "평화를 위한 핵Atoms for Peace" 연설 등을 통해서 평화와 화해의 손짓을 보내는 듯 했다.[60)] 특히 아이젠하워 취임 직후인 1953년 3월 초에 스탈린이 사망했기에 아이젠하워의 이러한 화해의 수사(修辭)는 냉전 구도를 벗어날 수 있는 새로운 전기로 받아들여질 수 있었다. 하지만 아이젠하워의 수사는 그저 수사일 뿐이었다. 아이젠하워는 근본적으로 냉전 구도에 변화를 줄 의도와 의지가 없었다.[61)] 아이젠하워는 중동 문제를 통해 오히려 냉전 구도를 강화시켰다. 아이젠하워 독트린은 트루먼 독트린을 중동에 적용시킨 독트린이다. 또한 아이젠하워 독트린은 그 배경과 성격에서 트루먼 독트린과 유사한 점이 많다. 트루먼 독트린이 탄생하게 된 배경에 이란 문제를 제외할 수 없다. 트루먼 독트린은 그리스와 터키를 지목

59) "Telegram From the Department of State to the Embassy in Iraq," FRUS, 1958-1960, February 12, 1958, Volume 12, Near East Region; IRAQ; IRAN; ARABIAN PENINSULA, Document 97.

60) 권오신, "아이젠하워 대외정책의 기조: '뉴룩(New Look)' 정책과 '아이젠하워 독트린'," 『미국사연구』 21 (2005), 141-173.

61) 아이젠하워 '평화'의 수사학에 대한 비판적 해석은 다음을 참조. 박인숙, "아이젠하워 행정부와 '평화'의 수사학," 『미국사연구』 22 (2005. 11), 157-192.

했지만, 그리스와 터키 이전에 소련이 약속을 어기고 이란으로부터 철군을 하지 않은 것에 대한 트루먼의 분노가 독트린의 보이지 않는 배경이다.

또한 아이젠하워 독트린은 트루먼 독트린이 그랬듯이 영국이 지중해와 중동 지역에서 더 이상 영향력을 행사할 힘이 없다고 판단하고 이제 미국이 그 지역을 관할하는 주도국가라는 것을 선언하는 것이었다. 차이가 있다면 트루먼 독트린은 영국이 공식적으로 그리스와 터키에 대한 '포기선언'을 하자 선포된 것이고, 아이젠하워 독트린은 마지막까지 중동에서 영향력을 행사하려는 영국과 프랑스가 미국의 제제를 받고 할 수 없이 중동에서 물러날 수밖에 없는 상황에서 선포된 것이었다. 트루먼 독트린이 지중해에 대한 미국의 패권을 선언한 것이라면, 아이젠하워 독트린은 중동까지 포함해서 미국의 패권을 선언한 것이었다. 여기에 미국인들에게 익숙한 반공주의가 손쉬운 명분을 제공한 것이다.

6

베트남 전쟁과 닉슨 독트린*

Ⅰ.

1968년 미국 대통령 선거는 베트남 전쟁에 대한 미국 정책의 분수령이었다. 베트남 전쟁을 '미국화Americanization'했던 존슨Lyndon B. Johnson 대통령은 전쟁에 따른 여론의 악화로 말미암아 재선출마를 포기했다. 공화당의 닉슨Richard Nixon 후보는 베트남 전쟁을 평화스럽게 마무리할 것을 국민들에게 약속했다. 평화를 원한 국민들은 닉슨을 선택했다. 당선 후 닉슨 대통령은 전쟁의 '베트남화Vietnamization'를 추진했고, 결국 1973년 파리평화조약에 의하여 미국은 공식적으로 베트남 전쟁 개입을 종결했다. 그렇기에, 1968년 선거를 기점으로 그 이전은 미국의 전쟁 개입 시기로, 그 이후는 전쟁 개입을 마무리하는 시기로 정리할 수 있다.

연구자들은 대체로 미국의 베트남 전쟁 종결보다는 전쟁 개입에 더 많은 관심을 보였다. 베트남 전쟁의 실패로 말미암아, 애초에 전쟁에 개입한 것부터가 잘못되었다고 보았기에, 실패한 전쟁에 대한 미국 개입의 기원과 배경, 그리고 '미국화'에 관심을 집중했다. 이에 따라, 베트남 종결 문제는 상대적으로 덜 주목을 받았다.[1)]

베트남 종결 문제가 관심을 끌지 못한 또 다른 이유는 닉슨 대통령과 관련이 크다. 워터게이트[Watergate] 사건으로 말미암아 닉슨이 불명예스럽게 대통령직에서 물러나면서 닉슨 대통령에 대한 학술적 평가 역시 워터게이트의 그림자에서 쉽게 벗어나지 못하고 있다. 그래서 존슨 시기의 베트남 정책은 '존슨의 베트남 정책'으로 일반화되었지만, 닉슨 시기에는 '닉슨의 베트남 정책'으로 일반화되지 못했다. 게다가 닉슨 대통령부터 포드[Gerald Ford] 대통령 때까지 국가안보보좌관과 국무장관을 역임하면서 미국 외교의 중추적인 역할을 했으며, 일반 국민들에게 '외교박사[Doctor of Diplomacy]'로 명성을 얻은 키신저[Henry Kissinger]의 위상 때문에 닉슨의 베트남 정책을 비롯해서 그 시기 미국의 대외관계 연구는 키신저에 초점이 맞추어졌거나, 닉슨/키신저 정책으로 함께 다루어지는 경향이다.[2)]

---

* 이 장은 필자의 다음 논문을 본 저서의 성격에 맞춰 수정/보완 및 재구성했음을 밝힌다. "닉슨의 베트남 정책과 닉슨독트린," 『미국사연구』 제31집 (2010), 169-198.

1) 예를 들어, 베트남 전쟁의 교과서라고 할 수 있는 헤링(George C. Herring)의 *America's Longest War: the United States and Vietnam, 1950-1975* (New York, 1979)도 총 8개의 장(chapter)에서 단 1장만이 1969년 이후 문제를 다루었다. 영(Marilyn B. Young)의 *The Vietnam Wars: 1945-1990* (New York, 1991) 역시 기본적으로 베트남을 비롯한 동남아시아에 대한 미국의 개입에 초점을 맞추고 있다.

2) 베트남 전쟁에 대한 가장 최근의 연구물 중에서 호평을 받은 달렉(Robert Dallek)의 저서도 제목이 암시하듯이 닉슨과 키신저를 파트너로 간주하고 닉슨 행정부의 외교정책을 설명했다. Robert Dallek, *Nixon and Kissinger: Partners in*

또한 닉슨 행정부의 외교정책이 1972년 닉슨의 중국방문에 따른 미중 관계 개선과 1969년 7월 괌Guam에서 발표한 닉슨 독트린Nixon Doctrine에 초점이 맞춰졌기 때문에 닉슨 대통령의 베트남 정책 자체는 크게 주목을 받지 못했다. 닉슨의 중국 정책은 베트남 전쟁과 완전히 별개로 진행된 것이라고 할 수 없으나, 베트남의 미궁에서 벗어나 아시아에 대한 새로운 외교의 지평을 열었기 때문에, 닉슨 행정부의 대표적인 외교 성과로 남게 되었다. 닉슨 독트린 역시 교착상태에 빠진 베트남 문제를 초월해서 닉슨이 "제3세계에 대한 미국의 안보정책을 지배하는 전적으로 새로운 철학"[3)]을 내세운 것으로서 미국 외교사에 큰 획을 긋는 닉슨의 유산이었다. 그렇기에 닉슨 독트린은 베트남 전쟁과의 상관관계보다는 그것이 향후 미국 외교정책에 어떠한 영향을 끼쳤으며 어떻게 적용되었는가에 관심이 집중되었다.[4)]

Power (New York:, 2007). 2009년에 출판된 혼(Alistair Horne)의 저서도 1973년 전후의 미국 외교를 키신저에 초점을 맞춰 추적했다. Alistair Horne, Kissinger: 1973, the Crucial Year (New York, 2009), Robert D. Schulzinger, *Henry Kissinger: Doctor of Diplomacy* (New York, 1989). 심지어 어떤 학자는 닉슨 독트린까지도 '키신저주의(Kissingerism)'의 작품으로 전제하고 있다. J. L. S. Girling, "'Kissingerism': The Enduring Problems," *International Affairs* 51:3 (July 1975), 323-343. 특히 325 참조.

3) Robert S. Litwak, *Detente and the Nixon Doctrine: American Foreign Policy and the Pursuit of Stability*, 1969-1976 (New York, 1984), 120.

4) 닉슨에 대한 국내의 연구업적도 대체로 닉슨 독트린에 따른 한미관계에 집중되었다. 미국사 분야에서 닉슨 외교의 전반적인 평가로는 장준갑, "닉슨의 외교정책 읽기: 탈냉전적 국제주의,"『미국사연구』제28집 (2008. 11), 179-205. 닉슨 행정부의 데탕트 정책을 다룬 논문은 박인숙, "'전환'과 '연속': 닉슨 행정부의 데땅트 정책의 성격,"『미국학논집』제38집 3호 (2006), 117-154 참조. 한국의 유신과 이와 관련된 한미 관계를 다루면서 닉슨 독트린을 조명한 논문

본 장은 1968년 대통령 선거와 닉슨의 당선, 그리고 닉슨 독트린 발표까지 닉슨의 초기 베트남 정책을 다룬다. 다시 말해, 중국 정책이나 닉슨 독트린의 적용과 같이 훗날 닉슨 외교를 대표하는 정책들과 거리를 두면서, 닉슨의 베트남 정책 자체에 천착한다. 시기적 범위로는 1968년 선거에서부터 닉슨 행정부의 1년차(1969년)까지에 한정한다. 시기적 범위가 다소 제한적이라 할 수 있지만 "1969년은 기존의 국제정치 질서가 더 이상 유지될 수 없는 시점에 도달한 시기"였기에, "미국은 냉전적 사고와 일방주의적 태도에서 벗어나 새로운 외교적 대안과 이념을 모색해야 할 상황'에 직면했다.[5] 또한 닉슨의 당선에서부터 전쟁의 종결까지는 적지 않은 시간이 소요되었으며, 베트남 정책은 국내외 많은 사건들과 연계되었기에, 베트남 전쟁 종결 문제를 하나의 틀로 종합적으로 설명하기에는 한계가 있기 때문이다. 그렇기에, 베트남 문제가 이후의 중국 문제나 워터게이트 사건과 같은 국내외 문제들과의 연계에서부터 비교적 자유로운 시기에 닉슨이 어떠한 원칙과 방향으로 베트남 문제에 접근했는가에 초점을 맞춘다.

궁극적으로 본 장은 미국의 베트남 정책이 '미국화'에서 '베트남화'로 전환되는 시점에서 닉슨 행정부가 어떠한 베트남 정책을 폈는가를 검토함으로써 그 동안 미국의 베트남 전쟁 개입에 비해 상대적으로 취약한 부분이었던 전쟁 종결 문제에 대한 이해를 돕는데

으로는 김정배, "미국, 유신, 그리고 냉전체제," 『미국사연구』 제38집 (2013. 11), 151-190을 참조. 닉슨의 개인적 성격을 다룬 논문은 김형곤, "닉슨 대통령의 개인적 성격과 워터게이트," 『중앙사론』 제21집 (2005), 803-837 참조.

5) 장준갑, "닉슨의 외교정책 읽기: 탈냉전적 국제주의," 180.

일조하고자 한다. 동시에 베트남 전쟁과 관련된 다음의 의문들에 대한 해답의 실마리를 제공하고자 한다.

첫째, 닉슨 독트린은 닉슨 행정부의 외교를 대표하는 선언으로써 미국 외교사에서 주요한 위치를 차지한다. 하지만 닉슨 독트린 연구는 대체로 독트린의 영향과 적용에 초점이 맞춰져 있다. 미국의 베트남 정책 실패가 닉슨 독트린의 배경의 주요한 배경이었지만, 구체적으로 어떠한 상황에서 독트린이 탄생했는가는 명확하지 않다. 이에 본 장은 베트남 전쟁과의 연관성 속에서 닉슨 독트린의 배경을 추적함으로써, 닉슨 독트린에 대한 이해를 높일 뿐만 아니라, 닉슨 행정부의 베트남 정책에 대한 성격을 규명하는데 일조 하고자 한다. 둘 째, 닉슨의 전체적 이미지와 평가에 주요하게 작용했던 워터게이트 사건과 키신저의 명성으로 인하여, 닉슨의 외교정책은 키신저의 외교, 혹은 닉슨/키신저 외교로 동일시하는 경향이다. 이에 닉슨의 임기 첫 해 베트남 정책을 집중적으로 추적함으로써, 과연 그러한 판단이 타당한가를 따질 것이다. 대통령 임기 전체 기간에 대한 닉슨의 외교정책을 검토하면서 이에 대한 타당성을 저울질하기에는 한계가 있기 때문에, 임기 첫 해 닉슨의 베트남 정책을 면밀히 검토함으로써 닉슨의 외교정책을 평가하는 하나의 실마리를 제공하고자 한다.

Ⅱ.

닉슨이 회고했듯이 1968년 대통령 선거에서 베트남 전쟁은 가장 "지배적인 이슈"였다.[6] 미국의 역사에서 다른 전쟁들이 그랬듯이 베트남 전쟁 역시 단순히 외국과의 전쟁 차원을 넘어서 국내 정치와 국내 여론에 지대한 영향을 미쳤다. 1968년 한 해에 유망한 민주당 대통령 후보였던 로버트 케네디Robert F. Kennedy와 민권운동의 선봉이었던 마틴 루터 킹Martin Luther King, Jr.의 암살 등으로 선거기간 미국 내 분위기가 뒤숭숭한 것은 사실이다. 하지만 좀 더 넓은 시각으로 1968년 선거를 조망했을 때 베트남 전쟁은 가장 큰 이슈로 작용했다.

수많은 인명피해와 막대한 전쟁비용[7]에도 불구하고 베트남 전쟁이 미궁으로 빠져 들어가자 선거를 앞둔 미국인들은 미국의 베트남 전쟁 개입 자체가 잘못이었다고 생각했다. 더군다나 1968년 1월 말에 전개된 북베트남과 베트콩의 구정공세Tet Offensive로 인하여 전쟁에 다소 우호적이었던 국민들마저도 미국이 전쟁에서 이길 수 없다고 판단하며 미국의 계속적인 전쟁 개입에 부정적으로 돌아섰다. 이러한 국내 분위기에서 존슨 대통령은 군부의 병력 추가 파병 요청을 거부했다.[8] 하지만 미국 국민들의 베트남 전쟁에 대한 부정적인 견해는 곧 현직 대통령에 대한 불신으로 이어질 수밖에 없었다. 존슨이 1964년 통킹만 사건을 계기로 공식적으로 그리고 본격적으로 미국을 전쟁에 개입하게 만든 장본인이었기 때문이다. 존슨은

---

6) Richard Nixon, *RN: The Memoirs of Richard Nixon* (New York, 1975), 298.

7) 존슨 행정부는 1,000억 달러 이상을 지출했고, 7만 명의 전투부대를 포함해서 50만 명의 미군이 참전하고 있었으며, 매주 200 명의 미군이 전사했다. Richard C. Thornton, The Nixon-Kissinger Years (St. Paul, MN, 2001), xx; Horne, *Kissinger*, 39.

8) Rhodri Jeffreys-Jones, *Peace Now: American Society and the Ending of the Vietnam War* (New Haven, 1999), 78-79.

"위대한 사회Great Society" 건설과 "빈곤과의 전쟁War on Poverty" 등으로 국내 개혁에 비교적 성공을 거두었지만, 베트남의 수렁에서 헤어나지 못하면서 국민들의 신임을 잃고 있었다. 결국 1968년 3월 존슨은 대통령 선거 후보 경선을 공식적으로 포기하고 말았다.

닉슨은 이러한 국내 분위기에 편승해서 베트남 전쟁을 선거 전략에 충분히 활용했다. 미국의 계속된 베트남 전쟁의 개입에 부정적이거나 적어도 전쟁의 목적에 대해 불확실해 하는 국민들에게 자신을 평화의 사도로 내세웠다. 민주당 대통령 후보인 험프리Herbert Humphrey는 존슨의 입김을 벗어나지 못하고 향후 전쟁 개입에 대한 구체적인 방향을 제시하지 못하고 있는 상황에서 닉슨은 그가 대통령에 당선된다면 평화를 가져올 것이라고 약속했다.

그렇지만 닉슨의 베트남 정책은 구체적이지 못하고 다소 선언적이었다. 닉슨의 공화당 선거 전략은 "적당한 정도의 평화노선을 취함으로써 험프리가 강경파로 보이도록"하는 것이었다.[9] 이는 마치 1952년 선거에서 아이젠하워Dwight D. Eisenhower가 당선되면 "한국에 갈 것이다"고 약속하면서 한국전쟁의 마무리를 놓고 혼란에 빠진 민주당에 대비해서 전쟁에 지쳐있는 국민들에게 평화의 사도로 부각시켰던 것과 유사한 것이었다. 1964년 선거에서 존슨이 공화당의 골드워터Barry Goldwater를 베트남 전쟁에 대한 강경파로 몰아가며 그는 "수천마일 떨어진 곳의 전쟁에 미국 병사들을 보내지 않겠다"[10]고 약속하며 자신을 평화주의자로 부각시켜 당선된 것을

9) Dallek, *Nixon and Kissinger*, 68에서 인용.

10) Arthur M. Schlesinger, *The Bitter Heritage: Vietnam and American Democracy*

생각할 때 역사의 아이러니가 아닐 수 없다. 또한 1964년 선거에서 닉슨이 골드워터를 지지하며 베트남 전쟁의 확장을 주장했던 점[11]을 생각하면 1968년 선거에서 보여준 닉슨의 온건성은 다소 의외이지만, 선거에 이기기 위해서는 국민들의 정서를 무시할 수 없었다.

닉슨은 선거기간 내내 그의 베트남 정책에 대한 구체적인 구상을 밝히지 않았다. 닉슨의 회고록에 의하면, 현직 대통령과는 달리 그는 베트남 전쟁에 대한 상세한 정보를 접할 수 없었기 때문에 선불리 전쟁에 대한 해결책을 제시할 수 없었기 때문에 그는 "전쟁을 종결짓고 평화를 획득해야한다"라는 원론적인 얘기만 할 수밖에 없었다.[12] 1968년 5월 뉴햄프셔 주의 프라이머리에서 닉슨이 최초로 사용했던 "명예로운 평화honorable peace"는 닉슨의 베트남 전쟁에 대한 압축적인 구호로 일반 국민들에게 인식되었다.[13]

닉슨이 선거 기간에 "명예로운 평화"와 같은 선언적인 정책을 제시한 것은 결과적으로 성공적인 선택이었다. 그렇다고 이것을 닉슨이 베트남 전쟁에 대한 뚜렷한 소신이나 원칙 없이 단순히 정치

(Boston, 1967), 28-29. 물론 존슨은 적극적인 베트남 전쟁의 개입을 주장하는 골드워터의 무분별한 반공주의를 비판하며 그를 유연한 반공주의자로 차별화시켰지만, 통킹만 사건을 계기로 공습을 결정하며 공산주의자들에 대한 단호한 모습을 보이면서 선거에서 결정적인 이득을 본 것은 사실이다. 김봉중, "냉전, 베트남, 그리고 역사적 기억: 로버트 맥나매라와 미국의 베트남 전쟁 개입," 『미국사연구』 제12집 (2000), 182.

11) Frederik Logevall, Choosing War: The Lost Chances for Peace and the Escalation of War in Vietnam (Berkeley, 1999), 135-136.

12) Nixon, *Memoirs*, 298.

13) Dallek, *Nixon and Kissinger*, 68.

적 계산에 의한 선택으로 생각할 수는 없다. 닉슨은 선거 1년 전인 1967년 10월에 영향력이 큰 『포린 어페어스Foreign Affairs』 잡지에 「베트남 이후의 아시아Asia After Viet Nam」라는 주제의 글을 발표했다. 이 글에서 닉슨은 미국의 향후 아시아 정책에 대한 비전을 포괄적으로 설명할 뿐, 베트남 전쟁에 대한 그의 정책을 구체적으로 밝히지는 않았기 때문에 이 글은 발표당시나 다음 해 선거 기간에 크게 주목을 받지 못했다. 하지만 이 글은 그가 냉전의 큰 흐름에서 베트남 전쟁을 어떻게 인식하고 있는가를 보여주며, 그가 베트남 전쟁에 대한 뚜렷한 원칙을 갖고 있음을 보여주고 있다.

「베트남 이후의 아시아」에서 닉슨은 공산주의 세력에 대항한 무조건적인 개입을 자제해야 한다고 주장했다. 미국의 국익에 직접적인 이해관계가 없는 지역에 대한 개입이 필요한 경우는 두 가지의 전제 조건이 필요하다고 지적했다. 하나는 "그 해당 지역이 연합해서 자체적으로 적의 위협을 저지하려는 노력이 있어야 하며, 다른 하나는 만약 이러한 노력이 실패했을 경우에는 해당 지역이 연합해서 미국의 도움을 요청"하는 것이다.[14)] 닉슨은 "아시아의 모든 국가들이 공산주의 국가가 아니라고 해서 서구식의 의회 민주주의에 적합하다고 생각하는 것은 전혀 맞지 않는 생각"이라고 주장했다.[15)] 이는 공산주의 세력의 위협을 받는다면 세계 어느 곳이나 미국이

14) Richard M. Nixon, "Asia After Viet Nam," *Foreign Affairs* 46:1 (October, 1967), 114.

15) Ibid., 117. 닉슨은 그 해 7월에 행한 연설에서 이와 유사한 논리를 펴면서 미국은 개발도상국에 대한 원조를 "더욱 선택적"으로 해야 한다는 점을 강조했다. Nixon, *Memoirs*, 284.

개입해야 한다는 트루먼 독트린에 대한 수정을 의미하고 있다.

이 글에서 닉슨은 미국이 베트남 전쟁에 대해 구체적으로 어떠한 정책을 펴야하는가에 대해서는 직접적으로 설명하지는 않았다. 하지만 글의 전체적 맥락에서 보면, 베트남 주변 국가들이 연합해서 공산주의를 막으려는 움직임이 없었을 뿐만 아니라, 그 국가들이 연합해서 미국에 지원을 요청하지 않았던 베트남 전쟁에 미국이 개입한 것은 시작부터 잘못된 결정이라는 점을 강하게 시사하고 있다. 또한 남베트남 정권이 공산주의 세력이 아니기 때문에 서구식 민주주의 국가로 정착할 것으로 기대하는 것은 오산이기에 미국이 남베트남을 우방으로 지켜야 할 가치가 있는가에 대한 강한 의문을 제기하고 있다.

1968년 선거기간에 닉슨은 「베트남 이후의 아시아」의 논지를 구체화거나 체계화하지 않았다. 다만 한 가지 부분을 몇 차례 강조했다. 그것은 지역의 안보는 해당 지역 국가가 먼저 이니셔티브를 갖고 적극적으로 책임져야 한다는 것이다. 닉슨은 5월 16일 유세 연설에서 이것을 "새로운 외교a new diplomacy"라고 명명했으며,[16] 10월 7일 유세에서는 좀 더 구체적으로 미국의 베트남 정책은 근본적으로 베트남 병사들을 훈련시켜 그들 스스로 그들의 안보를 책임질 수 있도록 하는 것임을 밝혔다.[17]

한편, 선거기간 닉슨의 외교 측근들이 베트남 전쟁에 어떠한 의견을 갖고 있었는가를 주목할 필요가 있다. 특히 그 중에서도 국가

16) *Nixon on the Issues* (New York, 1968), 1-2.

17) Ibid., 9-10.

안보보좌관으로 선임되어서 미국의 베트남 정책에 주도적인 역할을 했던 키신저의 생각은 중요하다.

선거기간 키신저는 드러나지 않게 외교 자문 역할을 했다. 키신저는 민주당 캠프와 밀접한 관계를 맺고 있었다. 선거기간에 파리에서 수차례 열린 베트남 전쟁 평화 협상에 비공식적으로 동행하는 등 존슨 행정부의 숨겨진 고문역할을 했다. 키신저가 그의 역할에 대해서 비밀을 요구했고 스스로도 그것을 지켰던[18] 이유는 확실치 않다. 우선 민주당의 험프리가 선거에서 이길 수 있다는 확신이 없었기 때문일 수도 있다. 또한 그는 공화당 경선 후보였던 넬슨 록펠러Nelson Rockefeller와 오랜 친분을 쌓아 왔고, 록펠러뿐만 아니라 하버드를 중심으로 한 동부 엘리트 외교통들과 깊은 관계를 맺고 있었기 때문에 그가 민주당과 협력하고 있다는 사실을 알리고 싶지 않았기 때문일 수도 있다. 키신저는 9월 중순부터 닉슨 캠프와도 긴밀한 관계를 맺기 시작했다. 그 시점은 이미 여론조사에서 닉슨의 우세가 드러났던 시점이었기에 키신저로서는 닉슨 캠프의 접근을 거절할리 없었다. 키신저가 민주당의 베트남 정책에 관한 정보를 닉슨의 핵심 참모들과 공유한 것은 사실이나 그 구체적인 내용은 아직 알려지고 있지 않다.[19]

---

18) Seymour M. Hersh, *The Pride of Power: Kissinger in the Nixon White House* (New York, 1983), 14-16.

19) Jussi Hanhimaki, *The Flawed Architect: Henry Kissinger and American Foreign Policy* (Oxford, 2004), 20-23. Dallek, *Nixon and Kissinger*, 81-84. Hersh, *The Pride of Power*, 16-22. Jeremi Suri, *Henry Kissinger and the American Century* (Cambridge, 2007), 190-191.

선거기간에 키신저가 베트남 전쟁에 대한 자신의 소견을 구체적으로 밝힌 기록은 없다. 베트남 문제가 누구도 쉽게 그 해법을 제시하기 어려운 난제였던 점도 있지만, 키신저는 유럽 문제에 밝은 이른바 '유럽통'으로 아시아 문제에는 상대적으로 밝지 못했다.[20] 키신저가 최초로 그의 베트남에 대한 소신을 공식적으로[21] 밝힌 것은 1969년 1월 「베트남 협상The Viet Nam Negotiations」이란 제목의 논문을 『포린 어페어스』지에 기고한 것이다. 1968년 12월 초에 이미 닉슨의 국가안보보좌관으로 지명된 상태였기 때문에 「베트남 협상」은 향후 키신저의 베트남 정책을 엿볼 수 있는 중요한 단서이다.

이 글에서 키신저는 1968년 초 베트남 전쟁에 대한 미국 내 여론을 악화시켰던 북베트남과 베트콩의 구정공세가 군사적으로는 미국의 승리라는 점을 지적했다. 결과적으로 미국과 남베트남은 공산주의자들의 공격을 격퇴했으며 공산주의자들이 입은 인명피해는 미국과 남베트남보다 훨씬 컸기 때문이다. 하지만 공세가 남긴 정치적, 심리적 피해를 놓고 볼 때는 미국과 남베트남의 패배라고 지적했다. 이것은 공세로 인하여 미국과 남베트남에서 베트남 전쟁에 대한 불안감과 불확실성이 확산되었기 때문이다.[22]

---

20) 키신저는 1969년에 3편의 논문으로 구성된 책을 출간했는데, 당시 베트남 전쟁이 가장 논란거리였음에도 불구하고 마지막 논문을 제외하고 다른 논문들은 유럽 문제를 다루었다. Henry Kissinger, *From American Foreign Policy: Three Essays by Henry Kissinger* (New York, 1969).

21) 베트남 문제가 미국 내 논쟁거리가 되자 1965년 키신저는 베트남을 방문했고, 그는 사적인 편지에서 "지금 우리가 베트남에서 하고 있는 것이 희망이 없다는 확신을 갖게 되었다. 나는 정부와 함께 일을 하며 전쟁을 종결해야겠다고 결심했다. 이것이 올바른 결정인지는 아무도 모른다"라고 밝혔다. Suri, *Henry Kissinger and the American Century*, 188.

구정공세가 보여주듯이 미국과 남베트남이 쉽게 전쟁을 승리로 이끌 수 없다는 점을 환기시키며 키신저는 북베트남과의 평화협상이 불가피함을 지적했다. 하지만 글의 전반적의 뉘앙스를 보면 키신저는 적군 역시 미국이 개입한 이상 군사적으로 남베트남을 함락시킬 수 없다는 점을 강조하며 미국이 수세적인 입장에서 평화협상에 임할 수 없음을 강조했다. 키신저는 기본적으로 미국의 베트남 전쟁 개입이 바람직하다고 보았다. 1961년부터 베트남 전쟁 개입을 놓고 미국 내 논쟁이 심화되었지만 결국 미군이 참전함으로써 "베트남의 중요성에 대한 이슈를 일단락"시켰기 때문이다.[23)]

바로 이 부분에서 베트남 전쟁에 대한 키신저의 생각이 극명하게 드러난다. 키신저는 전쟁에 개입한 이상 미국은 그 결정과 약속에 대한 "확신"을 가져야 하며, 베트남 전쟁으로 인해 누구도 미국에 대한 "신뢰"나 미국의 "위상"을 의심할 수 없게 해야 한다는 것이다. 왜냐하면 베트남 전쟁은 단순히 한 지역의 분쟁이 아닐 뿐더러 "중동, 유럽, 남미, 그리고 심지어 일본까지 포함한 세계의 상당수 지역의 안정은 미국의 약속에 대한 확신에 달려 있기 때문이다."[24)] 키신저는 논문의 끝에 "어떻게 [미국이] 베트남에 개입하게 되어든 간에, 그리고 그 판단이 어떻든 간에 전쟁을 명예롭게 마무리하는 것이 세계 평화에 필수적이다"는 점을 재차 강조했다. 또한 미국이 추구하는 협상의 궁극적인 목표는 베트남 국민들이 "그들

22) Henry A. Kissinger, "The Viet Nam Negotiations," *Foreign Affairs* 47:2 (January 1969), 215-6.

23) Ibid., 218.

24) Ibid., 219.

의 운명을 그들 자신의 방법대로 만들어가도록 기회"를 주는 것임을 밝혔다.[25)]

키신저의 논문은 닉슨 행정부의 출범 바로 직전에 발표되었다는 점에서 향후 미국의 베트남 정책의 원칙을 엿보게 하는 중요한 문서이다. 선거기간 키신저가 베트남 전쟁에 대한 그의 구체적인 소견을 공개적으로 밝히지 않았기에, 키신저의 「베트남 협상」은 선거기간에 드러난 닉슨의 베트남 정책에다 키신저가 해박한 외교적 지식을 더하여 좀 더 구체적으로 설명하는 것이라 할 수 있다. 닉슨이 사용한 "명예로운 평화"를 염두에 두면서 키신저는 미국의 신뢰와 위상을 전제한 평화가 명예로운 평화임을 밝혔다. 키신저가 글의 마지막에 강조한 베트남 국민들이 우선적으로 그들의 운명을 개척해야 한다는 부분은 「베트남 협상」의 전체적인 맥락에서 그 연관성이 부족한 다소 갑작스러운 지적이다. 이는 이미 국가안보보좌관에 지명된 키신저가 선거기간에 밝혔던 닉슨의 구상을 그대로 재확인하는 것으로 볼 수 있다. 이렇듯 닉슨 취임 이전의 베트남 정책에 있어서 키신저는 닉슨이 세운 원칙을 재확인하는 수준이었다.

Ⅲ.

닉슨은 취임 초기부터 베트남 문제를 행정부의 주요 외교적 과제로 여겼다. 베트남 전쟁은 "미국에게 현실적으로 물질적·정신적 고통을 안겨주고 있는 시급히 해결해야 할 문제"였으며, 대통령 선

25) Ibid., 234.

거 운동 기간부터 닉슨에게 "외교 대통령으로서의 이미지를 부각시킬 수 있는 기회를 제공하였고, 그가 대통령이 되는 데 가장 중요한 요소가 되었다." 미국인들도 닉슨이 "베트남 전쟁을 조기에 종결시킬 것이라는 희망을 갖고 그를 대통령에 당선"시켰기에 닉슨은 국민의 희망에 부응해야 했다.[26] 그래서 1969년 1월 20일 닉슨은 취임사에서 베트남 전쟁을 염두에 두며 평화를 강조했다. 미국은 이제 "대결의 시기를 뒤로하고 협상의 시기에 들어왔다"고 밝히면서 닉슨은 미국이 추구하는 평화가 "다른 국민들로부터 승리를 쟁취하는 것이 아니라, 각 진영에서의 치유를 동반하는 평화"이며, 이는 "고통을 받은 사람들에 대한 연민과 우리에게 대항하는 사람들에 대한 이해와 지구상의 모든 민족들이 그들 자신의 운명을 선택하는 기회가 함께 동반하는 그런 평화"라고 밝혔다.[27]

취임사는 닉슨이 선거기간에 밝혔던 베트남 정책보다 훨씬 일반적이고 추상적인 수사로 장식되었다. 닉슨은 취임할 때까지 베트남에 대한 구체적인 정책을 세우지 못하고 있었기에 그가 선거기간에 국민들에게 약속한 평화를 재차 상기시키는 것 외에는 다른 특별한 정책을 내놓기가 어려운 상황이었기 때문이다. 닉슨은 당선 직후 키신저로 하여금 베트남 상황에 대한 상세한 보고서를 작성하도록 요청했다. 키신저는 베트남 전쟁 관련 부서 전체에 공문을 보내 베트남 상황에 대한 세세한 보고서를 제출하도록 요구했고, 그 보고

---

26) 장준갑, "닉슨의 외교정책 읽기: 탈냉전적 국제주의," 188.

27) *Public Papers of the Presidents of the United States: Richard Nixon*, Vol. 1 [1969] (Washington, D.C., 1971), 3-4.

서는 2월에 수합을 거쳐 3월 14일에 가서야 국가안보회의 참모들에 의해 일명 'NSSM-1' 보고서로 완성되었다.[28)]

NSSM-1 보고서는 닉슨의 관심을 끌지 못했다.[29)] 보고서의 성격이 베트남에 대한 해결책을 제시하기 보다는 당시 상황에 대한 각 부서별 보고서 형태였기에 취임식을 앞둔 닉슨의 주의를 환기시킬 만한 특별한 내용이 없었기 때문일 수 있다. 무엇보다도 베트남의 상황을 보는 참모들의 시각이 다양했기 때문에 닉슨으로서는 취임식에 맞춰 선불리 이렇다 할 정책을 내놓기 어려운 상황이었다. 레어드Melvin Laird 국방장관과 휠러Earle Wheeler 합참의장을 비롯한 군사 참모들은 북베트남에 대한 대대적인 공습을 포함한 강경책을 주장했고, 로저스William Rogers 국무장관은 공습에 반대하는 입장이었다. 또한 취임 직후 예정된 유럽 순방을 앞두고 유럽 내 반미운동을 격화시킬 우려가 있고, 무엇보다도 미국 내 반전운동에 대한 우려가 컸기 때문이다. 키신저는 공습의 필요성은 인정하나 적절한 시기가 올 때까지 공습을 연기하자는 입장이었다.[30)] 키신저에 의하면

28) Henry Kissinger, *Ending the Vietnam War: A History of America's Involvement in and Extrication from the Vietnam War* (New York, 2003), 50.

29) 키신저는 회고록에는 NSSM-1에 대한 비교적 상세한 설명을 했지만 닉슨은 언급조차 없다. Kissinger, *Ending the Vietnam War*, 49-60. Shawcross에 의하면 닉슨은 재임 기간 중 NSC 중심으로 수차례의 NSSM 보고서를 작성하게 했는데, 그 목적은 그 보고서를 통해서 어떠한 외교정책을 채택하려는 것보다는 외교와 관련된 각 부서들이 대통령의 외교정책을 위해서 뭔가를 하고 있다는 생각을 하게 만들뿐이며, 결정은 결국 백악관의 몫이 되도록 하기 위함이었다. William Shawcross, *Sideshow: Kissinger, Nixon, and the Destruction of Cambodia* (New York, 2002), 84.

30) Kissinger, *Ending the Vietnam War*, 56-70.

당시 베트남은 안개와 같은 상황이었기에, 무슨 특별한 정책을 세우기가 어려웠다. 이러한 상황에서 키신저는 대통령이 그에게 "내가 무슨 결정을 내려야 하오?" 라고 물어 보자 단순히 "아니요"라고 말 할 수밖에 없었고, "상황을 변화시킬 수 있는 어떤 방도가 있소?"라는 질문에 역시 "아니요"라고 답할 수밖에 없었다.[31]

닉슨은 취임 직후 유럽 순방 준비에 집중하고 있었다. 닉슨이 최초의 외유로 유럽을 선택한 이유는 미국의 우방 지도자들과의 정상회담을 통해서 미국 외교의 원칙들을 확인하는 것이기도 하지만, 베트남 전쟁으로 말미암은 국내의 어수선한 분위기를 다른 쪽으로 환기시킬 필요가 있었기 때문이다. 닉슨은 미국의 새로운 대통령이 "전적으로 베트남에 사로잡혀 있지 않다는 것을 세계에 보여주기를 원했고," 국내 반전 세력들에게 "그들의 대통령이 해외에서 존경은 물론 기대를 받고 있다는 것을 보여주고 싶었다."[32]

하지만 닉슨은 출국하기 직전까지 베트남 문제로 골머리를 앓고 있었다. 베트남 전쟁에 새로운 양상이 돌출했다. 북베트남은 2월 22일 대대적인 공격을 감행하기 시작했다. 이것은 1968년의 구정공세에 버금가는 것으로서 미군 사상자의 숫자는 미국이 전쟁에 개입한 이래 최고로 치솟기 시작했다. 남베트남 사상자는 주당 500명을 넘었고, 미군도 400명 안팎을 기록했다. 북베트남 공격이 미리 계획되었든 아니면 우연의 일치였든 미국의 입장에서는 대통령의

---

31) Library of Congress, Manuscript Division, Kissinger Papers, Box CL 426, Subject File, Background Briefings, July-August 1970.

32) Nixon, *Memoirs*, 370.

유럽 순방을 하루 앞둔 시점에서 북베트남이 공격을 시작한 것은 "새로운 대통령을 우스꽝스럽게 만들려는 의도"로 밖에 볼 수 없는 상황이었다.[33)]

북베트남의 공격이전부터 국방부에서는 북베트남의 움직임이 예사롭지 않다고 판단했고, 그것에 대한 대응으로 캄보디아 공습을 검토하고 있었다. NSSM-1 보고서에서도 북베트남 접경의 캄보디아 지역, 특히 시아누크빌[Shianoukville] 지역을 1967년 10월부터 북베트남의 무기 공급처로 지목하고 이 지역에 대한 공습이 필요함을 지적했다.[34)] 닉슨은 캄보디아 공습을 긍정적으로 검토했으나 레어드 국무장관과 키신저의 반대에 부딪혀 몇 차례 공습 명령을 철회했다. 하지만 북베트남이 공격을 감행하자 온건파의 입지는 줄어들었다. 더군다나 3월 15일 북베트남군이 사이공에 5개의 미사일을 발사하면서 공습의 강도를 높이자, 결국 닉슨은 3월 18일 캄보디아의 북베트남 기지에 대한 B-52 공습 명령을 하달했다.[35)]

미국의 캄보디아 공습으로 베트남 전쟁은 새로운 차원으로 확대되었다. 공습은 비밀리에 진행되었지만 언론을 통해 국민들에게 공개될 것은 시간문제였다. 그렇다면 새로운 대통령이 명예롭게 전쟁을 마무리할 것이라고 믿었던 국민들은 의아해 할 수밖에 없을 것이며, 반전 운동은 더욱 격화될 수밖에 없었다. 돌이켜 보면, 닉슨이나 키신저 그리고 닉슨의 다른 참모들이 캄보디아 공습이 가져올

---

33) Kissinger, *Ending the Vietnam War*, 61.

34) Ibid., 60. CIA 보고서에 의하면 하노이 전쟁물자의 80퍼센트가 시아누크빌 항구를 통해서 유입되었다. Thornton, *The Nixon-Kissinger Years*, 35.

35) Kissinger, *Ending the Vietnam War*, 64-65.

파장을 크게 우려하지 않았던 것은 의아하다. 물론 캄보디아 공습을 결정하기까지 각료들 사이에 논쟁이 있었고, 레어드 국방장관처럼 공습에 반대했던 측은 미국 내 여론을 우려한 것은 사실이다.[36) 하지만 캄보디아 공습에 대한 키신저 회고록을 검토해보면, 공습 목표 지점이 캄보디아 영토이긴 하지만 북베트남 군대가 점령하고 있던 사실상 북베트남 영토나 마찬가지이며 캄보디아 주민들은 이미 다른 지역으로 이주한 상태여서 공습에 따른 일반시민들의 피해는 없을 것이라는 점을 강조했다. 또한 시아누크Norodum Shianouk 캄보디아 국왕 역시 캄보디아 국경 부근에 있는 북베트남 기지에 대해 불만이었던 점을 지적했다.[37) 그러나 이러한 구체적인 사실 여부와는 달리 언론은 '미군의 캄보디아 공습'을 보도할 것이고 국민들은 이를 곧 전쟁의 확전으로 받아들이는 것이라는 점을 닉슨과 그의 참모들은 간과하고 있었다.

미국의 캄보디아 공습이 미국 내 큰 파장을 일으킨 또 하나는 미국의 공습이 단발성이 아니라 수차례에 걸쳐 지속적으로 진행되었다는 점이다. 사실 3월 18일 캄보디아 공습은 일회성으로 계획되었다.[38) 닉슨은 계속된 북베트남의 공격에 시아누크빌 공습으로 단호히 응징함으로써 북베트남이 평화협상에 응할 것으로 기대했다.[39) 하지만 북베트남의 반응은 없었고, 4월에 닉슨은 다시 공습을 명령

36) Nixon, *Memoirs*, 380.

37) Ibid., 65-68.

38) 국방부와 남베트남 내 미군 지도자들은 한 번의 공습으로 충분히 미국이 목적하는 바를 성취할 것으로 생각했다. Shawcross, *Sideshow*, 91.

39) Hanhimaki, *The Flawed Architect*, 44.

했다. 키신저에 의하면 두 번째 캄보디아 공습의 배경은 베트남 상황보다는 북한에 있었다. 4월 15일 북한은 미군 정찰기 EC-121을 격추시켰다. 닉슨은 즉각적인 군사보복을 검토했다. 푸에블로Pueblo 사건 때 존슨 대통령이 북한에 대한 군사적 응징을 하지 못한 것을 강력히 항의했던 닉슨은 이번에는 북한에 대한 강력한 군사적 응징을 해야 한다고 주장했다. 닉슨은 EC-121 사건을 북베트남의 공격과 마찬가지로 "미국의 의지에 대한 북한의 시험이기에 무력에는 무력으로 대응"하려고 했다.[40] 하지만 로저스 국무장관과 레어드 국방장관은 완강히 군사보복에 반대했다. 결국 닉슨은 뜻을 접을 수밖에 없었다. 키신저에 의하면 뜻을 이루지 못한 닉슨은 어딘가 다른 곳에다 그의 의지를 관철시켜야 했고, 그것이 캄보디아에 대한 두 번째 공습 명령이었다.[41]

닉슨은 5월에도 캄보디아 공습을 명령했고 공습은 그해 8월 초까지 계속되었다. 결국 닉슨과 키신저가 우려했던 일이 터지고 말았다. 5월 9일 『뉴욕타임즈New York Times』가 미군의 공습사실을 터트렸던 것이다. 백악관은 발칵 뒤집혔다. 키신저는 정보 제공자로 국방부와 그의 참모들을 의심했고[42], 닉슨은 심지어 키신저까지 의

40) Nixon, *Memoirs*, 383.

41) Kissinger, *Ending the Vietnam War*, 65. 키신저의 판단은 일리가 있다. 닉슨은 회고록에서 캄보디아 공습이 "북한과 북베트남의 공산주의 지도자들에게 경고하는 효과적인 방법"이라고 밝혔다. 닉슨에 따르면 키신저 역시 닉슨과 마찬가지로 북한에 대한 강경 대응을 주장했다. 키신저는 미국이 대응하지 않을 경우 세계 공산주의에 대응하는 미국의 신뢰에 손상을 가져다주기 때문이다. Nixon, *Memoirs*, 384.

42) Shawcross, *Sideshow*, 105.

심했다. 분노한 닉슨은[43] 훗날 고백하기를 FBI로 하여금 백악관, 국무부, 국방부 참모들 13명과 네 명의 기자들에 대한 도청을 지시했다는 점을 인정했다.[44] 그리고 백악관 내부 인맥과 밀접한 관련을 맺고 있는 칼럼니스트 크래프트Joseph Kraft에 대한 도청도 지시했다. 크래프트는 키신저와 친분이 두터웠기 때문에 크래프트에 대한 도청은 키신저에 대한 도청과 다를 바 없었다.[45]

캄보디아 공습이 언론에 알려지자 닉슨과 키신저는 언론 보도가 사실이 아님을 밝히면서 상황을 모면하려 했으나 캄보디아 공습은 끊임없이 언론과 의회의 비판 대상이 되었다. 수세에 몰린 닉슨은 베트남 전쟁에 대한 새로운 돌파구를 모색해야만 했다.

닉슨의 선택은 선거기간부터 국민들에게 약속했던 평화협상에 대한 의지를 공개적으로 재확인하는 것이었다. 5월 14일 텔레비전 연설에서 닉슨은 취임 이후 최초로 포괄적인 베트남 평화 협상안을 내놓았다. 협상안의 핵심은 미군과 북베트남군을 포함한 모든 외국 군대가 1년 안에 남베트남에서 철수하고 국제기구가 철군을 모니터링하며 남베트남의 자유선거를 감독한다는 것이다.[46] 닉슨은 다음 날 국가안보회의와 각료 연석회의를 소집해서 전날 발표한 협상안에 대한 네 가지 주요 원칙을 설명했다. 그것은 공개적인 연설 내

---

43) 닉슨은 애초부터 국무장관, 국방장관의 능력을 신임하지 않았다. 관료주의에 비판적이었던 닉슨이 키신저를 NSC 보좌관으로 임명한 것은 이러한 관료주의에 대한 견제를 염두에 두고 있었기 때문이다. Kissinger, *White House Years*, 37-41. 장준갑, "닉슨의 외교정책 읽기: 탈냉전적 국제주의," 183-185. 참조

44) Nixon, *Memoirs*, 389.

45) Dallek, *Nixon and Kissinger*, 123.

46) Nixon, *Memoirs*, 391.

용과 약간의 차이가 있다. 물론 첫 번째 원칙으로 내세운 평화 추구라는 일반론적인 목표는 같지만 다른 세 가지 원칙은 대체로 북베트남은 이제 승산이 없는 군사적 행동을 그만두고 미국 정부가 평화의 제스처를 보낼 때 이에 응해야 하며, 그렇지 않을 경우 그 대가를 치러야 한다는 식이었다. 예를 들면, 두 번째 원칙에서 닉슨은 "만약 평화가 정착되지 못한다면, 우리는 지금 수준보다 훨씬 높은 수준의 군사 행동을 선택할 것임을 적에게 확신시켜야 한다"고 밝혔다.[47]

하지만 닉슨이 예견했듯이[48] 북베트남은 아무런 반응을 보이지 않았다. 미국 언론은 경쟁적으로 닉슨 행정부의 캄보디아 공습과 관련된 기밀을 폭로하고 있었다. 일반 대중은 새로운 행정부에 대한 기대감 때문에다 공습사실의 진위가 아직 확실하지 않는 시점에서 이렇다 할 움직임을 보이지 않았고, 특히 대학생들의 반전 운동은 캄보디아 공습을 아직 이슈로 삼지 않고 있었다.[49] 그렇지만 시간이 가면서 캄보디아 공습은 기정사실로 드러날 것이며 이에 따른 반전운동의 격화는 시간문제일수밖에 없었다. 거기다가 기밀 누설에 대한 책임론으로 닉슨 행정부 내부는 극도로 혼란스러운 상황이

47) Memorandum of National Security Council/Cabinet Meeting, drafted by the President's Special Assistant James Keogh; National Archives, Nixon Presidential Materials, White House Special Files, President's Office Files, Box 1, Memoranda for the President 1969-1970, Beginning May 11, 1969.

48) Nixon, *Memoirs*, 392.

49) 아직 캄보디아 공습에 따른 대학생 위주의 반전데모는 격화되지 않고 있었다. 대학생 위주의 반전 운동은 주로 '군산학 복합체(military-industrial-university complexes)'를 겨냥한 이념적인 투쟁에 치중되고 있었다. Jeffreys-Jones, *Peace Now*, 86.

었다. 닉슨은 뭔가 새로운 돌파구를 찾아야 했다. 베트남 정책 자체만으로 놓고 보면, 닉슨은 "뭔가 창의적이고 효과적인 방안을 제시해야 할 상황이었다."[50] 하지만, 정치적으로 보면, 그는 위기를 타개할 어떠한 조치가 절실히 필요한 시점이었다.

Ⅳ.

캄보디아 공습에 따라 미국 내 여론이 심상치 않았고, 행정부 내가 어수선한 시점에서, 7월 25일 닉슨은 괌에서 훗날 '닉슨 독트린'으로 명명된 이른바 '괌독트린Guam Doctrine'을 발표했다. 괌독트린의 핵심은 미국은 아시아의 평화를 위해서 여전히 주요한 역할을 담당하겠지만 자국의 안보는 우선적으로 자국의 노력에 의해서 지켜져야 한다는 것이다.[51]

괌독트린은 국내외에 심대한 파장을 일으켰다. 언론은 미국의 베트남 철군을 기정사실화 했고, 베트남뿐만 아니라 아시아와 다른 국가들로부터의 철군 가능성을 시사했다. 닉슨은 괌독트린이 그의 의도와는 달리 곡해되었으며, 독트린의 내용은 "미국이 아시아 지역으로부터 빠져나오는out 것이 아니라 오히려 그 반대로 아시아 지역에 남아서in 계속적으로 미국의 우방뿐만 아니라 비공산주의 국가들과 중립 국가들을 도와서 그들이 그들의 독립을 방어할 수 있도록 하기 위한 바람직한 원칙"을 제공하는 것이라고 해명했다.[52]

50) 장준갑, "닉슨의 외교정책 읽기: 탈냉전적 국제주의," 193.

51) 괌독트린 전문은 다음을 참조. *Public Papers of the Presidents of the United States: Richard Nixon*, Vol. 1 [1969] (Washington, D.C., 1971), 544-556.

키신저에 의하면 괌독트린은 닉슨이 즉흥적으로 만든 일종의 해프닝이었다. 키신저는 닉슨이 태평양으로 떠나기 전에 대통령과 함께 향후 아시아 정책에 대해서 의견을 교환한 것은 사실이지만 닉슨이 그런 독트린을 그 시점에서 발표할 지는 전혀 예상하지 못했다. 괌에서 기자들과 베트남 전쟁에 대한 대담 과정에서 닉슨이 자신도 모르게 평소 생각했던 것들을 얘기하면서 필요이상으로 장황하게 설명하게 되었고 그것이 하나의 독트린으로 확대되었다는 것이 키신저의 판단이다.[53] 닉슨은 회고록에서 그가 왜 그 시점에서 그러한 발언을 했는가에 대한 설명은 하지 않고, 담담하게 독트린의 내용을 언급하며 내용에 대한 자신의 의도를 밝힐 뿐이었다.[54]

괌독트린의 해석을 놓고 파장이 커지자 닉슨과 키신저는 괌독트린의 의도를 설명하고 해명하느라 진땀을 뺐다. 괌독트린 발표 나흘 뒤 방콕 방문 중에 닉슨은 남베트남을 비롯한 인근 8개국 미국대사들을 불러서 괌독트린의 배경설명을 했다. 닉슨은 미국을 비판하는 국가들도 "미국이 베트남에서 퇴진하는 것은 아시아에서 힘의 공백을 초래하기 때문에 최악의 경우"로 우려하고 있다고 밝히며, 미국의 아시아에 대한 안보 의지는 변함이 없다는 점을 강조했다. 또한 아시아 국가들이 자신들의 안보는 스스로 지켜야 한다는 독트린의 의미는 외부 침략에 대한 미국의 수동적인 정책을 얘기하는 것이 아니고 "내부의 전복internal subversion" 상황과 같은 국내 문

52) Nixon, *Memoirs*, 395.

53) Henry Kissinger, *White House Years* (Boston, 1979), 222-225.

54) Nixon, *Memoirs*, 394-395.

제에 한정된다고 말했다.[55] 같은 날 기자들과 만난 자리에서 키신저는 닉슨 대통령의 메시지는 아시아 국가를 겨냥한 미국 외교의 "일반적인 원칙"일 뿐이며 미국의 우방에 대한 지지에는 변함이 없다는 점을 강조했다. 또한 아시아 국가들이 그들의 안보를 스스로 지켜가야 한다는 대통령의 지적은 외부 침략에 대한 안보가 아니라 다만 "내부의 전복" 위기 등과 같은 내적 문제에 해당하는 것이라고 설명했다.[56)]

닉슨은 귀국 후 의회 지도자들을 초청해서 괌독트린의 배경을 설명했다. 그는 미국의 베트남 전쟁 개입은 아시아의 평화를 위해서 필요했다는 점을 지적하며, 만약 미국이 "베트남의 병마개를 막고 있지 않았다면 1억 1천 5백만 인도네시아 사람들은 지금 공산치하에 있었을 것"이라고 말했다. 하지만 트루먼 독트린을 염두에 두면서 닉슨은 이제 공산주의의 침략이나 내부 전복에 대항한 무조건적 지원 정책은 수정해야 할 때라고 지적했다. 그는 미국의 "새로운 접근" 방식은 "아시아 국가가 내부 위협으로 곤란을 겪을 경우 전적으로 그들 스스로 대처"하도록 하며, 외부 침략의 경우 "미국은 무기와 물자의 형태로 지원할 것이며, 지상군 파견은 하지 않을 것"이라고 설명했다.[57]

55) National Archives, Nixon Presidential Materials, NSC Files, Box 1023, Presidential/HAK Memcons, President's Asian and European Trip, July-Aug 1969.

56) Library of Congress, Manuscript Division, Kissinger Papers, Box CL 425, Subject File, Background Briefings, June-Dec 1969.

57) Notes drafted by Patrick J. Buchanan and submitted to the President in a memorandum dated August 5; National Archives, Nixon Presidential Materials,

닉슨이 밝힌 미국의 "새로운 접근"은 곧 베트남 전쟁의 '베트남화Vietnamization'를 의미했다. '베트남화'는 닉슨에게 전혀 새로운 개념이 아니었다. 상술했듯이 닉슨은 선거유세 때부터 '베트남화'라는 용어를 사용하지 않았을 뿐 베트남 전쟁은 우선 남베트남이 스스로 이니셔티브를 잡아야 한다는 점을 시사했다. 다만 취임 이후 베트남 상황이 계속 불투명해지면서 닉슨은 베트남 전쟁에 대한 뚜렷한 정책을 제시하지 못하고 있다가, 닉슨 독트린과 맞물려 본격적으로 '베트남화'를 내세웠다.

대통령의 참모 중에는 레어드 국방장관이 임기 초부터 '베트남화'를 꾸준히 주장해왔다.[58] 1969년 3월 남베트남 방문을 마치고 돌아온 후 레어드는 베트남의 상황을 긍정적으로 보았다. 그는 사이공 정부의 정치적, 군사적 장악력이 좋아지고 있기 때문에 미국 정부가 남베트남이 전쟁을 주도적으로 수행하도록 전쟁무기와 물자를 남베트남에 넘겨주면서 점진적으로 미군 철수를 고려해야 한다고 주장했다.[59] 닉슨은 '베트남화' 정책이 받아들여진 가장 주요한 배경은 레어드가 열렬하게 '베트남화'를 주장했기 때문이라고 회고했다.[60]

White House Special Files, President's Office Files, Box 79, Memoranda for the President, Aug 3-Dec 28, 1969.

58) '베트남화'라는 용어를 처음으로 사용한 사람도 레어드였다. 1968년 '구정공세'로 인하여 존슨 행정부는 '탈미국화(de-Americanization)'란 용어를 사용했지만, 레어드는 '탈미국화'보다는 긍정적인 전략을 내포하는 '베트남화'라는 용어를 사용한 것이다. Jeffreys-Jones, *Peace Now*, 83.

59) William Bundy, *A Tangled Web: The Making of Foreign Policy in the Nixon Presidency* (New Yor, 1998), 64-65. Dallek, *Nixon and Kissinger*, 125.

'베트남화'를 가장 강력하게 반대했던 사람은 키신저였다.[61] 키신저는 9월 10일 대통령에 보낸 메모에서 '베트남화'의 위험성을 상세히 지적했다. 키신저의 우려는 한마디로 베트남 상황이 '베트남화'를 실행하기에는 좋지 않다는 것이다. 남베트남 정권은 국민의 지지가 약하기 때문에 스스로 정치적 문제를 타개할 능력이 부족할 뿐만 아니라 군사적으로도 적을 제압할 수 있는 능력이 없기 때문에 섣부른 '베트남화'는 위험한 선택이라고 지적했다.[62] 9월 29일 키신저는 '베트남화'의 위험성에 대한 장문의 보고서를 대통령에 보내 '베트남화'에 대한 그의 우려를 재차 표명했다. 이 메모에서 키신저는 미국뿐만 아니라 전 세계가 "마치 미국의 정책과 전략이 그 방향으로 가는 하나의 지표로서 베트남에 초점을 맞추고 있다"는 점을 지적하며, "베트남뿐만 아니라 전 세계에서 [미국의] 궁극적인 철군, 군사적 헌신의 과도한 축소, 그리고 미국 군사력의 후퇴"로 맞춰지고 있다고 우려했다. 키신저는 이런 국내외 분위기 속에서 "미국에 대한 전반적인 이미지는 마지못한 거인a reluctant giant"으로 비춰지고 있다는 점을 상기시켰다.[63]

---

60) *Nixon, Memoirs*, 392.

61) 키신저에 대해 가장 비판적인 Hersh의 의하면, 키신저는 임기 초부터 레어드가 꾸준히 '베트남화'를 주장하는 것에 불만이었고, 북한의 미정찰기 격추 사건 때 그가 키신저의 보복 공습에 반대하고 나서면서 그에 대한 미움이 컸다고 지적했다. Hersh, *The Price of Power*, 90.

62) Memorandum for the President's file by Patrick J. Buchanan National Security Council, Special NSC Meeting Folder, 9/12/69 Vietnam.

63) Memorandum From the President's Assistant for National Security Affairs (Kissinger) to President National Archives, Nixon Presidential Materials, NSC Files, Box 397, Subject Files, A Strategic Overview.

닉슨의 입장에서는 '베트남화'를 밀고 나갈 수밖에 없었다. 닉슨 독트린이 그가 추구하는 외교의 "새로운 접근 방식"으로 선언된 이상, 베트남도 예외일 수가 없었다. 키신저가 작성한 위의 보고서를 보면 "마지못한 거인" 부분에 밑줄을 그어서 "슬프지만 사실Sad but true!"이라고 적은 닉슨의 친필 메모가 보인다.[64] 닉슨은 키신저의 우려에 충분히 공감하지만 이제 미국은 '베트남화'로 갈 수밖에 없는 어쩔 수 없는 현실로 받아들인 것으로 보인다.[65]

키신저가 우려하는 바를 닉슨이 모를 리 없었다. 닉슨 역시 '베트남화' 정책으로 미국이 베트남 전쟁에서 패배할까봐 걱정했다. 9월 27일 닉슨은 1970년 중간선거를 겨냥해서 구성한 공화당 '선거대책' 의원들을 캠프 데이비드로 불러서 '베트남화'에 따른 그의 걱정을 토로했다. 그는 "임기가 3년 3개월이나 남은 시점에서 전쟁에 패한 최초의 대통령이 될 생각은 없다"며 "미국 역사상 최초의 패배는 미국 국민들의 자신감을 파괴할 것"이라고 우려했다. 하지만 1970년 선거까지 미국은 "어떤 식으로든 베트남 전쟁에서 해방될 것이며 터널의 끝에서 광명을 볼 것"이라고 의원들을 확신시켰다.[66] 이는 '베트남화'에 대한 닉슨의 솔직한 심정을 엿볼 수 있는

64) Ibid.

65) 1970년 1월 14일 닉슨은 키신저와 소련과의 외교 사안에 대한 대화를 나누는 중에 베트남 문제가 다시 불거지자 닉슨은 "닉슨 독트린은 세계에 대한 미국 책임의 후퇴가 아니라 새로운 길(a new way)을 가는 하나의 방법"이라는 점을 강조하며 키신저를 설득하려는 것을 봐서 키신저는 그 때까지 닉슨 독트린에 대한 우려를 갖고 있는 듯하다. Memorandum of telephone conversation; Library of Congress, Manuscript Division, Kissinger Papers, Box 361, Telephone Conversations, Chronological File, 3-14 Jan 1970.

66) Memorandum for the Presiden's file by Patrick J. Buchanan National Archives,

부분이며, 동시에 '베트남화' 정책은 그의 공식적인 베트남 정책일 뿐이며, 실질적으로는 '베트남화'가 베트남 전쟁에서 미국이 패하는 방향으로 가지 못하게 할 것이라는 그의 의지를 엿볼 수 있다.

V.

베트남 전쟁은 1968년 대통령 선거의 중심 이슈였다. 전쟁이 갈수록 미궁에 빠져 들어가자 국내 여론은 전쟁개입의 책임을 물으며 존슨 행정부를 비난했다. 이러한 상황에서 닉슨은 대통령 선거에 뛰어들었으며, 국민들에게 "명예로운 평화"를 약속했다. 국민들은 닉슨을 선택했다.

하지만 닉슨 대통령은 임기 초 뚜렷한 베트남 정책을 세우지 못하고 베트남 상황을 지켜볼 수밖에 없었다. 행정부는 강경파와 온건파로 갈렸으며, 거기다가 1969년 2월 22일에 시작된 북베트남의 대대적인 공격은 닉슨 행정부를 당황하게 만들었다. 미군 사상자 숫자는 베트남 전쟁 개입 이래 최고로 치솟기 시작했다. 닉슨은 강공을 선택했다. 3월 18일 닉슨은 북베트남의 핵심 병참기지로 지목한 캄보디아 국경 내 시아누크빌 공습을 승인했다. 하지만 비밀리에 수행되어야 할 공습은 이내 신문을 통해 알려졌다. 기밀 누출에 격노한 닉슨은 관련 참모들에 대한 도청을 지시했다. 기밀 누출에 대한 책임을 놓고 행정부는 서로간의 신뢰가 추락한 어수선한 상태

Nixon Presidential Materials, White House Special Files, President's Office Files, Box 79, Memoranda for the President, Aug 3-Dec 28, 1969.

였고, 닉슨이 약속한 "명예로운 평화" 보다는 '위험한 확대'로 인식한 국민들의 반전 운동이 격화되는 것은 시간문제였다. 이러한 상황에서 7월 25일 닉슨 대통령은 유명한 닉슨 독트린을 발표했다.

1972년 닉슨의 중국방문과 함께 닉슨 독트린은 닉슨 외교의 상징적인 사건이다. 그렇기 때문에 닉슨 독트린은 닉슨 외교를 총체적으로 설명하는 하나의 지표로서 인식되었다. 베트남 전쟁에 대한 미국 정책을 논함에 있어서도 존슨의 '미국화'에서 닉슨의 '베트남화'로 가는 출발점이었다. 이후 미군의 완전한 철군과 베트남의 패망까지는 상당한 시간이 소요되었지만, 결과적으로 닉슨 독트린은 미국의 베트남 전쟁 종결의 서곡이었다.

닉슨 독트린은 결코 의외의 결과라고 볼 수 없다. 닉슨은 선거 전부터 아시아의 안보는 아시아 국가들이 우선적으로 책임을 져야 한다고 생각했다. 닉슨 임기 초부터 레어드 국방장관은 '베트남화'를 꾸준히 주장하고 있었다. 하지만 닉슨 독트린의 발표는 키신저가 밝혔듯이 키신저 자신도 예견하지 못한 갑작스러운 일이었다. 닉슨은 취임 직후 베트남의 난제를 풀지 못하고 있었고, 오히려 캄보디아 공습이라는 강경책을 선택함으로써 베트남 문제가 더욱 복잡하게 전개된 상황에서 닉슨 독트린을 발표한 것이다. 그렇기에 큰 틀에서 보면 닉슨 독트린은 기존의 냉전구도에서 외교의 새로운 패러다임을 제시하려는 닉슨의 의지가 담긴 것이지만, 좁게는 임기 초 캄보디아 공습에 따른 국내 위기를 타개할 정치적 소산이라고 할 수 있다.

닉슨 독트린은 또한 닉슨 외교정책의 성격을 규명하는 주요한 단서를 제공한다. 닉슨 독트린의 기본 틀과 원칙이 세워지며 그것이 발표되기까지 그 중심에 닉슨이 있었듯이, 닉슨 행정부의 초기 베트남 정책의 중심에 닉슨이 있었다. 훗날 닉슨의 이미지에 결정적인 역할을 한 워터게이트 사건과 닉슨-포드 행정부 시기 미국 외교의 핵심이었던 키신저의 명성으로 인하여, 닉슨의 외교정책은 키신저의 외교로, 적어도 닉슨/키신저의 외교로 동일시되는 경향이었다. 하지만, 닉슨 임기 초부터 닉슨 독트린까지 닉슨 행정부의 외교를 면밀히 검토해보면, 적어도 닉슨 행정부 첫 해 베트남 정책은 분명 닉슨의 외교였다. 베트남 정책의 기본 원칙 정립과 실제 적용 등에서 닉슨이 주도적인 역할을 했고, 키신저는 보조적인 역할을 했을 뿐이다.

물론 닉슨 독트린 이후의 외교정책에서도 닉슨이 주도적인 역할을 했는가, 혹은 닉슨의 초기 베트남 정책이 그 이후에도 일관성 있게 적용되었는가는 또 다른 문제이다. 다만 대통령의 외교정책을 결과론적인 사실에 근거해서 일반화하는 것은 경계해야 한다는 얘기다. 역사는 결과의 시녀일 때가 많지만 결과에 이르기까지 수많은 변수가 작용한다는 점과 그 변수 간의 상호관련 역시 일률적으로 해석할 수 없다는 점을 간과해서는 곤란하다.

닉슨 행정부의 외교정책은 수많은 국내외 문제의 변화 속에서 다양한 스펙트럼을 빚어낸 점을 고려할 때, 닉슨 임기 초의 베트남 정책은 이후 미국의 외교 정책을 이해하는데 귀중한 좌표를 제시하고 있다. 즉, 닉슨 독트린의 적용에 따른 외교적 난제와 닉슨의 중국방문에 의한 화려한 외교적 행보, 그리고 워터게이트 사건으로 대표되는 국내 문제의 복잡한 변수로부터 비교적 자유로운 시기에 추진되었던 닉슨 행정부의 베트남 정책은 향후 베트남 전쟁 종결 문제와 닉슨 독트린 이후의 미국 외교 정책에 대한 평가에 주요한 단초를 제공한다고 하겠다. 무엇보다도, 닉슨 독트린은 '미국이 베트남에서 실패했다'는 미국의 '베트남 기억'의 큰 틀에서 평가되어야 한다. "전쟁은 한 나라의 역사에서 큰 획을 긋는 사건이며, 그 전쟁에 대한 기억은 그 나라의 과거와 현재, 그리고 미래를 가늠하는 중요한 모티브를 제공"하는데, 베트남 전쟁은 미국인들이 이전 전쟁들에서 가졌던 그런 자부심, 즉 "자유 민주주의 세계를 수호하는 수호신의 역할"로서의 자부심에 찬물을 끼얹었다. 이러한 씁쓸한 기억은 향후 미국 외교에서 강력한 영향력을 행사했다. 훗날 냉전이 종식되고 미국-베트남 관계가 정상화되었지만, '베트남의 기억'은 쉽게 사라지지 않았다. "냉전이라는 일반적인 기억은 미국인들의 기억 저편으로 사라졌는지 모르지만, 베트남이라는 특수한 기억은 쉽게 사라지지 않고 여전히 유령처럼 미국인들의 의식 속에서 출몰했다." 이런 점을 고려할 때, 베트남 전쟁은 "미국 외교의 분수령"이었으며, 닉슨 독트린은 워터게이트로 몰락한 닉슨의 개인적인 불명예와는 별개로 미국 외교의 분수령을 이루는데 지대한 역할을 했던 것이다.[67]

---

67) 미국 외교사에서 베트남 전쟁의 기억이 갖는 역사적 의의에 대해서는 필자의 다음 논문을 참조. "베트남 전쟁의 기억과 미국 외교," 『미국사연구』 제34집 (2011), 213-244. 인용부분은 214, 235.

7

미국의 제3세계 전략과 레이건 독트린

I.

1985년 2월 6일 연두교서에서 레이건 대통령은 제3세계의 마르크스-레닌 정권을 타도하려는 '자유의 전사들freedom fighters'을 도와야 한다는 이른바 '레이건 독트린'을 발표했다. 레이건은 "[미국의] 사명은 자유와 민주주의를 촉진하고 보호해야 하는 것"이기에 "아프가니스탄에서부터 니카라과에 이르기까지 세계 전 지역에서 소련이 지원하는 침략에 맞서 우리나라가 건국 때부터 품고 있는 권리를 지키기 위해 목숨을 내걸고 투쟁하는 그들에게 미국은 신의를 저버릴 수가" 없으며, 이들 "자유의 전사들을 지원하는 것은 자기방어이다."라고 선언했다.[1]

1) Weekly Compilation of Presidential Documents, the Office of the Federal Register, National Archives and Records Administration (NARA), vol. 21, no.

대통령의 연설은 같은 달 캘리포니아에서 국무장관 슐츠George Shultz에 의해 반복되었다. 슐츠는 레이건 독트린의 가장 강력한 지지자였으며 전도사역할을 했다. 그는 자유를 위해 투쟁하는 사람들을 돕는 것이 미국의 "도덕적 책임"일뿐만 아니라 국가안보를 위해 필요하다고 설파했다.[2] 그 해 10월, 레이건은 UN 총회 연설에서 다시 한 번 2월의 연설을 반복했으며, 국무장관과 레이건 행정부의 외교관련 참모들도 여러 번 레이건 독트린을 되새겼다.[3]

레이건 대통령이나 측근들은 2월 연설이 하나의 독트린으로 명명될 줄은 예상하지 못했다. 그것이 '레이건 독트린'이라는 이름으로 일반에게 알려진 것은 언론인 크라우사머Charles Krauthammer 때문이었다. 그는 레이건 행정부가 들어서면서 아프가니스탄의 무자헤딘mujahidin과 니카라과의 콘트라Contras 등 제3세계에서 공산정권에 저항하는 반군들에 대한 미국의 지원이 증가하자 *Time*에 기고한 글에서 '레이건 독트린' 이란 용어를 사용했고, 그것이 언론을 통해 순식간에 일반화되었던 것이다.[4] 미국 역사상 처음으로 언론인에

6, 1985, 145-146.

2) George Shultz, "America and the Struggle for Freedom," address before the Commonwealth Club of California, San Francisco, California, 22 February 1985, Bureau of Public Affairs, Department of State, Current Policy, no. 659. "Excerpts from Shultz's Speech Contrasting Communism and Democracy," *The New York Times,* 23 February 1985, 4.

3) President Reagan's Address to the United Nations General Assembly, 24 October 1985, *New York Times*, 25 October 1985. Robert H. Johnson, "Misguided Morality: Ethics and the Reagan Doctrine," *Political Science Quarterly* 103: 3 (Autumn,1988), 509-529.

4) "The Reagan Doctrine," by Charles Krauthammer, *Time* magazine, April 1, 1985.

의해 외교 독트린이 탄생하는 순간이었다. 물론 '레이건 독트린'이라는 용어는 주로 언론에서 사용했지, 레이건 행정부 내에서는 공식적으로 사용되지 않았다. 1983년부터 1985년까지 레이건 안보담당보좌관을 지낸 맥파레인Robert McFarlane에 의하면 레이건이 서명한 국가안보회의NSC 문서에서 '레이건 독트린'이라는 용어는 사용되지 않았다고 밝혔고, 어느 NSC 참모에 의하면 '레이건 독트린'은 언론이 사용했지 "우리들이 사용한 용어는 아니었다."라고 밝혔다.[5] 행정부 내에서 '레이건 독트린'을 공식적으로 사용하지 않았던 이유는 정확하지 않지만, 이들이 그 용어 사용에 대해 특별히 거부감을 드러내지 않았고, 무엇보다도 레이건 행정부가 끝날 때까지 레이건의 2월 연두교서의 메시지가 대통령과 그의 참모들에 의해 거듭 반복되었기에 그것은 사실상 하나의 독트린으로 공식화될 수밖에 없었다.

레이건 독트린은 레이건 행정부 2기에 갑작스럽게 나타난 것이 아니다. 레이건은 1980년 대통령 선거 캠페인부터 제3세계의 공산화에 대한 우려를 드러냈다. 카터 대통령 시기에 미국의 힘이 약해진 틈을 타 소련이 아프리카, 라틴아메리카, 중앙아시아, 동남아시아 지역에서 세력을 확장하면서 내란과 내분을 부추기고 정치, 사회, 경제적 혼란과 무질서를 초래하고 있다고 지적하며, 레이건은 미국이 이제 "서구 문명에서 가장 위험한 시기"에 직면하게 되었으며, "미국의 우방들이 미국에 대한 확신을 잃고 있으며, 적들은 더

5) Lou Cannon, *President Reagan: the Role of a Lifetime.* (New York, 2000), 324. Lou Cannon, *President Reagan: The Role of a Lifetime* (New York, 2000), 323.

이상 미국을 존중하지 않는다."라고 단정했다.[6)]

또한 레이건은 미국의 베트남 전쟁에 대한 패배적인 인식이 제3세계에 대한 미국 정책의 위축을 가져왔다고 보았다. 대통령 후보 시절부터 레이건은 베트남 전쟁에서 전사한 미국인들은 "정당한 전쟁에 참전하여 자신을 희생"했다고 보면서 미국의 베트남 전쟁 개입이 자유세계의 민주주의를 지키기 위한 정당한 선택이라고 믿었다.[7)] 레이건은 일부 국민들의 여론 때문에 우방을 버리고 '베트남의 비극'을 초래한 것을 교훈삼아 다시는 미국이 제3세계에서 베트남의 전례를 반복하지 않으려고 했다. 이는 레이건의 등장과 함께 고개를 들기 시작한 베트남 전쟁에 대한 이른바 '수정주의 사고'에 기초한 것으로서, 레이건은 "그 동안 부정적이며 패배주의적인 베트남의 기억을 긍정적이며 자신감이 넘치는 기억으로의 전환을 시도한 것"이었다.[8)]

레이건의 등장과 함께 미국 내 보수엘리트들을 중심으로 대두되었던 '탈베트남'적 제3세계 정책노선은 다음과 같이 정리될 수 있다.

6) Hendric Smith, Adam Clymer, Leonard Silk, Robert Lindsey, and Richard Burt, *Reagan, The Man, The President* (New York, 1980), 99-100. Chester J. Pach, Jr., "Sticking to His Guns: Reagan and National Security," in *The Reagan Presidency: Pragmatic Conservatism and Its Legacies*, edited by W. Elliot Brownlee and Hugh Davis Graham (Lawrence, 2003), 86-90; Chester Pach, "Top Gun, Toughness, and Terrorism: Some Reflections on the Elections of 1980 and 2004," *Diplomatic History* 28 (September 2004), 556.

7) 김남균, 『로널드 레이건: 보수혁명의 전설』 (서울: 선인, 2011), 146.

8) 김봉중, "베트남 전쟁의 기억과 미국 외교," 『미국사연구』 제34집 (2011), 219.

"첫째, 대외정책에 있어 냉전적 반공주의로의 복귀를 주장했다는 것. 즉, 베트남전쟁 이후에도 소련의 위협은 결코 중단되지 않았음을 강조하면서 남북문제나 인권 같은 추상적 문제가 아니라 공산주의 봉쇄를 대외정책의 핵심으로 삼아야 한다는 것.

둘째, 베트남 이후 패배주의적 분위기로 인해 미국은 군사적으로 소련과의 경쟁에서 뒤처지는 등 안보가 상당히 위협당하고 있으며 그러한 소련의 위협은 제3세계 여러 지역에서 나타나고 있다는 것.

셋째, 따라서 미국의 제3세계정책은 베트남신드롬을 벗어나 가능한 수단을 동원해 적극적으로 공산세력을 봉쇄하는 개입주의적 조치를 취해야 한다는 것.

넷째, 따라서 '인권'을 잣대로 무조건 제3세계 우익독재체제를 압박하기보다는 오히려 그러한 독재자들을 지원해줌으로써 공산세력의 장악을 막는 정책이 급선무라는 것."

마지막으로 베트남전쟁은 결코 비도덕적이거나 미국의 이상을 해친 잘못된 전쟁이 아니며 공산주의로부터 자유민을 보호하려는 숭고한 목적의 행위로 평가되어야 한다는 것.[9)]

이러한 국내 분위기에서 레이건은 선거 캠페인 동안 카터 행정부의 실정을 비난했던 것이다. 레이건은 카터 행정부가 초래한 미국 위상의 추락을 제2차 세계대전 이전에 영국이 선택한 히틀러 유화정책과 같은 선상으로 바라보며 위에서 지적한 서구 문명의 위기론을 강조했다.[10)] 카터의 경제정책의 실정과 이란 미대사관 비극이

9) 박인숙, "'베트남 신드롬'과 '커크패트릭 독트린' : 냉전기 미국 제3세계 정책 노선의 분열," 『미국사연구』 제29집 (2009), 147-48.

10) Rowland Evans and Robert Novak, *The Reagan Revolution* (New York, 1981), 159.

소련과 직접적인 연관이 없지만, 레이건은 카터 행정부의 무기력한 정책이 "미국 정신의 위기"를 초래했고, 결과적으로 국내외에서 미국의 위상을 약화시켰다고 비판했던 것이다.[11]

레이건의 시각에서는 카터 행정부가 제3세계에 대한 무기력한 정책을 펴고 있는 동안에 소련의 브레즈네프 정권은 그의 집권기간인 1975년부터 1980년 동안 제3세계에 대한 적극적인 개입정책을 펴서 친 소련 정권을 30개나 만들었으며, 이 정권들은 각 지역에서 영향력이 큰 정권을 구축했다고 보았다. 그 대표적인 곳이 근동의 아프가니스탄, 남미의 니카라과, 아프리카의 앙골라, 동남아시아의 캄보디아였다. 이런 상황에서 레이건이 주목한 것은 이 네 곳을 포함해서 10개의 지역에서 게릴라 무장단체가 좌익정권에 대항하고 있었던 점이다.[12] 이는 이미 소련의 영향권에 들어간 정권을 '밀어낼 수 rollback' 있는 여지를 준 것으로서 이들 반정부 무장단체를 효율적으로 활용하면 그 동안 미국이 제3세계에서 소련에게 밀렸던 불균형을 회복시킬 수 있는 기회라고 판단한 것이다. 그래서 자카리아 Fareed Zakaria는 레이건 독트린이 "[소련의 영향력을] 밀어내기 위한 혁명적인 정책이 아니라 소련의 혁명적인 정책으로 야기된 불균형을 수정하려는 다른 차원의 봉쇄 정책"이라고 설명했던 것이다.[13]

---

11) Pach, "Top Gun, Toughness, and Terrorism," 551-60; Ronald Reagan, *An American Life* (New York, 1990), 205.

12) Mark P. Lagon, "The International System and the Reagan Doctrine: Can Realism Explain Aid to 'Freedom Fighters'?," *British Journal of Political Science*. 22:1 (Jan. 1992), 44.

13) Fareed Zakaria, "The Reagan Strategy of Containment," *Political Science Quarterly* 105 (Autumn 1990), 389.

대통령 선거에서 승리한 이후 외교 및 국방 관련 참모들을 선택하는 과정에서도 레이건은 미국의 군사적인 힘을 복원해서 미국의 위상을 되찾아야 한다는 점을 강조했다. 와인버거Casper Weinberger에게 국방장관을 맡아달라고 부탁하면서 레이건은 "우리의 동맹국들과 우리에게 우호적인 국가들 중에 미국은 매우 믿을 수 없는 동맹이며, 신뢰할 수 없는 동맹이고, 좋은 파트너도 아니며, 적어도 소련과 비교해서 군사적으로도 강하지 않는 국가라는 생각이 증폭되고" 있다는 점을 강조했다. 와인버거에 의하면 그가 장관직을 수락한 가장 중요한 이유도 당시 미국은 군사적 힘을 복원해서 동맹국들에게 존경과 지지를 얻어야 하는 처지에 있었기 때문이라고 밝혔다.[14] 레이건은 강한 군사력이 뒷받침되지 않는 외교력은 아무런 의미가 없다고 보았다. 그는 "[우리가] 도움의 요청을 받았는데 도움을 줄 수 없다면 다음번에 그런 도움을 요청받을 기회가 매우 낮을 것"이라고 밝혔다. 와인버거에 의하면 레이건은 앙골라, 아프가니스탄, 니카라과, 에티오피아 등에서 소련의 영향력이 팽창된 점을 지적하면서 미국이 이에 대해 강력한 제제를 하지 않는다면 그와 같은 추세가 계속될 것이라고 우려했기에, 취임 이후 첫 몇 달 동안 이에 대한 대응책을 찾는데 주력했다고 밝혔다.[15]

1981년 1월, 취임 직후 레이건 대통령은 사실상 '레이건 독트린'에 의한 제3세계에 대한 외교 지침을 작성하고 그에 따른 정책을 실행하기 시작했다. 그는 소련이 그들의 '자연적' 이해관계와 영향

---

14) Caspar Weinberger, *Fighting For Peace* (New York, 1990), 14-15.

15) Ibid., 35.

력을 벗어나 전 세계에서 그들의 영향력을 확대하고 있다고 단정했다. 그래서 그는 자유세계 연합의 지도자로서 소련의 영향력을 차단하기 위해 모든 정치, 외교, 경제, 정보력을 동원할 것이라고 밝혔다.[16] 이는 미국 외교의 "대리인vicar"이라고 자칭한 레이건 행정부의 초대 국무장관 헤이그Alexander Haig의 생각과 같은 것이었다. 헤이그는 소련이 1970년대에 "소련의 명백한 이해관계와 영향의 자연적인 경계를 너무 넘었다."라고 판단했다.[17] 대다수의 레이건 외교 관련 참모들도 헤이그와 같은 생각을 가졌다. 그들은 제3세계에 대한 소련의 영향력이 확장된 것은 카터 행정부의 인권외교에 책임이 있다고 보고, 미국은 이제 인권의 잣대로 미국의 동맹국이나 친미적인 우익 정권에 대해 압박하기보다는 친소 좌익 정권에 대한 적극적인 견제가 우선되어야 한다고 주장했다. 그 대표적인 사람이 UN 미국대사로 임명된 커크패트릭Jeane Kirkpatrick이었다. 그녀는 1979년 11월에 *Commentary*에 기고한 글에서 카터 행정부의 인권정책을 신랄하게 비판하면서 특히 그것이 라틴아메리카에 미친 부정적인 영향을 집중 조명했다. 그에 따르면 카터 행정부는 미국의 이익에 직결되는 권위주의적인 정권의 인권침해에 대해서는 민감하게 반응했지만, 공산주의 정권의 인권침해에 대해서는 둔감하게 반응하는 이중적인 정책을 폈다고 비판했다. 그녀는 인권의 중요성은 인정하지만 그것이 공산주의에 대항하는 우익 정권의 가치

16) Seyom Brown. *The Faces of Power: The United States Foreign Policy from Truman to Clinton*. (New York, 1994), 392.

17) Alexander Haig, *The Economist*. February 25, 2010. Alexander Haig, *Caveat: Realism, Reagan, and Foreign Policy* (New York, 1984), 26.

보다 우선된다면 미국의 이익뿐만 아니라 장기적인 안목에서 해당 국가의 인권에도 치명적인 결과를 초래할 것이라고 경고했다.[18)]

1981년 초 레이건은 케이시William J. Casey CIA 국장에게 니카라과 반군 지원을 위한 '산타페 보고서Santa Fe Report'에 근거해서 제3세계에 대한 미국의 지원 전략을 작성하도록 지시했다. 1982년 그 전략 보고서는 '국가안보명령 75National Security Decision Directive 75'란 명의로 완성되었고, 1983년 1월에 레이건이 서명했다. 그 보고서의 주요 목적은 소련의 영향권에 들어가 있는 제3세계 국가를 "봉쇄하고 장기적으로 소련의 팽창주의를 역전"시키는 것이며, 이를 위해서 "민주적 활동과 세력을 고무시킬 능동적인 노력"을 기울이는 것이었다.[19)]

Ⅱ.

레이건 독트린은 단순히 레이건과 행정부 외교 관료들의 정책을 반영한 것은 아니었다. 레이건 행정부가 들어서면서 헤리티지 재단를 비롯한 보수주의적 외교정책 싱크탱크들은 카터 행정부가 임기 후반에 채택한 아프가니스탄 정책을 전 지구적으로 확대하는 외교원칙을 강구하기 시작했다. 즉, 아프리카, 아시아, 라틴아메리카에서 친소련 정권에 투쟁하는 반공주의 세력을 지원하도록 할 필요성

18) Jeane Kirkpatrick, "Dictatorship and Double Standards," *Commentary* 68:5 (November 1979), 34-45.

19) James M. Scott, *Deciding to Intervene: The Reagan Doctrine and American Foreign Policy* (Durham, 1996), 21.

을 느끼게 되었던 것이다. 헤리티지 재단은 이를 위해 하나의 이론을 세우고 "이론을 구체적인 정책으로 변환시켜서 아프가니스탄, 앙골라, 캄보디아, 에티오피아, 이란, 라오스, 리비아, 니카라과, 베트남 등 9개의 국가에서 공산주의를 밀어내려rollback고 계획했다."[20] 여기에는 헤리티지 재단의 제3세계 전문가인 존스Michael Johns의 역할이 컸다. 그는 앙골라, 캄보디아, 니카라과를 비롯한 소련 지원 정권에 저항하는 반군 세력을 직접 방문하고 나서 재단과 레이건에게 그들에게 군사적, 정치적 지원을 제공할 필요가 있다고 설득했다. 레이건은 그의 의견을 받아들여 아프가니스탄에 이어 앙골라와 니카라과에 신속하게 적용되었다. 앙골라는 앙골라완전독립국가연합UNITA에, 니카라과는 속칭 '콘트라'라는 반군에게 지원을 시작했다. 물론 전쟁선포와 같은 공식적인 조치가 취해지지 않는 상태에서 이루어진 비공식적인 군사 지원이었다.[21] 또한, 1980년 선거 기간에 레이건 연설문 작성자였던 로라바쳐Dana Rohrabacher도 직접 아프가니스탄의 무자헤딘을 몇 차례 비밀리에 방문해서, 그들의 소련 점령에 대한 무력 투쟁을 목격한 후 레이건 독트린의 필요성을 적극적으로 설파했다.[22]

이러한 지원이 소정의 효과를 거두기 시작하자, 존스와 헤리티

20) Thomas Bodenheimer and Robert Gould, *Rollback!: Right-wing Power in U.S. Foreign Policy* (Boston, 1989), 82.

21) Hillary Corgey, "Think tank fosters bloodshed, terrorism," *The Daily Cougar*, August 22, 2008.

22) "Profile: Dana Rohrabacher," *Cooperative History Research Commons*, September 17, 2001. Gais, Hannah (April 14, 2015). "Dana Rohrabacher's No Good, Very Bad Weekend," The Eastern Project. Retrieved May 18, 2015.

지 재단은 레이건 독트린을 에티오피아에도 적용해야한다고 주장했다. 그들은 에티오피아의 기근이 소련의 지원을 받고 있는 매리앰Mengistu Haile Mariam 정부의 정치적, 경제적 문제에 기인한 것이라고 보았고, 홍해의 에리트레아에 주둔한 소련의 해군 및 공군이 중동과 북아프리카의 미국의 전략적 이해관계에 장애물이라고 보았다.[23)]

해리티지 재단과 레이건 행정부는 레이건 독트린을 캄보디아에도 적용하고자 했다. 캄보디아의 공산주의 정권에 대한 가장 큰 저항 세력은 대부분 이전의 크메르 루지 정권에 소속된 자들로 이들의 인권파괴 만행은 20세기 최악의 것이었다. 그래서 레이건은 크메르 인민민족해방전선KPNLF 이라는 작은 규모의 반군 연합을 지원했다. 미국의 지원에 따라 결국 베트남이 캄보디아에서 철수했고, 캄보디아 공산정권도 무너졌다. 그리고 UN의 감시아래 캄보디아에서 자유선거가 시행되었다.[24)]

물론 대부분의 민간 재단이나 연구소가 레이건 독트린을 지원한 것은 아니었다. 자유주의 성향의 카토 연구소Cato Institute는 독트린에 비판적이었다. 1986년 카토 연구소는 "대부분의 3세계 투쟁은 미국의 합법적인 안보 영역을 벗어난 지역과 문제들에 관여된 것으로서, 이러한 투쟁에 미국이 개입하는 것은 중요한 결과물을 얻지 못하면서 이미 커질 대로 커진 미국의 개입을 더욱 확대시킬 뿐이며, 소련의 군사 및 재정적 자원을 고갈시키려다가 오히려 미국의

23) "A U.S. Strategy to Foster Human Rights in Ethiopia," by Michael Johns, Heritage Foundation Backgrounder #692, February 23, 1989.

24) United Nations Security Council Resolution 745. S/RES/745(1992) 28 February 1992. Retrieved 2008-04-09.

자원이 고갈될 것"이라고 비판했다.[25] 하지만 카토 연구소도 레이건 독트린이 "수십 년 간 외교정책에서 볼 수 없었던 보수주의 움직임에 불을 지폈다"고 판단하며 레이건 독트린을 미국의 공식적인 정책으로 받아들이지는 않지만 미국 의회가 개인이나 사적인 기구가 3세계의 반군을 돕는 것을 법적으로 막아서는 안 된다고 주장했다.[26]

이러한 움직임으로 말미암아 미국 내 여론도 레이건 독트린에 우호적이었다. 여론은 제3세계에서 좌익 정권에 대항하는 반공 세력들을 지원하는 것이 미국의 거부할 수 없는 책임과 의무라고 생각했다. 언론을 포함해서 정부 밖의 시선으로 볼 때 레이건 행정부의 제3세계 정책은 이러한 책임과 의무를 위해 하나의 원칙에 의해 수행되는 것으로 보였다. 그런 차에 크라우사머가 1985년 4월에 이러한 정책을 '레이건 독트린'으로 명명했던 것이다. 레이건의 입장에서는 크라우사머의 독트린 명명은 반가운 것이었다. 모든 미국의 독트린이 그렇듯이 행정부의 외교 정책을 하나의 원칙으로 단순화시켜서 여론의 지지를 유도하는 것이 효과적인 전략이기 때문이었다.[27]

하지만 세계 곳곳에서 좌익 정권에 대항하는 반정부 집단의 성

25) "Cato Institue Policy Analysis No. 74: U.S. Aid to Anti-Communist Rebels: The "Reagan Doctrine" and Its Pitfalls."

26) "U.S. Aid to Anti-Communist Rebels: The "Reagan Doctrine" and Its Pitfalls". cato.org. 24 June 1986.

27) Cecil V. Crabb, *The Doctrines of American Foreign Policy*: *their meaning, role, and future* (Baton Rouge, 1982), 414-415.

격이나 목적은 다양했으며, 그들에 대한 미국의 지원 역시 다양하게 집행되었다. 예컨대 아프가니스탄 주둔 소련군에 도항하는 무자헤딘에 대해서는 미국이 아낌없는 군사적 지원을 했지만, 캄보디아의 반공 저항 세력에 대해서는 지원이 미미했다. 마찬가지로 앙골라에서 마르크스 정권에 대항하는 게릴라들은 미국의 지원을 받았지만, 같은 성격의 모잠비크 게릴라들은 전혀 지원을 받지 못했다. 미국 내 외교 정책 부서들과 참모들 사이에는 레이건 독트린의 집행 대상, 규모, 방법 등을 놓고 심각한 의견 대립이 있었다.[28] 이러한 다양한 상황 때문에 행정부는 앞에서 밝혔듯이 '레이건 독트린'이라는 용어를 사용하기를 꺼려했는지 모른다.

레이건 독트린이 제3세계 지역에 어떻게 적용되었으며, 이를 통한 독트린의 성공여부를 평가하는 일은 쉽지 않다. 각 지역에 대한 미국 개입의 정도가 다르며 그 결과 또한 다양하기 때문이다. 결국 레이건 독트린이 탄생하게 되는 가장 중요한 배경이자 그것이 집행되었던 핵심 지역인 아프가니스탄과 니카라과를 통해 레이건 독트린을 평가해보자.

Ⅲ.

아프가니스탄은 제3세계에 대한 소련의 군사적 개입이 가장 노골적으로 드러난 곳으로서 카터 행정부 시절부터 미국의 관심이 높

28) Chester Pach, "The Reagan Doctrine: Principle, Pragmatism, and Policy," *Presidential Studies Quarterly* 36:1 (March 2006), 76.

았다. 1978년 4월, 아프가니스탄의 인민당PDPA은 군사혁명을 통해 정권을 잡았지만, 반대파들의 저항이 높아가자 다음해 12월에 소련이 아프가니스탄에 군대를 보내 본격적으로 저항 세력 소탕 작전을 벌였다. 소련은 아프가니스탄에 대한 군사 점령에 국한하지 않고 아프가니스탄 전체를 마르크스-레닌주의 사상으로 재무장하려고 했다. 심지어 수천 명의 어린아이들을 부모로부터 떼어내서 소련에서 교육을 받도록 했다.[29)]

소련의 허수아비 정권인 카말Babrak Karmal과 소련의 군사점령에 저항하는 무자헤딘 세력은 민족이나 종교적인 면에서 다양했다. 특히 이슬람 근본주의자들과 온건주의자들의 파벌은 다양했지만 이들 저항세력은 사력을 다해 소련군에 저항해서, 적어도 산악지대와 같이 도심 지역을 벗어난 곳에서는 소련의 점령으로부터 벗어날 수 있었다. 소련은 이들을 제압하기 위해 무자비한 공습을 감행했고, 이 과정에서 50,000에서 100,000명 정도의 무자헤딘 병사들과 백만 명에 이르는 민간인이 사망했다.[30)]

카터 행정부는 소련의 아프가니스탄 군사 점령을 공개적으로 비난하며 대응책을 마련하기 시작했다. 미국의 입장에서는 소련의 행

29) Jack Wheeler, "Fighting the Soviet Imperialists: The Mujaheddin in Afghanistan," *Reason* (September, 1984), 22-27; Paul Trottier, "Soviet Influence on Afghan Youth," Department of State *Bulletin* (March 1986), 46-47.

30) Wheeler, "The Mujaheddin," 22-23, 27, 30; Alex R. Alexiev, "Soviet Strategy and the Mujahidin," *Orbis* (Spring, 1985): 31-39; John Parry, "UN Rights Unit Assails Soviet Abuses in Afghanistan," *Washington Post*, March 14, 1985; Craig Karp, "Afghanistan: Six Years of Soviet Occupation," Department of State *Bulletin* (February 1986): 4-19.

동이 군사적 힘을 바탕으로 한 나라의 주권을 유린한 것으로 국제법에 위반될 뿐만 아니라, 아프가니스탄의 지정학적 위치 때문에 사태를 간과할 수 없었다. 미국 정보기관들은 소련의 아프가니스탄 침공을 단순히 소련의 위성국가를 반군의 저항으로부터 지켜내려는 것이 아니라 인도양에 이르는 주변 지역으로의 팽창과 남아시아 지배권을 염두에 둔 포석으로 판단했다. 이에 카터는 페르시안 만과 서남아시아를 "서방 세계의 세 번째 안보 지역"으로 선포하고 소련의 침략을 봉쇄해야 한다는 점을 확실히 했다.[31] 아프가니스탄 사태는 카터 행정부의 외교에서 하나의 딜레마로 작용하기 보다는 국제 사회에서 소련의 입장을 난처하게 만들며 적어도 제3세계에서 소련의 위상을 추락시킬 수 있는 기회가 되었다. 카터의 국가안보보좌관 브레제진스키Zbignew Brzezinski는 소련의 아프가니스탄 침공을 "꿈을 이루는 이상적인 기회로 생각했다. 왜냐하면 그 기회를 통해서 [아프가니스탄을] 소련의 베트남 전쟁으로 만들 수 있기 때문이었다."[32]

카터는 아프가니스탄에서 소련의 영향력을 축출하거나 적어도 소련의 아프가니스탄 점령에 대한 정치 군사적 비용을 높이기 위해

31) Defense Intelligence Agency, *Intelligence Commentary*, January 7, 1980; National Security Archive, Afghanistan, *The Making of US Policy: 1973-1990*. Memorandum from the White House to Cabinet Members, 'Persian Gulf Security Framework,' June 3, 1980, National Security Archive. Andrew Hartman, "'The Red Template': US Policy in Soviet-Occupied Afghanistan," *Third World Quarterly* 23:3 (June 2002), 471.에서 인용.

32) Marvin Kalb and Deborah Kalb, *Haunting Legacy: Vietnam and the American Presidency From Ford To Obama* (New York, 2011), 74-75.

무자헤딘에 대한 군사원조를 시작했다. 다행히 미국의 아프가니스탄 지원에 대한 국내 여론은 고무적이었다. 친소 좌익정권을 이용해서 공산주의 팽창을 노렸던 이전의 사례와는 달리 소련이 직접 군사적 침략을 감행한 것은 미국인들의 분노를 자아냈고, 이는 의회에서도 그대로 반영되었다. 카터의 무자헤딘 원조 계획은 양당으로부터 지지를 받았다. 무자헤딘 원조를 제밀 먼저 제안한 의원은 민주당의 송가스Paul Tsongas 상원의원이었지만 이후 아프가니스탄 지원은 공화당의 험프리Gordon Humphrey 상원의원과 민주당의 윌슨Charlie Wilson 하원의원이 주도하는 등 의회 내 다양한 집단들이 행정부의 아프가니스탄 지원을 후원했다.[33)]

레이건 행정부가 들어서면서 미국의 무자헤딘에 대한 지원은 더욱 탄력을 받기 시작했다. 앞에서 지적했듯이 레이건은 선거 캠페인 동안 소련의 영향권에 있는 제3세계 국가들에 대한 미국의 적극적인 지원을 약속했고, 그 중에 중요한 지역이 아프가니스탄이었다. 레이건의 이른바 '힘의 외교coercive diplomacy'가 임기 초기에 가장 효과적으로 나타난 곳이 아프가니스탄이었다. 여기에다 윌슨 의원의 역할도 레이건의 '힘의 외교'가 탄력을 받을 수 있는 주요한 배경이 되었다. 윌슨은 CIA의 아브라코토스Gust Avrakotos와 함께 비밀 조직책을 결성해서 무자헤딘에 대한 지원을 했고, 자금은 파키스탄의 정보기관ISI(Inter-Services Intelligence)을 통해 전달했다. 윌슨과 아브라코토스는 이집트, 사우디아라비아, 이스라엘, 중국 등 반소련 국가들로부터 아프가니스탄 반군에 대한 지원을 획득했다. 아브라

33) Lagon, "The International System and the Reagan Doctrine," 52.

코토스는 준군사장교인 빅커스Michael G. Vickers를 고용해서 무자헤딘 반군의 전략, 무기, 수송, 훈련 등 제반 개혁을 담당하게 했다.[34]

위에서 언급했듯이 무자헤딘은 복잡하고 다양한 민족과 종교적 성분의 결합체였다. 특히 이슬람 극단주의자들은 소련에 대한 저항이 단순히 아프가니스탄의 주권을 찾는 저항이 아니라 지하드jihad, 곧 종교적 성전으로 간주했다. 40여개 이슬람 국가들로부터 아프가니스탄 지하드를 위해서 이슬람 극단주의자 35,000 명이 자원해서 전투에 참여했다. 이 중에 하나가 훗날 9.11 테러를 주도했던 빈 라덴Osamar bin Laden이었다. 빈 라덴은 사우디의 부유한 석유 재벌의 아들로서 무자헤딘의 일원으로 아프가니스탄 전쟁에 참가했는데, 이 전쟁 중에 종교적 계시를 받고 지하드의 중요성을 깨달았다고 한다. 결국 아프가니스탄에서 소련을 몰아내기위한 미국의 전쟁에서 이슬람 극단주의자들이 미국의 돈과 총을 통해서 훗날 미국과 서방세계를 겨냥한 테러 성전을 준비하고 힘을 키웠다는 것은 역사의 아이러니가 아닐 수 없다.[35]

1988년 제네바 협정에 의해서 소련은 아프가니스탄의 철군을 결정했다. 냉전이 시작된 이래 소련군이 침략해서 점령한 지역을 자발적으로 철수한 경우는 처음 있는 일이었다. 물론 이러한 결과가 나오기까지 UN의 역할이 큰 것이 사실이고 "선혈이 낭자한" 전쟁을 끝내고자 하는 소련의 미하일 고르바초프의 의지도 컸지만 무자

34) Peter Schweizer, *Victory: The Reagan Administration's Secret Strategy That Hastened the Collapse of the Soviet Union* (New York, 1994), 213.

35) Hartman, "The Red Template," 480.

헤딘에 대한 미국의 전쟁 지원이 "선혈이 낭자한" 전쟁을 지속하게 만들었기에, 미국의 '힘의 외교'가 그 효과를 본 것이라고 할 수 있다. 1983년에 미국은 단지 3,000만 달러의 지원금을 아프가니스탄에 보냈지만 그것은 1987년에 무려 6억 달러까지 증액되었다. 1986년 중반부터는 아프간 반군이 어깨에 걸치고 미사일을 발사할 수 있는 스팅어Stinger 무기를 제공했는데, 이는 소련에게 "치명적인 무기"가 되었다.[36)]

Ⅳ.

1982년 10월 16일자 일기에 레이건은 다음과 같이 적었다. "중앙아메리카는 진정으로 세계에서 가장 염려되는 곳이다. 니카라과는 쿠바에서 제공된 무기로 무장된 지역이며 중앙아메리카 전 지역의 공산화를 위협하고 있다."[37)] 레이건은 대통령 임기 시작 전부터 니카라과에 깊은 관심을 보였으며, 니카라과는 레이건 독트린이 가장 우선적으로 적용되었던 지역이다. 레이건은 라틴아메리카에 대한 깊은 지식이나 경험이 없었지만 미국이 제3세계에서 소련 주도의 공산주의 확장을 막고 베트남 전쟁이후 제3세계에서 추락한 미국의 힘과 위신을 되찾을 수 있는 가장 중요한 지역으로 여겼다. 니카라과는 "레이건의 중앙아메리카 정책의 주춧돌이자 레이건 독트린의 시험

36) Bruce W. Jentleson, "The Reagan Administration and Coercive Diplomacy: Restraining More Than Remaking Governments," *Political Science Quarterly* 106:1 (Spring 1991), 60.

37) Ronald Reagan, *The Reagan Diaries*, ed. Douglas Brinkley (New York, 2007), 44.

대가 되었다."[38] 미국 역사에서 "별로 중요하게 생각되지 않는 중앙아메리카 지역이 치명적으로 중요하게 부상"되는 순간이었다.[39]

레이건은 취임과 동시에 니카라과를 포함한 중남미 전략을 위해 이른바 '산타페 보고서Santa Fe Report'를 채택했다. 산타페 보고서는 1980년 선거기간에 보수적인 학자, 언론, 외교 전문가들이 작성한 중남미 외교 정책 보고서로서 카터의 인권위주의 이상주의적 외교를 실패한 정책으로 비판하며, 새로운 정책을 요구했다. 보고서는 중남미에서 미국이 추구해야 할 궁극적인 목표는 공산주의자들을 제압하는 것이었다. "승리 외에는 그 어느 것도 대안이 될 수 없다."고 못 박으면서 모든 수단과 방법을 동원해서 중남미 지역을 소련 공산주의 영향력으로부터 보호해야 한다고 주장했다. 이것이 "먼로 독트린의 핵심을 확인하는 것으로서, 그 지역에서 그 어떤 호전적인 외국 세력이 기지를 건설하거나, 군사 및 정치적 동맹을 맺는 것을 용납해서는 안 된다."는 것이다.[40] 중앙아메리카는 레이건이 선거 캠페인 동안 외쳤던 미국의 힘과 위상을 회복하는 데 최상의 조건을 제공했고, "베트남에 대한 최고의 해독제"였던 것이다.

38) William I. Robinson, *A Faustian Bargain: U.S. Intervention in the Nicaraguan Elections and American Foreign Policy in the Post-Cold War Era* (Boulder, CO, 1992), 12.

39) Greg Grandin, *Empire's Workshop: Latin America, The United States and the Rise of the New Imperialism* (New Yo가, 2007), 152.) William M. Leogrande, "From Reagan to Bush: The Transition in U.S. Policy Toward Central America," *Journal of Latin American Studies* 22:3 (Oct. 1990), 620.

40) Committee of Santa Fe, *A New Inter-American Policy for the Eighties* (Washington, D.C., 1980). Holly Sklar, *Washington's War on Nicaragua* (Cambridge, 1988), 58-59.

헤이그 국무장관이 레이건에게 "이 전쟁에서는 우리가 이길 수 있다."고 했던 것은 그러한 정서를 잘 반영하고 있다.[41)]

중앙아메리카 문제의 중심에 니카라과가 있었다. 1979년에 산디노Augusto Sandino를 중심으로 한 이른바 산디니스타 민족해방전선FSLN 마르크스주의자들이 악명 높은 독재자 소모자Anastasio Somoza 정권을 전복시켰다. 니카라과의 정권교체에 미국도 어느 정도 관여가 되었다. 카터 대통령은 소모자 정권의 인권유린 만행들로 말미암아 소모자 정권에 대한 지원을 중단해 버렸기 때문이다. 카터는 산디니스타 정권이 자유선거와 자유언론과 같은 민주적 방식에 의한 통치를 약속했기에 새로운 정권에 경제적 지원을 약속했다. 이에 공화당은 미국 정부가 아메리카 대륙에서 쿠바와 소련이 그들의 교두보를 구축하는 것을 돕고 있다고 비판했지만, 미국 내 경제적 문제와 이란 미국대사관 인질 사태 등으로 니카라과 문제는 여론의 관심에서 멀어져갔다.[42)] 하지만 소모자 정권이 무너지자마자 산디니스타는 그들의 약속과는 반대로 반민주적인 독재정책을 펼쳤고, 소모자 정권과 마찬가지로 인권유린을 자행했다. 게다가 산디니스타는 카스트로의 쿠바와 소련과 동맹을 맺고 1981년 1월 10일에 엘살바도르의 친미정부에 대한 게릴라전을 감행했다.

니카라과의 항구적 인권위원회Nicaragua's Permanent Commission on Human Rights는 산디니스트 정권 초기 6개월 동안 적어도 2천 명이 살해당했으며, 처음 몇 년 사이에 3천명이 실종되었다고 보고했다.

---

41) Grandin, *Empire's Workshop*, 72.

42) Andrew Lowenthal, *Exporting Democracy* (Baltimore, 1991), 132.

또한 고문, 강간, 유괴, 신체 훼손, 살인 등 1,400 건이 보고되었다고 밝혔다.[43] UN 국제사법위원회는 산디니스트 인민재판소는 모든 반정부 운동을 억제하려는 목적에서 운영되었으며, 항구적 인권위원회는 6,000 명의 정치범이 존재한다고 밝혔다. 산디니스트들은 180,000 명의 농민들을 재수용소로 강제 이동시켰다는 것을 인정했다.[44] 글라조브Jamie Glazov는 산디니스트들을 크메르루주에 비교하면서, "산디니스트들은 수만 명의 인디언들을 강제적으로 그들의 땅에서 강제수용소로 내몰았고" 스탈린처럼 정부가 만들어낸 기근을 '인민의 적들'에 대항하는 무기로 삼았다고 밝혔다. 산디니스트 군대는 인디언들에 대한 다양한 학살을 감행했고 약 15,000 명의 무고한 인민들을 죽이거나 감금했다고 밝혔다.[45]

레이건은 산디니스트들이 비민주적인 정책을 편 것과는 상관없이 그들이 마르크스-레닌주의자들이기 때문에 그들을 타도의 대상으로 삼았다. 레이건은 산디니스트의 비민주적이고 비인륜적인 정책이 "마르크스 레닌주의 이념적 뿌리와 그에 상응하는 정치적 목적"이 초래한 결과라고 보았다.[46] 레이건은 취임 직후인 1981년 초

---

43) John Norton Moore, The Secret War in Central America (Lanham, 1987), 143, Roger Miranda and William Ratliff, *The Civil War in Nicaragua: Inside the Sandinistas* (New Brunswick, 1993), 193.

44) Humberto Belli, *Breaking Faith: The Sandinista Revolution & Its Impact on Freedom & the Christian Faith in Nicaragua* (Garden City, MI, 1985), 124, 126-8.

45) Jamie Glazov, Remembering Sandinsta Genocide, FrontPage Magazine, June 5, 2002.

46) Jiri Valenta and Esperanza Duran, eds., *Conflict in Nicaragua: A Multidimensional Perspective* (London, 1987), 68. Ronald Reagan, *Ronald Reagan: An American Life.* (New York, 1990), 299.

에 CIA로 하여금 이른바 '콘트라'라고 하는 반 산디니스트 게릴라 반군에 1,950만 달러를 지원하도록 했다.[47] 그 뿐만 아니라 비공식적으로 이란에 무기를 수출해서 얻는 수익금을 콘트라에게 전달했고, 이 사실은 1986년 11월에 이른바 '이란-콘트라 사건'으로 언론에 공개되었고 이로 인해 수많은 관련자들이 청문회의 심판대에 서게 되었다.

문제는 미국이 지원하는 콘트라 역시 비인간적이며 잔악한 인권유린을 자행하고 있었으며, 그 정도는 상상을 초월하고 있었다는 점이다. 그래딘Greg Grandin에 의하면 "니카라과에서 미국이 후원하는 콘트라들은 시민들과 외국원조 봉사단원들의 목을 따고, 거세하며, 병신을 만들어버린다. 어떤 자들은 수저로 희생자들의 눈을 파버리고 한다. 어느 공습 때에는 그들이 민간인의 가슴을 난도질하고 사람의 살을 뼈에서 볼가내기까지 한다."[48] 그래딘은 "니카라과에서 미국은 반체제 정부를 지원하는 것이 아니라 반공 용병들을 지원하고 있는데" 이는 결과적으로 미국이 "자유의 이름으로 학살을 정당화시키고 있다."고 비판했다.[49]

가로우Frederick H. Gareau 교수는 "레이건 행정부는 산디니스타들을 축출한다는 목적 하나만을 위해서 소리 나지 않게 전쟁을 수행했다."고 지적했다. 이를 위해 미국은 주로 콘트라들을 이용했는데, 이

47) Kenneth Roberts, "Bullying and Bargaining: The United States, Nicaragua, and Conflict Resolution in Central America," *International Security* 15:2 (Autumn 1990), 78.

48) Grandin, *Empire's Workshop*, 90.

49) Ibid., 89.

들은 대부분 "탐욕과 권력욕에 눈이 먼"자들로 니카라과 평민들을 포함해서 모든 사람들이 피해를 보게 되는 "총력전total war"을 펼쳤다. 예컨대 "교량과 발전소뿐만 아니라 정부 산하의 농업 협력체, 농촌 보건소, 마을, 비전투 민간인에 대한 공격"이 포함됐다. 여기에 "미국 관료들이 전투에 직접 관여했으며, CIA 전투부대는 니카라과의 항만 시설에 대한 공격을 수차례 감행했고, 주요 항구에 폭발물을 설치했으며 가장 큰 정유소 시설에 불을 지르기도 했다."고 주장했다. 그는 1984년에 미국 의회는 더 이상 니카라과에 개입하는 것을 금지하도록 했지만 레이건 행정부는 불법적으로 만행을 지속적으로 자행했고, 그것도 "도매 급 테러리즘"을 자행했다고 비난했다.[50)]

전 외교관이었던 니에토Clara Nieto에 의하면 콘트라는 니카라과 사람들 외에도 세계 곳곳에서 불러들인 용병들이 포함되었는데, 이들은 영국의 그린베레 부대, 쿠바 피그만 공격 시에 미군을 도왔던 쿠바 군인들과 심지어 이스라엘 군사 고문단까지 포함되었다고 주장했다.[51)] 니에토는 CIA가 니카라과 해안에서 수차례의 테러를 자행했고, 1983년 9월에는 푸에리토 산디노Puerto Sandino에 대한 로켓 공격을 감행했으며, 다음 달에는 니카라과의 유일한 해저 석유파이프라인까지 폭파시켰다고 주장했다. 10월에는 니카라과의 가장 큰 항구인 푸에리토 코린토Puerto Corinto를 공격해서 다섯 개의 대형 석유 및 가솔린 저장 탱크를 폭파시켰으며 이로 인해 수백 명의 사상

50) Frederick H. Gareau, *State Terrorism and the United States*. (London, 2004), 166.

51) Clara Nieto, *Masters of War: Latin America and United States Aggression from the Cuban Revolution Through the Clinton Years* (New York, 2003). 341.

자를 낳았고 23,000명이 대피하는 소동을 일으켰다고 밝혔다. 이로 인해 영국과 프랑스, 그리고 피해를 본 국가들에서 항의 데모가 발생했고, 미국 의회 역시 CIA 행동에 분노하였다. 심지어 상원정보위원회 의장을 맞고 있는 공화당의 골드워터Barry Goldwater 의원이 CIA 국장에 항의하기도 했다.[52]

니카라과는 국제사법재판소에 소송을 제기했고, 1984년 '니카라과 대 미국' 진상조사에서 국제사법재판소는 미국이 콘트라 반군을 적극적으로 후원하고 니카라과의 해상 폭발 등을 일으키는 등 국제법을 위반했기에 니카라과에 배상금을 지불하라고 판정했다. 그러자 레이건 행정부는 미국은 국제사법재판소가 그 사례를 심의할 수 없다고 일축하면서 미국 판사의 참여를 철회했고, 안전보장이사회의 이사국으로서 거부권을 행사해서 판결이 실행에 옮기는 것을 막았으며 니카라과가 실질적으로 보상을 받을 수 없도록 했다. 레이건은 또한 향후 2년 동안 국제사법재판소가 중앙아메리카에 대한 심의를 하지 못하도록 하겠다고 으름장을 놓기도 했다.[53]

V.

레이건 독트린은 냉전의 마지막 독트린이라는 점에서 의미가 있다. 트루먼 독트린이 대표하는 냉전 독트린의 핵심이 '봉쇄'인 점을 고려할 때, 레이건 독트린은 근본적으로 '봉쇄' 원칙을 고수하지만,

52) Ibid., 343 - 345.

53) Ibid., 344-345. Fred L. Morrison, "Legal Issues in The Nicaragua Opinion," *American Journal of International Law* 81:1 (January 1987), 160-166.

한발 짝 더나가서 이미 소련의 영향권에 속해 있거나 소련과 동맹을 맺고 있는 정권을 전복시키려는 목표를 갖고 있다. 제3세계에서 소련의 팽창주의를 막는 것이야말로 "자유세계의 안전과 평화를 지킬 필수적 요건이라는 인식, 그리고 미국은 공산주의의 침략성으로부터 세계를 보호해야할 의무를 가진 경찰관이라는 인식이 미국 사회를 지배하게 되었다." "모든 세계의 분쟁과 불안정이 소련 공산주의로부터" 기인한다고 믿는 미국인들의 인식은 "미국의 제3세계 정책을 엄격한 양극적 세계관에 갇히게 만들었다."[54] 이러한 냉전 사고의 틀에서 레이건은 제3세계에서 좌익 정권에 대항하는 세력에 군사 및 재정적 지원을 하는 것뿐만 아니라 미국 군대가 직접 전투에 참여하는 공격적인 전략을 추구하는 것이 필요한 때라고 판단했다. 냉전 시대의 이전 독트린들이 공산주의에 대한 방어적인 성격을 가졌다면 레이건 독트린은 공격적인 독트린이었다.[55] 트루먼 독트린이 전 세계에서 공산주의 침략을 받고 있는 곳에 대한 미국의 개입을 선포한 것으로서 형식적으로 보면 소련과 세계 공산주의 공격에 대한 미국의 방어를 표방한 것이었다. 아이젠하워 독트린 역시 공격적인 성격을 갖고 있지만 그것은 주로 아랍 세계를 겨냥한 것으로서 대상 지역이 제한적이었다. 레이건 독트린은 주로 제3세계를 겨냥해서 이미 소련 공산주의 영향권에 들어가 버린 지역을 미국이 들어가 반격을 하겠다고 선포한 것으로 냉전 시대 가

54) 박인숙, "'베트남 신드롬'과 '커크패트릭 독트린' : 냉전기 미국 제3세계 정책 노선의 분열," 127.

55) Crabb, *The Doctrines of American Foreign Policy*, 408-409.

장 공격적인 미국의 대외정책을 표방한 것이다.

이미 들어선 공산정권을 '밀어내는rollback' 전략 역시 전혀 새로운 것이 아니었다. 트루먼이 이란, 터키, 그리스에서 공산 세력을 몰아내려는 정책을 폈던 것이나, 아이젠하워가 이란, 과테말라, 인도네시아에서 비밀공작을 했던 것이 좋은 예이다. 하지만 레이건 대통령이 시도한 '밀어내기' 작전은 이전과는 달리 공개적이면서 노골적으로 공산정권을 몰아내려고 시도한 점이다. 그런 점에서 레이건 독트린은 "가장 오래된 봉쇄의 형식이 가장 최근의 방식으로 갱신된 것"이라고 볼 수 있다.[56)]

레이건 독트린에 근거한 레이건 행정부의 제3세계 외교정책에 긍정적인 평가를 내릴 수 있는 곳은 아프가니스탄이다. 독트린이 가장 적극적으로 적용된 곳이며 "가장 성공적인 결과"를 가져온 곳이 아프가니스탄이기 때문이다.[57)] 하지만 아프가니스탄은 예외적인 곳이었다. 그곳은 카터 행정부 시절부터 미국의 개입이 시작된 곳이기에 전적으로 레이건 독트린에 의한 결과라고 보기 힘들다.[58)] 결국 레이건 독트린의 사실상의 기원이며 초점이 되었던 니카라과가 독트린을 평가하는 가장 중요한 지역일 수밖에 없다.

1979년에 정권을 잡은 산디니스타 정권은 1990년 몰락했다. 산디니스타가 정권을 장악했던 기간은 레이건의 8년 임기와 겹치기

---

56) Pach, "The Reagan Doctrine," 78.

57) Scott, *Deciding to Intervene*, 77.

58) Kyle Tadman, "An American Provocation: U.S. Foreign Policy during the Soviet-Afghanistan War," *Western Illinois Historical Review* 5 (Spring 2013), 31-65.

때문에 산디니스타의 몰락과 레이건의 니카라과 정책은 불가분의 관계가 있을 수밖에 없다. 하지만 레이건 독트린으로 대표하는 레이건의 니카라과 정책이 산디니스타의 몰락에 직접적인 원인을 제공하지 않았다. 미국이 지원하는 콘트라의 군사적인 압박에 의해 그들이 몰락한 것이 아니라 기본적으로 산디니스타의 경제적 문제로 스스로 무너진 것이다. 레이건은 콘트라에 대한 군사적 지원을 통해 산디니스타 정권을 몰락시키려 했지만, 1985년 중반에 국무부는 콘트라가 정권을 전복시킬 능력이 없다는 것을 깨달았다.[59] 1990년 선거에서 오테가Daniel Ortega가 패배를 인정하고 차모로Violeta Chamorro에게 정권을 인양했던 것은 미국의 위협이나 중재가 아니라 코스타리카 대통령 아리아스Oscar Arias의 노력이 크게 작용했다.[60]

레이건의 제2기 마지막에 터진 소위 '이란-콘트라 스캔들'로 말미암아 미국인들은 레이건 행정부의 니카라과 정책이 미국의 정상적인 외교 범위를 넘어선 것으로 받아들였다. 의회 청문회를 통해서 NSC가 1985년 8월부터 1986년 10월까지 6차례에 걸쳐 당시 미국의 수출 금지 국가로 분류된 이란에 비밀리에 무기를 판매해서 그 자금의 상당부분을 니카라과 콘트라에게 전달했다는 정황이 밝

---

59) Bradford E. Burns, *At War in Nicaragua: The Reagan Doctrine and the Politics of Nostalgia* (New York, 1987), 60.

60) Kenneth Roberts, "Bullying and Bargaining: The United States, Nicaragua, and Conflict Resolution in Central America," *International Security* 15:2 (Autumn 1990), 67-102, Linda Robinson, "Peace in Central America?," *Foreign Affairs* 66:3 (January 1988).

혀졌다.[61] 무기 판매와 수익금을 니카라과 전달하는 데 핵심적인 역할을 했던 노스Oliver North 중령은 연일 TV에서 생중계되는 '이란-콘트라 청문회'로 인해 보수주의자들의 영웅으로 부각되었고, 레이건은 끝내 이 스캔들에 직접적인 연관이 없다고 판정되어서 탄핵을 피하기는 했다. 하지만 국민들은 레이건 행정부가 탈법적이며 불법적인 방법으로 니카라과 반군을 도왔다는 인식을 하게 되었다.[62] 1986년 11월, 레이건의 인지도는 스캔들 이전 67%에서 46%로 급락했다. 이는 미국 역사를 통틀어서 한 임기 내에 대통령 인지도가 가장 큰 하락을 보인 것이다.[63] 물론 이것이 레이건 임기 전체의 외교 정책에 대한 부정적인 평가로 귀결되지는 않지만, 적어도 중앙아메리카와 중동 지역을 포함해서 제3세계 지역에 대한 레이건의 정책, 그리고 그 정책의 원칙이 되었던 레이건 독트린의 실패라는 데에는 의심의 여지가 없게 되었다.

종합적으로 분석하면 레이건 독트린에 근거한 미국의 니카라과 정책은 실패했다는 것이 정설이다. 다만 왜 실패했는가에 대한 분석에서 차이가 있을 뿐이다. 자카리아Fareed Zakaria는 실패의 이유가 목적의 불분명함에 있다고 보았다. 그는 레이건이 뚜렷한 목표를 갖지 않고 "임기 내내 산디니스타 정부에 대해 두 개의 전혀 다른

61) Richard Sobel, "Contra Aid Fundamentals: Exploring the Intricacies and the Issues," *Political Science Quarterly* 110:2 (Summer, 1995), 287. Kenneth E. Sharpe, "The Real Cause of Irangate," *Foreign Policy* 68 (1987), 19-41.

62) Lawrence E. Walsh, *Firewall: The Iran-Contra Conspiracy and Cover-Up* (New York, 1997), 13.

63) Jane Mayer and Doyle McManus, *Landslide: The Unmaking of The President, 1984-1988*. (Boston, 1988), 292, 437.

목소리를 냈다."고 밝혔다. 그것은 미국이 주장하는 민주주의와 언론의 자유 문제와 소련의 영향력은 항상 같은 맥락에서 존재하지 않기 때문이었다. 이런 것 때문에 레이건의 니카라과 정책은 충분한 여론의 호응을 얻지 못했다고 보았다.[64] 스콧James Scott 역시 비슷한 주장을 했다. 레이건 행정부는 미국의 목표를 정확히 알리는 데 실패했고, 국민들은 광범위한 지지를 얻지 못하는 반군을 지원하는 것에 의아해 했으며, 그 반군 조직 자체가 미국 정부가 만든 것이라고 의심하게 되었다. 스콧에 의하면 레이건 행정부가 니카라과 개입을 중단하자 중앙아메리카 국가들이 자체적으로 문제를 해결했다고 주장했다.[65]

무엇보다도 레이건 독트린의 핵심은 제3세계에서 이미 소련의 영향권에 들어간 정권을 '밀어내는 것'이었는데, 니카라과가 소련의 위성국이 되었다는 레이건의 전제는 맞지 않는 것이었다. 산디니스타들은 그들의 정치력을 결집하면서 마르크스주의보다는 민족주의적 가치관에 초점을 맞췄다. 물론 그들이 1980년대에 소련과 쿠바의 지원에 의지하기는 했지만, 그것은 서구 유럽과 미국 의회 내 진보세력의 지원을 유도하기 위한 수단이었으며, 그들은 소련의 위성국가라는 꼬리표에서 벗어나려고 노력했다.[66] 또한 산디니스타 정부가 비민주적이고 비인륜적인 방법으로 니카라과 국민들을

64) Zakaria, "The Reagan Strategy of Containment," 390.

65) Scott, *Deciding to Intervene*, 213.

66) Gary Prevost, "The FSLN," in *Nicaragua Without Illusions: Regime Transition and Structural Adjustment in the 1990s*, ed. Thomas W. Walker (Wilmington, D.C., 1997), 153.

억압하면서 국민들의 삶의 질을 떨어뜨리고 있다는 전제도 맞지 않다. 실제로 1979년 니카라과 혁명이 발생한 이후 국민들의 전반적인 교육, 의료, 토지 혜택 등은 급속히 호전되었다. 1980년 한 해만 보더라도 문맹률은 50%에서 10%로 낮아졌으며, 유치원에서 대학원까지 교육도 무상으로 제공되었고, 의료혜택 역시 무상으로 제공되었다. 또한, 사용되지 않거나 사용률이 낮은 토지를 토지 개간에 의지가 있는 농민들에게 무상으로 불하했다.[67)]

레이건 독트린에 의해서 미국의 제3세계 개입의 정도와 횟수가 늘어난 것은 사실이지만, 그것이 민주주의 성장과 어떠한 관련과 있는가를 평가하는 것이 중요하다. 왜냐하면 미국 개입의 명분은 대부분 해당 국가의 민주주의를 촉진한다는 것이었기 때문이다. 과연 미국의 개입이 해당 국가의 민주주의 성장에 직접적인 배경이 되었는가에 대한 평가는 나라마다 상황이 다르고 그 결과가 나오기까지의 시간 역시 다르기 때문이다. 하지만 미국인들은 적어도 레이건 독트린에 의한 미국의 외교 방식이 과연 민주적인가에 대해 의문을 품고 있었다. 민주당의 솔라즈Stephen Dolarz 의원이 지적했듯이 "나라 밖의 민주주의를 위한다는 명분 때문에 나라 안의 민주주의가 심각하게 손상되었다는 점"은 레이건 독트린이 낳은 최대의 부정적인 결과물이라고 할 수 있다.[68)]

레이건의 임기가 끝나자마자 베를린 장벽이 무너지고 소련까지

---

67) Bradford E. Burns, *At War in Nicaragua: The Reagan Doctrine and the Politics of Nostalgia* (New York, 1987) 29-35.

68) Christopher C. DeMuth, et al, *The Reagan doctrine and beyond* (Washington, D.C., 1987), 11.

해체되고 만다. 이러한 세계사의 흐름을 볼 때 과연 레이건 독트린이 꼭 필요했는가의 의문이 들 수밖에 없다. 물론 제3세계에서 공산주의 세력이 주춤하거나 퇴보하게 된 것이 소련의 멸망과 직접적인 연관이 있다고 전제하면 문제는 다를 것이다. 그렇다면 레이건 독트린은 소련의 멸망, 즉 미국이 냉전의 최종 승자가 되는 결정적인 계기를 제공한 셈이다. 하지만 그 전제는 별로 설득력이 없다. 레이건 행정부의 강경한 대소 정책과 이에 대한 군비확장 정책보다는 소련 내의 체제적이고 구조적인 문제, 특히 오랜 경제적 불황과 이와 맞닿은 정치, 사회적 문제에 따른 개혁의 불가피성이 소련 체제의 붕괴 배경으로 강조되기 때문이다.

이렇기 때문에 레이건 독트린이 꼭 필요한 독트린이었는가에 대한 의문이 들 수밖에 없는 것이다. 1970년에 소련이 제3세계에 대한 영향력을 확대한 것은 사실이지만, 1980년대에 들어서면서 국내의 경제적 문제 등으로 소련은 더 이상 강력한 제3세계 정책을 펼 수 없었다. 1988년에 소련이 아프가니스탄으로부터 철군을 했던 것은 이를 잘 반영하고 있다. 아프가니스탄은 소련과 지리적으로 인접되었으며 전략적으로 매우 중요한 지역이었다. 그런데도 소련은 더 이상 아프가니스탄에서 전쟁을 지속할 여력이 없었던 것이다. 만약 아프가니스탄을 포기한다는 것은 곧 미국과의 대결에서 패배를 의미하는 것으로서 소련이 기어코 지켜내야 하는 상징적인 지역으로 생각했다면 소련이 아프가니스탄 철군을 강행했을 리가 없다.

레이건 독트린은 근본적으로 소련을 겨냥한 것이거나 소련의 영향력에 있는 제3세계의 좌익 정권을 겨냥한 것이 아니었다. 그것이 겨냥한 것은 미국이었다. 그것은 베트남 전쟁 이후 흐트러진 미국,

위축된 미국, 자신감이 결여된 미국을 향해 미국은 여전히 세계질서를 주도하고 있으며 그렇게 해야 하는 국가라는 사명감을 불어넣기 위한 수사적인 각성제였다. 할리우드 배우 출신답게 레이건은 임기 내내 탁월한 수사력을 발휘했다. 외교 부분에서도 마찬가지였다. 그는 미국 국민들이 듣고자 하는 말이 무엇인지를 정확히 간파했고, 세계 공산주의에 대항해서 미국이 자신 있게 정책을 펴고 있다는 것을 국민에게 보여주고자 했다. 레이건 외교의 가장 중요한 특징은 이러한 '보여주기 외교'였다. 예컨대 1983년 10월에 베이루트에서 차량폭탄으로 241명의 미군이 사망한 참사를 겪고 난후 레이건은 곧바로 서인도제도의 조그마한 섬나라인 그레나다Grenada를 침공했다. 명분은 그 곳에서 공부하고 있는 소수의 미국 의과대학생을 보호한다는 것이다. 실제로는 좌익 강경파들이 쿠데타로 정권을 탈취하자 이에 대한 군사적 응징이었다. 하지만 베이루트 비극으로 침통해 한 국민들은 그레나다 작전에 환호했고, 레이건의 지지도는 상승했다. 레이건 독트린은 이러한 레이건 외교 정책의 특성에서 이해되어야 한다. 레이건은 큰 틀에서는 세계 민주주의의 파수꾼이라는 전통적인 미국 외교의 목적을 재확인하면서 작은 틀에서는 그 목적을 완수하는 하나의 전략으로서 제3세계에서 공산주의 세력을 격퇴해야 함을 국민들에게 각인시키고자 했으며, 이를 통해서 추락한 미국의 위상을 되찾으려고 했던 것이다.

8

탈냉전과 클린턴 독트린*

I.

1989년 베를린장벽의 붕괴를 시작으로 동유럽의 공산주의 체제가 무너지면서 근 반세기를 드리웠던 냉전의 막이 걷히기 시작했다. 세계는 예상치 못한 생경한 세계사의 흐름을 경이의 눈으로 지켜보았고, 공산주의의 대부였던 소련마저 해체되면서, 한 번 무너진 공산주의의 역도미노 현상은 도도하고 자연스럽게 시대의 흐름을 장악했다.

이러한 시대의 흐름에 미국은 축제의 분위기였다. 오랫동안 '어둠의 세력들'과의 성전을 하나님이 내린 자국의 사명으로 받아들였

* 이 장은 필자의 다음 논문들을 수정/보완해서 저서의 성격에 맞춰 재구성했음을 밝힌다. "탈냉전과 '제국'의 재편성 - 미국의 NATO 확장정책을 중심으로," 『역사학보』 제217집 (2013), 185-211. "탈냉전, NAFTA, 그리고 미국 외교정책의 재조정," 『미국사연구』 제39집 (2014), 221-248.

던 미국에게 공산주의의 붕괴는 자유 민주주의의 승리를 의미했기에, 미국이 갖는 자부심은 특별할 수밖에 없었다. 미국은 '어둠의 세력들' 혹은 '악마의 제국'이 미국적 가치로 내뿜어지는 '빛'의 광채에 드디어 굴복하는 것으로 받아들였고, 이것은 미국을 들뜨게 하는 충분한 이유가 되었다.

그러나 이것은 불안한 축제였다. 축제 이후가 불투명했기 때문이었다. 19세기 말부터 본격적인 제국으로의 기지개를 펴기 시작한 이후 끊임없이 '적'과의 투쟁 속에서 국력을 키워왔던 미국에게 냉전의 종식은 새로운 변화의 계기가 되었다. 하지만 이러한 세기적인 변화에 미국이 지향할 방향은 뚜렷이 나타나지 않았다. 대외적으로 세계 곳곳에는 여전히 냉전의 후풍으로 혼돈 상태였고, 1990년 8월의 이라크의 쿠웨이트 침공은 이러한 혼란을 가중시켰다. 대내적으로 미국 국민은 탈냉전과 함께 뚜렷이 고립주의 성향을 드러내며, 국외보다는 경제 및 기타 국내 문제에 천착하였다. 또한, 세계는 정보통신 분야의 혁명을 기폭제로 인류사에서 그 유례를 찾아보기 힘든 '세계화'의 급물살을 타게 되었다. 갈수록 가까워지는 세계, 그 속에서도 계속되는 지역 분쟁, 그리고 미국의 고립주의 성향, 이러한 상반·상충되는 탈냉전의 국내외 역학 속에서 미국이 추구해야 할 외교 정책은 불투명하였다.

이런 점에서 1990년대는 미국의 외교에 있어서 가장 불확실하고 애매한 시기였다. 국내정서와 밀접한 함수관계를 갖고 있는 미국 외교 전통을 볼 때 이러한 변화는 미국을 심각한 혼란과 분열로 몰아갈 수 있는 상황을 제공했다. 한편에서는, 경쟁자가 사라진 세계의 황야에 미국은 그 동안 미국이 꿈꾸어왔던 이상향을 이룩하기 위해 적극적으로 개입의 채찍을 가해야 한다고 주장했다. 다른 한편에서는, '악마'가 사라진 세계에 미군이 더 이상 적극적으로 개입할 필요가 없으며, 미국은 이제 대외문제보다는 국내문제와 개혁에 집중해야 한다고 주장했다. 심지어 공화당 내부에서도 미국은 이제 냉전시기의 개입주의를 탈피하고 미국의 전통적인 고립주의로 회귀해야한다는 목소리가 높아갔다. 탈냉전 직후 미국 외교의 과제는 "지구상의 가장 강력한 세력으로 지속되기를 바라는 열망과, 이러한 열망을 실행하기 위해 지불해야 하는 것에 대한 깊어지는 반감 사이에서 발생하는 모순"을 해결하는 것이었다.[1)]

이처럼 탈냉전은 미국 외교를 새로운 시험대에 올려놓았다. 냉전의 기본적인 원칙은 '봉쇄containment'였다. 이는 하나의 "벽을 구축"해서 세계를 양분하는 것이었으며, 그것은 우선적으로 유럽의 분할과 단절부터 적용되었다.[2)] 냉전 기간 이러한 '봉쇄정책'은 그 시기와 지역에 따라 다양한 스펙트럼으로 적용되고 변용되기는 했지만, 큰 틀에서 선과 악의 이분법적 나누기에는 변함이 없었다. 이제 탈냉전과 함께 세계는 그 속도와 범위에서 놀라운 변화를 겪게 되었다. 이데올로기의 시대는 역사의 뒤꼍으로 순식간에 사라지고, 가속화되는 세계화globalization의 물결 속에 미국은 '봉쇄'를 대체하며 세계화의 변화를 주도할 새로운 외교 원칙을 찾아야했다. 그 새로운 원칙이 미국의 외교 전통의 흐름에서는 별다른 변화가 아닐지라

1) Robert W. Tucker, "The Future of a Contradiction," *National Interest* 43 (1996), 20.

2) John Lewis Gaddis, *Surprise, Security, and the American Experience* (Cambridge, 2004), 59-60.

도, 미국은 적어도 새로운 시대에 걸맞은 비전과 그에 상응하는 슬로건에 대한 재조정이 필요한 시점에 서 있었다.

하지만 미국 외교의 새로운 비전을 찾기란 결코 쉬운 일이 아니었다. 미국은 너무 오랫동안 냉전 구도와 사고에 갇혀있었고 길들여져 있었으며, 탈냉전은 예고 없이 급작스럽게 찾아왔다. 공산주의 체제는 무너졌지만, 중동과 아프리카, 발칸 반도 등 곳곳에서 세계의 불안은 계속되었으며, 증폭되었다. 1990년 9월 부시George Bush 대통령은 "새로운 세계 질서"를 선포하며, 그 것은 "테러의 위협으로부터 자유롭고, 정의를 더욱 강력히 추구하며, 평화를 추구하는 더욱 안전한 세계이며 동서와 남북의 세계 모든 국가들이 번영되며 조화롭게 살 수 있는"[3] 것이라고 설명했지만, 그것은 지극히 추상적이고 수사적인 것으로서 국내의 반향을 크게 얻지 못했다.[4]

미국 내의 분위기도 새로운 외교 비전을 찾기가 얼마나 어렵고 혼란스러운 지를 여실히 보여주고 있었다. 1992년 대통령 선거에서 동유럽 공산주의 붕괴와 소련의 해체를 목도했고, 걸프전쟁을 승리로 이끌었던 부시가 민주당의 클린턴Bill Clinton에 고배를 들고 말았다. 미국 현대사에서 외교 경력이 가장 화려했던 '외교통' 부시가 외교에 문외한이었던 클린턴에 패배한 사실은 많은 것을 시사하고 있다. 급작스러운 냉전 체제의 붕괴는 클린턴에게 유리하게 작용했다. 국민들은 냉전으로 미국이 얻은 것을 셈하기보다는 당시의 경

3) George Bush, *The Public Papers of the President, 1990 II* (Washington, D.C. 1991), 1219.

4) 김봉중, "탈냉전, 세계화, 그리고 미국의 외교," 『미국사연구』, 제23집 (2006), 120.

제적 문제에 관심을 집중했다. 폴 송가스Paul Tsongas 상원의원이 "냉전은 끝났고, 일본이 승리했다"라고 했던 것은 당시 미국의 분위기를 잘 대변하고 있다.[5] 냉전이 종식되었지만 그것이 미국에겐 별로 이로울 것이 없고, 냉전 기간에 경제적으로 성공한 일본이 냉전의 열매를 거둬들었다는 얘기다. 1992년 선거는 탈냉전 이후 시대적 흐름 속에서 "경제적 이슈가 과거에서 미래로 전환하는 판단의 기준"으로 작용했던 점에서 그 역사적 의의를 찾을 수 있다.[6] 무엇보다, 미국인의 관심이 국제문제보다는 국내문제에 쏠렸기에 클린턴 행정부가 미국인들의 호응을 얻을 수 있는 새로운 외교정책과 비전을 제시하기란 쉽지 않는 과제였다.

국민들의 전반적인 국제문제에 대한 무관심, 외교 전문가들의 개입주의 대 고립주의 논쟁, 북대서양조약기구NATO의 불투명한 미래, 다각도의 스펙트럼을 내며 세계인의 블안을 가중시키던 중동, 아프리카, 발칸 반도의 분쟁들, 외교정책에 대한 공화당과 민주당의 분쟁뿐만 아니라 각 정당 내의 의견 불일치 — 이러한 국내외 상황 속에서 클린턴 행정부는 어떠한 외교정책을 추구했고, 그 외교정책의 주요 원칙이 무엇이며, 그러한 정척이 미국 외교사에 어떠한 의미를 주는 가를 파악하는 것은 쉬운 일이 아니다. 탈냉전과 클린턴 행정부의 외교정책을 정확히 파악하기 위해서는 위에서 언급한 각각의 문제들에 대한 종합적인 연구가 필요하지만, 이른바 '클린턴 독트린'으로 대표하는 클린턴의 외교 원칙을 대변하는 것은 크게

5) Paul Tsongas, *A Call to Economic Arms* (Boston, 1991), 60.

6) Gerald M. Pomper, ed., *The Election of 1992* (Chatham, NJ, 1992), 149.

두 가지 당면 과제에 대한 정책이라고 할 수 있다. 하나는 NATO 재편 문제이고, 다른 하나는 북아메리카자유무역협정NAFTA(North America Free Trade Agreement) 결성 문제이다.

1991년 6월 유고슬로비아 연방이 해체되면서 복잡한 인종, 민족, 종교적 갈등은 비극적인 내전으로 치닫고 말았다. UN 평화유지군이 파병되었지만 상황은 호전되지 않았다. NATO 역시 군사개입을 시도했지만 별다른 효과가 없었다. 미국 내에서는 NATO 무용론까지 대두되었다. 이런 상황에서 이전 바르샤바조약기구 국가들이 민주주의와 자본주의 체제로 탈바꿈하면서, NATO 회원국으로 합류하기를 원하자 미국은 이들을 어떻게 수용할지, 그리고 어디까지 수용할지를 놓고 고심할 수밖에 없었다. 1991년 12월 소련연방이 공식적으로 해체되었지만 러시아의 민주화 과정이 불안정한 상황에서 섣부른 NATO 확장은 자칫 러시아의 우익 세력의 부활에 빌미를 제공할 가능성이 있어서 쉽지 않는 문제였기 때문이었다. 그렇기에 탈냉전이라는 급격한 역사적 변혁 앞에서, 그간 냉전의 수레바퀴였던 NATO가 냉전의 종식과 함께 어떻게 그 목적과 모습이 변형될 지는 시대의 지형과 방향 속에서 '제국'으로서 미국의 성격을 이해하는 주요한 단서를 제공한다.

NAFTA는 주로 미국의 경제정책으로만 받아들여져서 외교정책을 들여다보는 사례로는 크게 주목을 받지 못했다. 그동안 연구자들은 주로 경제사적 측면에서 NAFTA가 미국이나 기타 관련 국가들에게 미친 영향이나, NAFTA가 성공이냐 실패냐의 결과론적 분석에 초점이 맞춰져 있었다. 하지만 NAFTA 추진 배경이나 의회 비준을 위한 논쟁을 면밀히 분석해보면 NAFTA는 단순히 경제적 정책만이 아니라 탈냉전 시기 미국의 정체성과 미국 외교의 전통, 원칙, 방향 등을 엿보게 하는 주요한 시사점을 제공한다는 것을 알 수 있다.

Ⅱ.

클린턴 민주당 대통령 후보가 걸프전쟁의 영웅 부시 대통령을 누르고 대통령에 당선된 것은 미국 현대사의 이정표적인 사건이다. 외교적 경험이 없었고, 베트남전쟁의 병역기피자로서 비애국자로 낙인찍혔던 클린턴이, 제2차 세계대전의 참전영웅이자 CIA국장을 거쳐 걸프전쟁의 영웅이었던 현직 대통령을 물리쳤고, 그것도 일방적인 승리였다.

1992년 선거는 미국판 베를린장벽의 붕괴였다. 근 반세기동안 미국을 사로잡았던 냉전이니 반공이니 하는 이데올로기의 열병이 일순에 사라져 버렸다. 미국은 이제 냉전의 붕괴와 함께 제1차 세계대전 이후의 고립주의 정서와 유사한 정서에 휩싸였다. 물론 이것을 전통적인 고립주의의 부활이라고 볼 수는 없다. 제1차 세계대전 이후의 고립주의는 '세계 민주주의의 안전'을 위한 미국의 참전 이상(理想)이 유럽 제국주의에 농락당했다는 환멸disillusion에 기인했다면, 냉전 이후의 유사한 정서는 적(敵)이 상실된 상태에서 현실주의로의 회귀에 기인한 것이다. 냉전은 순식간에 몽환적 기억으로 남게 되고 그것의 그늘 속에서 가려졌던 미국의 현실적인 국내 문제들이 국민들의 관심을 사로잡았다.

1992년 선거에서 제2차 세계대전 이후 처음으로 외교 문제는 선거의 주요 쟁점에서 국내 문제에 자리를 내주었다. 불과 4년 전 부시가 민주당의 마이클 두카키스Michael Dukakis 후보의 외교적 경험의 부재를 집중적으로 부각시켜 대통령에 당선되었던 것을 생각할 때 실로 급격한 변화였다. 클린턴이 4년 전에 대선에 출마했더라면 두카키스와 똑같은 불행의 주인공이 되었을 것이다. 그의 베트남 반전운동의 경력과 병역 기피를 국민들이 용서할 리 없었을 것이기 때문이다. 그런 점에서 1992년 선거는 "베트남전쟁이 미국 정치의 덧없는 이슈로 사라지는 새로운 시작"인 셈이다.[7]

그러나 미국이 전통적인 고립주의로 되돌아 갈 수는 없었다. 냉전은 종식되었지만 세계 도처에서 냉전 체제의 와해에 따른 갈등이 표출되고 있었다. 유고연맹이 해체되면서 해묵은 인종과 종교 충돌이 일어났고, 수많은 사람들이 '인종청소'의 희생양이 되었으며, 아프리카의 소말리아와 르완다의 내전은 대량살상으로 이어지고 있었다. 서인도제도의 아이티에서도 정치적 불안으로 수많은 목숨이 희생되고 있었다. 이러한 문제들이 미국의 국익과 직접적인 관계는 없지만 미국은 인도주의적 입장에서 그것으로부터 고개를 돌릴 수 없었다. 냉전 체제의 붕괴로 인한 미국의 전반적인 고립주의 정서 속에서 미국이 이들 문제들에 어느 정도까지 개입해야 하는지는 클린턴 행정부가 당면한 가장 큰 외교적 과제였다.

이러한 문제들은 이미 부시 행정부의 말기부터 미국 외교의 난제로 부각되고 있었다. 전반적인 국민들은 국제 문제에 무감각했으며, 민주당은 물론이요 공화당 내에서도 고립주의적인 목소리가 높

7) Melvin Small, *Democracy and Diplomacy* (Baltimore, 1996), 161.

았다. 특히 남부를 중심으로 영향력이 컸던 국수주의적인 보수주의자였던 팻 뷰캐넌Pat Buchanan과 데이비드 듀크David Duke 등은 부시 행정부의 개입 정책을 강하게 비판하였다. 이들의 고립주의는 흡사 "미국 우선주의American First"를 부르짖었던 1930년대와 매우 유사했다.[8] 부시는 개인적으로 급변하는 세계사의 변화 속에서 평화와 안정을 위해서 미국은 지속적으로 국제 문제에 적극적으로 개입을 해야 한다고 믿었지만 내부의 반발이 만만치 않았다. 1998년 회고록에서 부시는 재임 기간의 자료를 정리한 후 책의 후기postscript에서 미국은 20세기 초반의 "고립주의"와 "보호주의"로 되돌아가서는 안 되며 "미국 국경 안으로만 이기적으로 눌러 앉아 있을 수 없다"[9]라고 강조했던 점은 상당부분 공화당 내부의 고립주의자들을 겨냥한 것으로 판단된다.

되돌아보면, 탈냉전과 걸프전쟁을 전후로 세계는 급변하고 있었는데 이에 대한 미국의 역할에 대해서 정치적으로나 학술적으로 활발한 논의가 전개되지 않았던 점은 의아하다. 흔히들 '세계화globalization'는 1990년대를 대표하는 "통용어buzzword"라고[10] 하지만 이에 대한 담론은 거의 대부분이 90년대 중반이후에 생성되었고, 심지어 2000년에 들어서도 '세계화'는 정확한 개념이 확립되

8) Karl K. Schonberg, *Pursuing the National Interest: Moments of Transition in Twentieth-Century American Foreign Policy* (Westport, CT, 2003), 178.

9) George Bush and Brent Scowcroft, *A World Transformed* (New York, 1998), 566.

10) Joseph S. Nye, Jr., *Power in the Global Information Age: From Realism to Globalization* (New York, 2004), 191.

지 않는 "가장 남발된 통용어"였으며,11) 세계화가 무엇을 의미하는지, 그리고 그러한 개념 자체가 의미가 있는 것인지에 대한 공감consensus이 이루어지지 않고 있다.12) 물론 90년대 초반, '세계화'라는 용어는 사용되지 않았지만 정보통신 분야의 혁명을 중심으로 기존의 '국가'라든가 '국경'의 개념이 해체되면서 세계가 단일화되는 경향을 지적하는 저술은 있었으나13), 이것은 사회 전반의 세계화 담론을 유도하지 못했고, 무엇보다도 정치권에 영향력을 끼치지 못했다. 세계화 담론의 기폭제가 되었던 프리드만Thomas Friedman의 『The Lexus and the Olive Tree』도 1999년에 출간되었고, 헬드David Held의 『Global Transformations: Politics, Economics, and Culture』도 같은 해에 출간되었다.14) 1990년대 초반에 미국에서 가장 큰 영향력을 행사했던 책으로 1987년에 출간된 케네디Paul Kennedy의 베스트셀러 『The Rise and Fall of the Great Powers』는 다가오는 공산주

---

11) A.T. Kearney/FOREIGN POLICY Magazine Globalization Index, "Globalization's Last Hurrah?" *Foreign Policy* (January/February 2002), 1.

12) Thomas Bender, Rethinking American History in a Global Age (Berkeley, 2002), 67.

13) 그 중 가장 대표적인 저서로는, Walter B. Wriston, The Twilight of Sovereignty (New York, 1992), Robert Reich, The Work of Nations: Preparing Ourselves for 21st-century's Capitalism (New York, 1991).

14) 기타 학술적으로 중요한 저서들도 대부분 1997년 이후에 출간되었다. William Greider, *One World, Ready or Not: The Manic Logic of Capitalism* (New York, 1997), Saskia Sassen, *Globalization and Its Discontents: Essays on the New Mobility of People and Money* (New York 1997), Margaret E. Keck and Kathryn Sikkink, *Activists Beyond Borders: Advocacy Networks in International Politics* (Ithaca, 1998), Jared M. Diamond, *Guns, Germs, and Steel: The Fates of Human Societies* (New York, 1997), Jeffrey G. Williamson, eds., *Growth, Inequality and Globalization: Theory, History, and Policy* (Cambridge, 1998).

의 붕괴를 예상하지 못하고 출판되었지만, 1990년대 초반의 변화기에서 그 책이 미국의 적극적인 개입주의보다는 오히려 고립주의 정서에 더 큰 자극을 했다. 마찬가지로 후쿠야마Francis Fukuyama의 저서 『The End of History and the Last Man』 (1993)이나 헌팅턴Samuel P. Huntington의 논문 "The Clash of Civilization" (1994)도 결과적으로 고립주의 정서에 기여했다고 볼 수 있다.

이처럼 가속화되는 세계화의 흐름에 대응하는 정치적, 학술적 연구가 미비한 상태에서 세계화에 대한 미국 외교의 원칙을 세우는 것은 쉬운 일이 아니었다. 실제로 부시 대통령과 그 뒤를 이은 클린턴 대통령의 회고록이나 공개된 기록들을 살펴보면 이에 대한 행정부 차원의 연구가 심도 있게 진행되지 않았음을 알 수 있다. 이는 냉전 초기 새로운 세계 질서에 대응하는 미국의 외교와 비교할 때 실로 의아해 하지 않을 수 없다.

이런 점에서 세계화 시대에 외교 문제를 국내의 경제 활성화의 연속으로 연계하고자 했던 클린턴 행정부의 외교 정책은 주목할 가치가 있다. 클린턴은 당선 직후에도 선거 운동 내내 강조했듯이 경제와 민생 및 기타 국내 문제에 최우선의 관심을 보였다. 그는 이미 미국 경제는 깊은 침체기에 접어들었고, 이런 상황에서 국제 사회에서 미국의 지도력을 발휘하는 것은 한계가 있다는 것을 알고 있었다. 1989년에 이르러 미국은 이미 채권국가에서 채무국가로 변했으며, 미국의 해외 채무는 5천말 달러를 넘어서고 있었다.[15] 또한

15) Karl K. Schonberg, *Pursuiing the National Interest: Moments of Transition in Twentieth-Century American Foreign Policy* (Westport, Conn., 2003), 176.

외교 분야의 경험이 없는 클린턴이 국무장관에 워렌 크리스토퍼Warren Christopher, 안보담당보좌관에 안토니 레이크Anthony Lake를 임명한 것은 그가 대략 어떤 방향의 외교 정책을 추구할 것인가를 시사하고 있었다. 크리스토퍼는 경제적 안정과 번영에 근거해서 민주주의와 인권을 확장하는 것이 미국 외교의 목표가 되어야 한다고 믿었다. 이를 위해서 그는 강대국 간에 생산적인 관계가 유지되어야 하며 유엔을 비롯한 국제 사회의 긴밀한 협조가 구축되어야 한다고 믿었다.[16] 크리스토퍼는 클린턴 당선 후 대통령 인수위원회의 외교담당 책임자로서 클린턴에게 탈냉전의 세계는 너무 복잡하게 얽혀있기에 서둘러서 기존의 '봉쇄' 원칙을 대체할 어떤 새로운 '독트린'을 발표할 필요가 없다고 조언했다.[17] 레이크 역시 국제사회에서 미국의 지도력을 발휘하기 위해서는 미국과 국제 사회의 긴밀한 협조가 우선되어야 한다고 믿었다. 그는 변화하는 국제 사회의 환경에서 미국은 고립주의나 적극적인 개입주의보다는 양자를 필요에 따라서 조화시키는 정책을 펴야 한다고 믿었다. 그는 이를 "실용적인 신윌슨주의pragmatic neo-Wilsonianism"라고 이름을 붙였다. 즉, 기본적으로는 윌슨의 이상주의적인 국제주의를 추구하지만,

---

16) Edward S. Mihalkanin, *American Statesmen: Secretaries of State from John Jay to Colin Powell* (New York, 2004), 117-118. 클린턴은 1992년 대통령 선거에서 그의 외교 분야의 취약점을 보완하기 위해 카터 행정부 시기 국무차관을 지냈으며, 민주당 내에서 가장 중요한 '외교통'으로 알려진 워렌 크리스토퍼를 런닝메이트 후보로 염두에 두기도 했다. James D. Boys, *Clinton's Grand Strategy: US Foreign Policy in a post-Cold War world* (New York, 2015, Kindle edition), Loc 726, 1173.

17) Ibid., Loc 1189.

그것을 추구하는 방법은 시어도어 루스벨트가 추진하였던 '힘의 외교'는 지양해야 한다고 믿었다. 국제간의 분쟁은 근본적으로 해당 국가들의 문제이기 때문에 윌슨과 같은 적극적인 개입 역시 지양해야 한다는 것이다. 그는 미국의 안보는 "상대 정권의 성격"에 의해 형성되기에 개개 국가의 상황에 맞추어 유연하게 외교 정책을 수립해야 한다고 보았다.[18] 레이크는 평생을 세계 속에 미국이 가져야 할 힘과 세계에 대한 책임과의 사이에 어떤 균형을 가져야할 지에 대한 고민을 했던 학자로서, 탈냉전 시대를 "더 낫고 안전한 세계를 위한 민주주의의 약속"을 추구해야할 시기로 보면서, 베트남 전쟁 이후 불명확했던 민주당의 외교 정책을 재정립해야 할 기회로 여겼다.[19]

대통령이 경제 및 국내 문제에 치중함에 따라 클린턴 행정부의 외교팀은 그 어느 시기보다 외교 문제에 있어서 주도적인 역할을 할 수밖에 없었다.[20] 클린턴 행정부의 외교 원칙을 가장 먼저 가시적으로 표명한 것도 대통령이 아니라 레이크였다. 1993년 9월 21

---

18) Anthony Lake, "From Containment to Enlargement," Speech given at the School of Advanced International Studies, Johns Hopkins University, September 21, 1993. Alvin Z. Rubinstein, et al, eds., *The Clinton Foreign Policy Reader: Presidential Speeches with Commentary* (Armonk, NY, 2000), 20-27.

19) Boys, *Clinton's Grand Strategy*, Loc 428.

20) 크리스토퍼는 대통령에게 외교 문제에 대한 주례 브리핑을 제안했지만 클린턴은 받아들이지 않았다. 레이크의 경우도 마찬가지였다. 직책상 거의 매일 대통령을 만났지만 레이크는 대통령의 외교 문제에 대한 관심 부족으로 브리핑을 간소화 할 수밖에 없었다. Mihalkanin, *American Statesmen*, 118. William G. Hyland, *Clinton's World: Remaking American Foreign Policy* (New York, 1999), 20.

일, 레이크는 존스 홉킨스 대학에서 가진 연설에서 미국 외교의 목적은 민주주의를 보존하고, 촉진하며, 보호하는 것이라고 선언하였다. 그는 시장 경제와 민주주의를 "확대enlargement"하는 전략이 기존의 공산주의를 "봉쇄containment"하는 전략을 대체할 것이라고 밝혔다. 또한 이러한 "확대" 전략을 수행하는데 미국은 미국의 힘에 의존한 독자적인 정책을 펴기보다는 "다자주의"적 원칙에 의거해서 유엔 및 국제 사회의 공조를 꾀할 것이라고 밝혔다.[21)]

레이크의 9월 21일 연설은 클린턴 행정부가 구상하는 미국의 탈냉전 외교 원칙에 대한 선언이었다. '레이크 선언'은 '민주주의 확대'라는 다소 추상적인 원칙을 내세워서 미국 주도의 시장 경제의 확대를 내세우는 것으로서 발표 당시 별다른 주목을 받지 못했다. 하지만 역사가 브링클리Douglas Brinkley가 지적했듯이 '레이크 선언'은 사실상 '클린턴 독트린'으로서 "클린턴이 매일 결정해야 할 외교정책의 원칙을 제공하는 개념"이었다. 미국이 공산주의 봉쇄에 목적을 둔 냉전 시대를 접고, 민주주의와 자유시장의 '확대'에 근거한 새로운 미국 외교의 원칙과 목적을 추구한다는 중대한 선언이었다. 트루먼 독트린이 냉전을 알리는 선언이었다면, 클린턴 독트린은 탈냉전 시대에 미국의 외교원칙을 공표하는 선언이었다.[22)]

---

21) Lake, "From Containment to Enlargement."

22) "Democratic Enlargement: The Clinton Doctrine" by Douglas Brinkley, in *Foreign Policy* (Spring 1997), 2400 N St. N.W., Washington, D.C. 20037-1153. http://archive.wilsonquarterly.com/in-essence/clinton-doctrine 김봉중, "탈냉전과 '제국'의 재편성 - 미국의 NATO 확장정책을 중심으로,"『역사학보』 제217집 (2013. 3.), 198.

Ⅲ.

'레이크 선언'은 국내에서 별다른 반향을 얻는 데 실패했다. 누구도 '레이크 선언'을 클린턴 독트린으로 명명하지 않았다. 이를 예상했는지 클린턴은 '레이크 선언'으로 대표하는 탈냉전 정책을 확인시키는 돌파구로 NAFTA의 비준을 선택했다. 클린턴은 NAFTA를 그가 추구할 자유 무역, 자유 시장, 번영의 증진에 근거한 민주당의 새로운 전략을 형상화하는 핵심적인 요소이자, 미국의 외교를 국내 경제와 연동시켜 하나의 대전략grand strategy으로 구체화 할 수 있는 최고의 수단으로 여겼다.[23] 레이크 선언 불과 일주일 전인 9월 15일 클린턴 대통령은 부시를 비롯해서 카터Jimmy Carter와 포드Gerald Ford 등 전직 대통령들을 백악관에 초대한 자리에서 NAFTA의 중요성을 강조했다. 그 자리에서 클린턴은 NAFTA에 대한 부정적인 생각은 그것이 미국 중산층의 위치를 위태롭게 만들 것이라는 "두려움과 불안감"에서 파생한 것으로서 변화의 시대에 적절하지 않는 태도이며, NAFTA가 미국인들의 직업을 앗아갈 것이 아니고 오히려 "미래의 직업을 창출할 것"이라는 점을 강조했다.[24]

9월 15일 백악관 연찬은 일종의 NAFTA 비준을 위한 '출정식' 성격을 띠고 있었다. 연찬에는 전직 대통령들뿐만 아니라 9명의 주지사와 60명의 연방 의원들을 포함해서 300 여명의 인사들이 초대

23) Boys, *Clinton's Grand Strategy*, Loc 4438.

24) "Office of the Press Secretary," September 15, 1993, Clinton Presidential Records Mandatory Declassification Review. http://clinton6.nara.gov/1993/09/1993-09-15-nafta-notes-nafta-kick-off.html

되었기에, 클린턴은 작심하고 그 자리를 통해 그가 NAFTA의 비준을 본격적으로 추진한다는 것을 알리고자 했다. 그래서 백악관 내부 문서에서도 그 모임의 부제를 'NAFTA 출정Kick-Off'이라 명명한 것 같다.[25]

클린턴의 NAFTA 출정식을 계기로 그 동안 잠복되었던 NAFTA 논쟁은 순식간에 재점화 되었다. 언론 매체는 연일 NAFTA 관련 이슈를 다루었으며, 관련 기관들은 신문지상에 찬반 광고를 싣기 시작했다. 9월 22일 워싱턴포스트지에는 "NAFTA의 여덟 가지 치명적 문제점"이라는 대형광고가 실리기도 했다.[26] NAFTA에 대한 찬반 논쟁이 처음에는 순수하게 경제적인 측면에서 그 실효성과 이해관계를 따지는 것에 한정되었다. NAFTA 반대론자들은 주로 NAFTA가 미국 노동 시장의 악화, 실업률의 증가, 불법 이민자들의 폭증, 환경오염의 악화 등으로 인해 미국인들의 임금과 생활수준을 낮출 것이라고 비판했다. 그러다 뷰캐넌Pat Buchanan과 페로Ross Perot 등 극우세력들이 NAFTA가 단순한 경제적인 문제뿐만 아니라 미국의 가치와 문화를 피폐하게 만드는 결과를 초래하게 만들 것이라며 기존의 고립주의isolationism와 보호무역주의protectionism를 내세우자 NAFTA는 미국의 문명 전반에 걸친 이데올로기적 논쟁으로 비화하기 시작했다.[27] 일반 대중들이 NAFTA에 대한 세세한 조항

25) Ibid.

26) "Eight Fatal Flaws of NAFTA," Newspaper Advertisement, *Washington Post*, Sept. 22, 1993, A29.

27) Amy Skonieczny, "Constructing NAFTA: Myth, Representation, and the Discursive Construction of U.S. Foreign Policy," *International Studies Quarterly*

을 정확히 이해하기 힘들뿐만 아니라, 항목 별로 이해관계가 다양하게 충돌하기 때문에, NAFTA 논쟁은 자연스럽게 이데올로기적 논쟁으로 단순화될 수밖에 없었다. 그래서 언론 매체나 전문가들은 "세세한 무역 협정에 대한 논쟁보다는 자유 무역에 대한 추상적인 논쟁을 중심으로 '큰 그림the big picture'에 치중"하게 되었다.[28] 이러한 비판의 저변에는 미국인들이 갖는 멕시코에 대한 부정적인 이미지가 절대적인 영향을 끼쳤다. 대다수의 미국인들은 멕시코에 부정적인 시각을 갖고 있었으며, 이것은 라틴아메리카에 대한 오랜 이미지와 관련이 있었다. 1993년 8월 갤럽 조사에 의하면 미국인들은 64대 26이라는 압도적인 차이로 NAFTA에 부정적인 의견을 피력했다.[29]

11월 하원 투표를 불과 두 달 앞둔 9월까지만 해도 NAFTA 비준은 불가능해보였다. 모든 언론 매체는 NAFTA가 통과되지 못할 것이라고 예측했다. 9월 15일 백악관 연찬을 다루면서 *Wall Street Journal*은 클린턴이 특별한 노력을 기울이지 않고는 NAFTA에 대한 부정적인 여론을 바꾸기가 힘들 것이라고 판단했다.[30] 9월 16일 *Los Angeles Times*는 현재의 클린턴 행정부의 노력으로는 반대 여론을 잠재울 수 없을 것이라고 내다봤다.[31]

45:3 (Sep. 2001), 447-449.

28) Byron L. Dorgan, "NAFTA Debate That Never Was," *Columbia Journalism Review*, Jan./Feb., 1994, 47.

29) Skonieczny, "Constructing NAFTA," 434.

30) G. Seib, "Clinton Needs to Sway the Public on NAFTA Issues as Poll Shows That Many Oppose the Agreement," *Wall Street Journal*, Sept. 15, A24.

31) J. Broder, and J. Gerstenzang, "Campaign to Sell Free Trade Pact Gets Off to

이러한 여론을 감안할 때, 클린턴으로는 NAFTA 비준을 강행하는 것이 정치적 도박이나 다름없었지만 클린턴은 남은 두 달 동안 NAFTA 비준을 성사시키기 위해 진력을 다했다. 백악관 기록을 보면 9월 15일 백악관 연찬부터 11월 17일 하원 투표일까지 클린턴은 하루가 멀다 하고 온통 NAFTA 문제에 천착했음을 알 수 있다. 클린턴은 사적으로는 반대하는 의원들에 대한 개별 접촉을 통해 그들의 생각을 바꾸도록 공을 들였고, 공적으로는 노조방문, 언론과의 대담, 라디오 연설 등 갖가지 방법을 동원해서 미국의 미래를 위해서 NAFTA의 중요성을 강조했다. 한 예로, 10월 4일 클린턴은 캘리포니아 주의 새크라멘토에서 타운미팅(town meeting)을 열어 NAFTA의 중요성에 대해 주민들과 직접 대화까지 시도했다.[32] 타운미팅은 주로 대통령 선거 운동 기간에 개최되는 행사였던 점을 고려할 때 클린턴이 어느 정도 NAFTA 비준을 위해 열의를 쏟았는지를 알 수 있다. 10월 4일 백악관 기록을 보면, 대통령은 전 주 금요일(10월 1일)에 NAFTA 비준을 위해 결정을 못하고 있는 의원들과 회동을 통해 초당적 협조를 부탁했고, 그 주 수요일과 목요일에도 그러한 회동 일정을 세웠으며, 목요일에는 각 주에 NAFTA가 미칠 영향을 설명하기 위해 주지사 초청 간담회까지 계획했다.[33]

클린턴 대통령은 NAFTA 유세 동안 NAFTA가 미국 경제에 가져올 긍정적인 영향 등 경제적인 측면만 조명하지 않았다. 그는

Limp Start," *Los Angeles Times*, Sept., 16, A11.

32) "NAFTA Notes" October 4, 1993, Clinton Presidential Records Mandatory Declassification Review.

33) Ibid.

NAFTA가 탈냉전기의 세계사적 전환기에서 미국이 그 동안 지켜온 미국적 전통과 가치를 통해 세계에서 다시 한 번 지도력을 발휘하기 위한 상징적인 노력임을 강조했다. 9월 27일 UN 총회 개막연설에서 클린턴은 "국가를 초월해서 전 세계의 경제적, 기술적 요소들이 세계를 통합integration으로 이끌고 있으며, 이러한 힘은 기업정신과 정치적 자유political liberalization를 위한 바람직한 촉매작용"이라고 주장하며, 이러한 통합의 시대의 "독poison"인 "고립주의와 보호무역주의"를 벗어나야 한다고 역설했다. 그는 계속해서 "우리는 국민들에게 당면한 불안감을 벗어나서 그들이 더 넓은 지평을 볼 수 있도록 격려해야 한다."고 당부했다.[34]

이는 불과 6일 전에 발표된 '레이크 선언'과 거의 같은 맥락의 내용이었다. 다만 차이가 있다면 레이크는 시장개방과 민주주의의 연계에 근거한 미국 외교의 원칙을 공표한 반면, 클린턴은 이러한 미국 외교 원칙의 기조를 명확히 하는 데 NAFTA가 가장 중요한 바로미터임을 강조한 것이다. 클린턴은 NAFTA가 가져올 미국 경제에 대한 구체적인 이득을 따지면서 NAFTA 반대파를 무마하려고 했지만, 그가 궁극적으로 추구하고자 했던 것은 NAFTA를 통해 새로운 변화에 직면해서 불안해하는 국민들에게 시장개방이 세계 민주주의를 확대하고 더욱 공고히 하는 데 주요한 도구임을 인식시키고자 했다. 그렇기에, 클린턴은 이러한 심리적이고 정서적인 부분을 거듭 강조하면서, NAFTA의 중요성을 강조했던 것이다. 11월

34) "Office of the Press Secretary," September 27, 1993, Clinton Presidential Records Mandatory Declassification Review.

16일, NAFTA 비준에 대한 하원 투표가 있기 바로 전날, 클린턴은 주지사들을 백악관에 초청해서 행한 연설에서 "내일 의회에서 있을 투표는 과거와 미래에 대한 투표"이기에, "의회는 두려움보다는 희망에, 과거보다는 미래에 투표해야 하며, 미국인들이 경쟁 능력이 있으며 그 경쟁에서 승리할 수 있다는 확신에 투표해야 한다."고 역설했던 것이다.[35)]

NAFTA에 대한 클린턴의 이러한 정서적인 접근은 실효가 있었다. 일반 국민들은 이해하기가 복잡하고 난해한 NAFTA의 개별 조항에 대한 논쟁보다는 NAFTA가 보여주는 범국가적 '신화[myth]'와 이미지에 관심을 가질 수밖에 없었다. 그래서 NAFTA는 미국의 꿈[Dream], 미국의 예외주의[Exceptionalism], 미국의 인민주의[Populism]로 구분되는 미국적 신화에 대한 논쟁이라고 할 수 있다.[36)] 이것은 11월 9일 CNN 방송의 영향력 있는 정치대담 프로인 'Larry King Live'에서 NAFTA를 놓고 벌인 페로와 고어[Al Gore] 부통령의 논쟁에서도 잘 드러났다. 페로는 1992년 대선 유세 때부터 NAFTA를 비판했으며, 선거후에도 지속적으로 NAFTA 비판을 주도했던 'NAFTA 전문가'로서 부통령 고어가 상대하기에는 버거운 존재였다. 하원 투표를 일주일 앞두고 당시 미국 내에서 가장 뜨거운 감자였던 NAFTA 이슈를 놓고 행정부를 대표해서 고어가 TV 토론에 응한다는 것은 위험부담이 클 수밖에 없었다. 그럼에도 클린턴은 고어에

---

35) "Remarks by the President to Governors for NAFTA," Ibid., November 16, 1993,

36) H. Lotz, "Myth and NAFTA: The Use of Core Values in U.S. Politics," In *Culture and Foreign Policy*, edited by V. Hudson (Boulder, CO., 1997), 73-96.

게 TV 출연을 허락했고, 고어는 그 동안 클린턴이 했던 것과 같이 NAFTA가 그 자체로는 불완전하지만 미국적 가치의 발현이며, 미국이 미래로 도약할 수 있는 계기를 제공할 것이라고 역설했다. TV 토론은 결과적으로 고어의 승리였다. 국민들은 미국의 미래에 대한 불안, 두려움, 공포를 드러낸 페로보다는 희망과 자신감을 보여준 고어에게 더 호감을 보였다.[37] 백악관은 공식 논평을 통해 고어-페로 논쟁을 계기로 여론은 친NAFTA 쪽으로 급격히 기울기 시작했다고 발표했다.[38]

1993년 11월 17일 하원은 234 대 200으로 NAFTA 비준안을 통과시켰고, 11월 20일 상원은 60대 38로 통과시켰다. 12월 8일 클린턴 대통령은 다음 해 1월 1일부터 효력을 발휘하는 비준안에 서명했다. 이렇게 해서 짧지만 논란이 컸던 NAFTA가 비준되었다.

클린턴은 미국 경제를 위해서 아메리카 대륙뿐만 아니라 아시아 지역의 중요성도 강조하였다. 이미 미국 무역의 40%를 차지하고 있는 아시아-태평양 지역은 미국 경제의 주요한 부분이 되었다. 미국 상무부에서 발표한 10개의 대규모 신흥 시장10 Big Emerging Markets 국가 중에서 중국, 한국, 타이완, 인도네시아 등을 포함한 아시아 지역은 다른 어떤 지역보다도 경제적 성장 가능성이 높았고, 특히

---

37) Karl G. Trantman, "Getting Out the Vote: President Clinton, the U.S. Congress, and the Passage of the NAFTA." Conference Draft, presented at the 1994 Western Social Science Association Annual Meeting in Albuquerque, New Mexico on April 21, 1994. http://writings.karltrautman.com/files/9/3/0/8/8/296046-288039/NAFTA.pdf

38) *The New York Times*, "The Free Trade Accord; Both Sides Assert Gain After Debate Over Trade Accord," by Gwen Ifill, Nov. 11, 1993, p.1.

미국과의 무역 의존도가 높았기 때문에 클린턴은 이 지역을 미국 경제의 "생혈(生血)lifeblood"로 보았다. 클린턴은 실질적으로 미국 역사상 처음으로 아시아를 미국 경제와 세계 경제를 지탱하는 주요 축으로 인정하는 대통령이 되었다. 그는 또한 이전 냉전 시기 대통령들과는 달리 일본을 그 경제적 영향력에 따라 서구 경제 체제의 일원으로 보기보다는 아시아 경제 블록의 일원으로 보았다.[39] 그는 1994년 18개 국가로 구성된 아시아태평양경제협력회의 APEC(Asia Pacific Economic Cooperation)에 미국을 가입시킴으로써 기존의 APEC 기구에 더욱 활력을 불러일으켰을 뿐만 아니라 미국과 아시아 국가들과의 관계를 한층 긴밀하게 만들었다.

클린턴 행정부는 중국과의 관계에서도 경제 우선 원칙을 고수하였다. 클린턴은 선거 유세 기간 부시 대통령이 중국의 인권 문제를 무시하고 중국과의 유화정책을 편다고 비판했으나, 정작 대통령이 된 후에는 부시보다도 더욱 긴밀하게 중국과의 경제 교류를 확대시켰다. 1994년 5월에 클린턴은 중국을 미국의 최혜국 국가로 그 지위를 재차 승인하였고, 그해 10월 론 브라운Ron Brown 상무장관을 대표로 하는 기업 사절단을 중국에 파견해서 중국과의 무역 확대를 꾀하였다. 중국의 인권 문제에 대한 미국 행정부의 관심을 유발하려던 인권 단체들과 의회 지도자들, 그리고 언론의 비판이 쏟아 졌지만[40] 클린턴은 중국이 자본주의 체제로 정착을 해야만 점진적으

39) 클린턴은 미국의 APEC 참여를 시사하며 "이제는 미국이 일본과 [아시아-태평양] 지역의 다른 국가들과 함께 새로운 태평양 공동체를 구성할 시기가 도래했다"고 선언했다. William Jefferson Clinton, "Foreign Policy Speech," *Weekly Compilation of Presidential Documents* (Washington, D.C., 1993), 1274.

로 민주주의와 인권이 향상될 것이라고 믿고 중국에 대한 경제 우선 정책을 고수하였다.[41)]

Ⅳ.

1949년 4월 4일 NATO가 공식적으로 구성되면서 사실상 냉전의 군사적 체제가 완비되었다고 할 수 있다. NATO는 외부의 군사적 침략에 대비해서 회원국 간의 상호방위를 약속한 역사상 가장 강력한 집단 방위체제였으며, 그 체제의 주축은 미국이었다. NATO 초대 사무총장 이스메이[Lord Ismay]가 밝혔듯이 NATO의 목표는 유럽에서 "러시아인을 축출하고, 미국인들을 끌어들이고, 독일인들을 묶어두는 것"[42)]이었기에, NATO는 소련이 존재하는 한 미국이 주도하는 서유럽 집단 방어체제이자, 제국으로서 미국의 존재를 대내외적으로 확인시키는 가장 중요한 기구라고 할 수 있다. 하지만 이

40) 클린턴 초기 외교에 대한 학계의 비판 역시 그의 중국 정책에 초점이 맞추어져 있다. Larry Berman and Emily Goldman, "Clinton's Foreign Policy at Midterm," in *The Clinton Presidency: First Appraisals*, ed. Colin Campbell and Bert Rockman (Chatham, NJ, 1996), 291. Donald M. Snow and Eugene Brown, *Puzzle Palaces and Foggy Bottom* (New York, 1994), 65.

41) 동아시아 담당 차관보 윈스턴 로드(Winston Lord)는 상원의 임명 인준 청문회에서 중국은 폐쇄적인 정치체제를 유지한 채 자유시장 제도를 도입하는 "도박"을 하고 있는데, 이는 실패할 도박이며, 자유시장 제도가 결국은 중국의 정치를 민주화시킬 것으로 증언했다. Winston Lord, testimony in his Senate confirmation hearings, in U.S. Department of State Dispatch, April 5, 1993. Hyland, *Clinton's World*, 111.

42) David Reynolds, The Origins of the Cold War in Europe: International Perspectives (New Haven, 1994), 94.

스메이가 밝힌 NATO의 존립 목적이 1989년 베를린 장벽의 붕괴와 바르샤바조약기구 국가들의 탈소련화, 그리고 궁극적으로 소련의 붕괴에 따라 그 목적이 상실되고 말았다. 외교 전문가들은 소련의 붕괴에 따라 NATO도 자연적으로 해체될 것이라고 예견하기도 했다.[43] 소련과 바르샤바조약기구의 해체는 NATO의 해체를 의미하며, 해체되지 않는다 해도 공공의 적이 사라진 이후 회원국 사이에 NATO 유지에 따른 경제적 지분을 놓고 갈등이 불거질 소지가 다분했다.

베를린 장벽이 무너지고 동유럽 공산주의 체제가 와해되기 시작하자 NATO 회원국들은 NATO의 역할에 대한 신속한 변화를 시도하기 시작했다. 1990년 7월 NATO의 런던 정상회담에서 NATO는 소련, 헝가리, 체코슬로바키아, 폴란드, 루마니아, 불가리아 국가들을 초대해서 NATO 회원국과의 정기적인 외교 연락망을 구축했다. 특히 이러한 변화의 움직임에 가장 주도적이었던 국가는 독일이었다.[44] 통일 독일의 가장 큰 관심은 그들의 동부 국경 인접 국가들과 소련과의 안전보장이었기 독일은 그들의 안보와 번영을 위해서 적어도 헝가리, 체코, 폴란드 3국을 NATO에 편입시켜야 한다고 주장했다. 독일 외무장관 겐셔Hans-Dietrich Genscher는 이러한 NATO 확장이야말로 "동부와 서부 유럽의 민주주의와 전체 유럽을 위한 대서양 양국 간의 안보 다리"를 구축할 것이라고 밝혔다.[45]

43) John Mearsheimer, "Back to the future: Instability in Europe after the cold war," International Security 15 (1990), 52.

44) Ronald D. Asmus. Opening NATO's door : how the alliance remade itself for a new era (New York, 2002), 79.

그 동안 소련의 영향권에 있었던 국가들과 민족들 역시 NATO의 이러한 움직임에 적극적으로 호응했다. 헝가리, 폴란드, 체코슬로바키아 등과 같이 이전 바르샤바조약기구의 중심 국가들은 물론이고 벨 라루스, 에스토니아, 라트비아, 리투아니아, 우크라이나 등은 1993년부터 민주주의를 채택하며 서구화를 가속화했으며, NATO 회원국으로 편입되기를 갈망했다. 이렇듯 이전 바르샤바조약기구 국가들과 소련으로부터 독립한 국가들이 민주주의를 선택하자 유럽의 NATO 회원국들은 NATO의 확대가 "이들 신생 민주주의를 위해서나 그들 간의 민주주의를 위해서 하나의 규범이 될 수 있는 움직임"이 될 것이라고 안도하기 시작했다.[46)]

유럽에서 NATO 확대 논의가 시작되었지만, 정작 NATO의 주도국이라 할 수 있는 미국에서는 이런 문제가 이슈화되지 못하고 있었다. 하지만, NATO 확장의 민감한 이슈에 부시 대통령은 적극적으로 의견을 제시하길 꺼려했다. 1992년 7월 10일 헬싱키에서 헝가리 총리 안톨Jozsef Antall을 만난 자리에서 NATO 이슈를 먼저 꺼낸 사람은 부시가 아니라 안톨이었다. 안톨 총리는 "NATO는 유럽의 안전을 보장하는 가장 중요한 기구"임을 강조하며, "유럽 통합과는 별개"로 NATO에 대한 미국의 생각을 지지할 것이라고 했다. 하지만 부시는 이에 대한 한 마디의 대꾸도 없이 화제를 돌렸다.[47)] 부

45) Donald M. Hancock and Helga A. Welsh, eds., German Unification: Process and Outcome (Boulder, 1994), 266.

46) David Yost, NATO transformed: the alliance's new roles in international security (Washington D.C.. 1998), 124.

47) Public Papers, George Bush Presidential Library and Museum. "Exchange With

시 대통령은 전 날 유럽안보협력회의 연설에서 NATO가 유럽의 평화를 위해서 중요하긴 하지만, 서유럽연합WEU과 같은 다른 기구들과 함께 평화를 구축해야 한다고 설명하며, NATO 확장에 대한 직접적인 언급을 회피했다.[48)]

이러한 수동적인 미국 정책의 배경에는 미국 내에서 "현저하게 목소리가 높아가고 있는 고립주의"정서에 있었다.[49)] 고립주의 정서는 부시 행정부 내내 계속되었고, 1992년 대통령 선거에도 마찬가지였다. 탈냉전 후 처음 맞는 1992년 선거에서 국제 문제나 미국의 외교정책은 국민들의 관심에서 벗어났다. 결국 미국 역사상 가장 외교적 경험과 자질이 풍부했으며 걸프 전쟁의 영웅으로 사상 가장 높은 인지도가 높았던 부시 대통령은 재선에 실패하고 말았다.

새로운 행정부가 들어섰지만 유럽 상황에 대한 '지켜보기' 기조는 계속되었다. 클린턴 대통령은 취임 이후에도 한 동안 유럽 문제에 대한 뚜렷한 정책을 드러내지 않았다. 이미 소련은 붕괴되었고 소련의 위성국가들 대부분이 NATO에 편입되기를 원하고 있는 상황에서 미국의 새로운 행정부는 조용히 관망만하고 있었다. 미국 밖 세상에 대해 무관심한 국민들은 행정부를 압박하지 않았고, 행

Reporters Prior to Discussions With Prime Minister Jozsef Antall of Hungary in Helsinki, Finland," July 10, 1992. http://bushlibrary.tamu.edu/research/public_papers.php?id=4557&year=&month=

48) Public Papers, George Bush Presidential Library and Museum. "Remarks to the Conference on Security and Cooperation in Europe in Helsinki, Finland," July 9, 1992. http://bushlibrary.tamu.edu/research/public_papers.php?id=4555&year=&month=992-07-09

49) George Weigel, "On the Road to Isolationism?" *Commentary* (January 1992), 36.

정부도 조급하게 유럽 문제에 대한 새로운 원칙을 내세우는데 서두르지 않았다.

클린턴 행정부가 들어선 후 9개월 만에야 외교정책에 대한 새로운 원칙과 비전이 제시되었다. 바로 "민주주의와 자유시장의 확대" 원칙을 공포한 '레이크 선언'이었다. 앞에서 설명했듯이 레이크 선언은 NAFTA를 추진하는 행정부의 주요 원칙이 되었다. 뿐만 아니라, 그 동안 애매하게 표류되었던 NATO 확장 문제도 탄력을 받게 되었다. 레이크 선언이 발표된 후 한 달 뒤인 10월 21일, 국방장관 아스핀Les Aspin이 NATO 국방장관 회의에서 NATO 확장 정책을 표방했고, 3개월 뒤인 1994년 1월 10일, 클린턴 대통령이 NATO 정상회담에서 그것을 공식화했다. 클린턴은 그 회담에서 NATO 회원국은 "21세기 대서양 공동체의 새로운 미래를 위한 새로운 안전을 구축"해야 할 의무를 갖게 되었으며, "유럽은 여전히 미국의 이익에 중심에 위치하며 미국은 새로운 기회를 활용하기 위해 미국의 동반자들과 함께 노력을 다할 것"이라고 선포했다.[50)]

NATO와 동유럽의 문제에 있어서도 클린턴 행정부는 경제적인 면을 우선적으로 고려했다. 클린턴은 NATO가 이데올로기적이며 군사적인 기구에서 동유럽의 경제를 세계 자본주의 체제 속에 편입시키는 역할을 해야 한다고 보았다. 그래서 NATO가 이전의 방어적이며 수동적인 역할에서 적극적이며 능동적으로 유럽의 경제를 세계 자유시장 체제의 안전을 유도하는 기구로 변화되기를 원했다. 바로 이러한 이유 때문에 클린턴은 폴란드, 체코, 헝가리를 NATO

---

50) Boys, *Clinton's Grand Strategy*, Loc 3651.

회원국으로 가입시키기 위해 외교력을 발휘했던 것이다.

그러나 클린턴 행정부는 NATO 확장 계획은 기존의 이데올로기나 군사적인 확장이 아니라 장기적으로 보다 안정되고 평화로운 유럽 체제를 보장하는 것이라는 점을 강조하며 의회와 러시아의 동의를 얻어내는데 성공했다. 1999년까지 한 때 유럽 공산주의 군사동맹의 주축이었던 폴란드, 체코, 헝가리가 이제는 NATO 회원국으로 가입한 것은 베를린장벽이 무너지고 소련을 비롯한 동유럽의 공산화가 와해된 후 10년 만에, 이러한 역사적 흐름을 재확인하는 동시에 유럽의 새로운 질서의 시작을 알리는 상징적인 사건이었다.

V.

1993년 11월 18일, 시애틀에서 APEC(아시아-태평양경제협력체) 회의가 열렸다. 클린턴이 하원의 NAFTA 비준안 투표 다음 날로 APEC 회의 날짜를 잡은 것은 의미심장하다. 이는 클린턴이 NAFTA 통과를 확신하고 있었다는 점을 방증하는 것이기도 하지만, 만약 통과되지 않을 경우에 미국 대통령이 아시아 정상들 앞에서 체면을 세울 수 없을 것이기 때문에 임기 첫 해의 클린턴에게는 부담스러운 도박일 수밖에 없었다. 클린턴은 이러한 부담에도 불구하고 NAFTA의 출범이 향후 미국의 미래를 위해 절대적인 전제임을 의회에 각인시켜서 NAFTA 비준을 통과시키고자 했던 것이다. 클린턴의 이러한 "자신만만한 리더십Standing Tall Leadership"이 결과적으로 성공을 거둔 셈이다.[51]

하원 통과 직후 발표한 성명서에서 클린턴은 그가 다음 날 시애

틀에 가서 아시아-태평양 15개 국가 원수들에게 미국이 추구하는 시장 개방 정책에 편승해 줄 것을 요구할 것이라고 밝혔다. 동시에 그는 라틴아메리카 국가들과 다른 유럽 및 아시아 국가들에게 시장 개방 정책과 민주주의의 동반 성장을 추구하는 미국의 정책에 동조해 줄 것을 요구할 것이라고 설명했다.[52)]

클린턴은 NAFTA의 성사를 단순히 미국의 새로운 대외 경제 정책의 근간으로만 보지 않았다. 그는 이것이 미국의 운명을 결정짓는 "결정적인 순간defining moment"임을 지적하며 미국 역사의 새로운 장을 여는 신호탄이라고 강조했다. 클린턴은 1차 대전 이후 미국이 밖으로 눈을 돌리지 않고 안으로만 돌리면서 미국의 경제에 대해 "보호 장벽을 설치했고" 이로 인해 "궁극적으로 대공황과 또 다른 세계전쟁을 낳았던" 과거의 실수를 상기하며, 이제는 이런 실수가 되풀이하지 않아야 하기에, NAFTA와 함께 미국은 "자신감을 갖고 21세기 세계를 주도할 태세"를 갖추게 되었다는 점을 강조했다.[53)]

클린턴이 이러한 '자신감'을 내세운 이유는 탈냉전 초기의 불확실한 세계사적 전환기에 불안해하는 국민의 정서를 고려한 것으로 볼 수 있다. 그가 NAFTA의 성사를 미국의 미래를 위한 '결정적인

51) "Standing Tall Leadership" *Newsweek*, "Standing Tall Leadership Clinton gambled and won on NAFTA. Now he takes on race, education and health care," by Joe Klein, Nov. 29, 1993, p. 29.

52) "Remarks by the President After House Nafta Vote," November 17, 1993, Clinton Presidential Records Mandatory Declassification Review.

53) Ibid.

순간'이라는 표현까지 하면서 그 중요성을 강조한 배경에는 탈냉전과 함께 등장한 개입주의와 고립주의간의 논쟁과 그에 따른 국내의 혼란과 분열을 염두에 둔 것이다. 탈냉전과 함께 미국은 오랫동안 그 용어조차 생소해졌던 고립주의가 부활했으며, 미국인들의 관심사는 국제문제보다는 국내문제에 쏠렸다. 클린턴은 탈냉전 초기의 난제를 해결할 실마리를 NAFTA에서 찾은 것이다. 그리고 클린턴의 선택은 성공했다. 이후 NAFTA는 미국 내에서 계속해서 논란의 대상이 되었던 것은 사실이지만, 궁극적으로 탈냉전 시기 미국의 새로운 질서의 하나로 정착하게 되었다. 클린턴 행정부가 NAFTA를 "국가 안보, 번영 증진, 민주 촉진에 근거한 대전략"을 성사시킨 그들의 가장 중요한 외교 정책으로 자부하는 것은 충분히 설득력이 있다.[54)]

클린턴은 대통령 선거기간과 당선 직후에 NAFTA에 대해 적극적인 입장을 취하지 않았다. 당선 후 NATO의 확대, 보스니아 전쟁, 소말리아와 아이티 문제 등 산적한 외교적 과제 속에서 비교적 조용한 외교를 폈던 클린턴 행정부가 9월 21일 '레이크 선언'을 시작으로 새 정부의 외교 원칙을 발표했다. 하지만 탈냉전 초기 미국인들의 전반적인 외교 문제에 대한 무관심 속에서 '레이크 선언'은 이렇다 할 반향을 얻지 못했다. 이런 상황에서 클린턴이 선택한 것은 NAFTA의 비준이었다. 그는 NAFTA를 통해서 미국 외교의 새로운 원칙을 국민들에게 확인시키고자 했던 것이다.

한편, 1999년 3월 12일 미주리 주에 소재한 트루먼대통령도서관

---

54) Boys, *Clinton's Grand Strategy*, Loc 4899.

에서는 의미 있는 행사가 개최되었다. 국무장관 올브라이트Madeleine K. Albright가 체코, 폴란드, 헝가리 대표를 맞이해서 공식적으로 이들 국가의 NATO 가입식을 거행한 것이다. 올브라이트는 트루먼대통령도서관을 이 역사적인 행사지로 선정한 이유는 트루먼 대통령을 비롯한 'NATO의 건립 아버지들'이 2차 세계대전 직후 추구했던 본래의 계획, 즉 중앙 및 동유럽 국가들을 NATO에 포함시키려는 계획이 이제 50년이 지난 후에야 완성되는 상징적인 의미를 담고 있었기 때문이었다.[55)]

NATO는 냉전 기간 미국의 유럽 정책에서 핵심적인 기구였다. 미국 주도의 NATO 체제와 소련 주도의 바르샤바조약기구 사이에 무력 대결이 발생하지는 않았지만, 다른 정치적 혹은 경제적 문제보다 군사적 문제가 냉전 초기에 가장 중요한 현안이었기에, NATO는 2차 세계대전 이후 미국이 제국으로 발돋움하는데 가장 중추적인 기구였다. 유럽의 평화가 지속되자 미국과 유럽의 NATO 회원국들은 NATO의 역할에 대해 재고했지만, 유럽통합에 따른 유럽의 정치적, 경제적 변화와는 무관하게 대다수 회원들은 NATO의 군사적 역할과 목표에 대해서는 이러다할 이견을 제시하지 않았다. 다만 NATO 유지에 따른 경제적 분담에 대한 논의가 있었을 뿐이었다. 소련과 그 위성국가들의 위협이 존재하는 한 NATO 그 자체의 존폐에 대한 논의는 있을 수 없었다.

그러나 만약에 그 위협이 사라지게 된다면, 상황이 달라질 수밖에 없었다. 1958년 냉전이 한창 그 깊숙한 역사의 노정에 안착할

55) Asmus. *Opening NATO's door*, xxiiv.

즈음에 월퍼스Arnold Wolfers가 제시한 그 만약에 대한 시나리오가 1989년 베를린 장벽의 붕괴로 현실로 다가왔다. 월퍼스는 "미국이나 유럽 국가들 중 어느 한 편이라도 동쪽으로부터의 군사적 침략이 사라졌다고 판단하면 NATO는 본래의 존재이유를 상실하게 될 것"이라고 예견했다.[56] 월퍼스나 그 누구도 그러한 '만약'의 경우가 그렇게 빨리 다가 올지는 몰랐다.

베를린 장벽의 붕괴에서부터 소련의 해체까지의 역사적 전개는 그 속도나 규모에서 예상 밖이었기에 그것에 대응하는 미국 외교정책의 타당성과 효율성에 대해 가타부타 평가하기란 쉽지 않는 일이다. 특히 냉전 체제의 축이었던 NATO를 어떻게 재편하느냐의 문제는 더더욱 어려운 문제였다. 부시 행정부가 유럽의 상황을 '지켜보기'로 일관했던 것은 국내의 고립주의 정서가 아니더라도, 당시로서는 다른 대안을 찾기가 어려웠다. 유럽 상황이 어떤 방향으로 전개될 것인지에 대한 뚜렷한 판단이 서지 않는 상태에서 부시 행정부는 어떤 능동적이고 적극적인 정책을 펴기가 어려웠던 것이다. 1992년 대통령 선거 캠페인 동안이나 당선 직후에 보였던 클린턴 역시 큰 틀에서는 부시와 다를 바 없었다. 다만 러시아에서 우려했던 극우세력의 부활이 실패로 돌아가자 클린턴 행정부는 민주주의 확장이라는 새로운 목표와 함께 NATO 확장을 본격적으로 추진했던 것이다. 그것도 미국이 주도했다기보다는 이미 동구권 국가들과 소련 연방에서 독립했던 국가들이 군사적 보장과 정치적 민주화,

56) Arnold Wolfers, "Europe and the Nato Shield," *International Organization* 12 (1958), 425.

그리고 경제적 발전을 위해서 NATO 편입을 요구했던 바를 미국이 본격적으로 수용했다고 할 수 있다. 하지만 클린턴의 NATO 확장 정책을 세계사의 변혁에 미국이 수동적으로 대응한 것으로 해석해서는 곤란하다. 냉전 직후에는 NATO 건립을 통해 미국이 적극적이고 주도적으로 서부 유럽의 자본주의와 민주주의를 정착시키려고 했고, 탈냉전 시기에는 그러한 정착을 동부 유럽으로 확대하려는 했던 것이다. 클린턴은 "두 차례의 세계대전과 냉전이 시작했던 지역에서 번영을 위한 안전한 환경을 조성하는 동시에 폭력을 방지하려는 시도"의 목적을 가지고 NATO 확장 정책을 폈던 것이다.[57] 냉전의 대두와 함께 미국은 NATO 건립을 통해 새로운 제국으로서 발돋움하려고 했다면, 탈냉전 이후 미국은 NATO 확장이라는 세계사의 흐름에 순응하면서 새로운 제국으로 재편성하려고 했으며, 그 이념적 기조는 시장 민주주의의 확대에 있었다.

1990년대의 미국 외교정책의 성격을 규명하는 것은 쉽지 않는 일이다. 미국 외교정책은 미국의 국내 여론과 분위기를 벗어나서 이해할 수 없다. 1990년대는 20세기 미국 외교사에서 가장 애매한 시기로 기억될 것이다. 그 것은 미국이 근 반세기 동안 소련과 경쟁하며 세계 자본주의를 주도했던 '반쪽 제국'의 시대와 2001년 9월 11일 뉴욕과 워싱턴의 동시다발 테러 이후 '일당 제국'으로 활개를 쳤던 시대 사이의 중간 지점에 애매하게 걸쳐있다. 1990년대는 냉전의 후유증을 정리하는 기간일수도 있고, 9.11 이후 본격적으로

57) Madeleine Albright, "Enlarging NATO: Bigger is Better," *Economist* (February 15, 1997), 22.

다시금 제국으로 주도권을 휘두르기 시작하기 전의 휴식기로 생각할 수 있다. 그러나 그 '애매함'이 역설적으로 제국으로서의 미국을 이해하는 데 귀중한 단서를 제시하고 있다.

혼란은 정체성의 주요한 자양분이다. 냉전과 같이 일반 국민들이나 외교 지도자들 누구도 반박할 수 없는 '확실함'이 정착되었을 시기에 미국 외교의 본질을 정리하는 것이나 제국으로서 미국의 성격을 파악하는 것은 그다지 어려운 일이 아니다. 하지만 1990년대와 같이 애매한 시기, 즉 외교에 대한 국민들의 전반적인 무관심과 외교 전문가들 사이에 향후 외교정책에 대해 의견이 분분한 시기에 과연 미국이 어떠한 방식과 태도로 제국을 재편성했는가의 문제는 미국이 과연 어떤 '제국'인가를 이해하는 주요한 단서를 제시할 수가 있다. 특히 클린턴이 외교 부문에 취약했지만 그것이 그가 대통령에 당선되는데 중요한 결점으로 부각되지 못했으며, 클린턴이 대통령 제1기에 어떠한 외교 정책을 폈으며 그것이 국민들로부터 어떠한 평가를 받았느냐는 그가 재선에 성공하는데 크나큰 변수가 되지 못했다. 클린턴 행정부에 대한 가장 큰 관심은 국내 정책에 있었으며, 클린턴의 가장 큰 정치적 과제는 '미국과의 계약Contract with America'을 내세우며 대대적인 일종의 '도덕 재무장' 개혁을 주도하는 하원의장 깅그리치Newt Gingrich의 도전을 극복하는 것이었다.[58]

이러한 클린턴 시대의 외교적 불확실성은 단순히 탈냉전 시대의 미국 외교의 성격을 규정하는 것뿐만 아니라 미국 국내 정치의 지

58) 이에 대한 분석은 필자의 다음 논문을 참조. "탈냉전과 클린턴-깅그리치 대결," 『미국사연구』 제44집 (2016), 139-170.

평에도 중요한 영향을 끼쳤다. 미국 외교는 국내 정치의 거울이며, 그 반대도 마찬가지이다. 깅그리치의 '미국과의 계약'이 성공할 수 없었던 이유 중에 적지 않는 부분을 차지한 것은 클린턴이 보스니아 비극을 중단시켰던 점이었다. 클린턴이 국내 개혁을 외치며 대통령에 당선되었는데 보스니아 사태를 해결함으로써 '미국과의 개혁'을 외치며 강력한 국내 개혁을 추진하던 깅그리치의 공화당을 제압한 것은 "일견 역사의 아이러니 같지만 큰 흐름에서 보면 냉전의 종식에도 불구하고 그것의 그림자는 여전히 미국의 정치적 흐름을 재단하는 주요한 변수로 남아있었다"는 점을 역설적으로 보여주는 것이었다.[59] 이는 또한 미국의 '제국'을 이해하는 주요한 단서를 제공한다. 클린턴 임기 후반에 노르웨이 역사가 룬데스타드 Geir Lundestad가 미국은 근본적으로 20세기 내내 "초대받은 제국 Empire by Invitation"이었다고 주장했다.[60] 그 가설이 모든 시기에 적용될 수 있는지는 의문이지만, 적어도 1990년대 클린턴 행정부의 외교정책에서는 룬데스타드의 주장을 반박하기란 어려운 일이다.

59) 위의 논문, 162.

60) Geir Lundestad, "'Empire by Invitation' in the American Century," in Michael J. Hogan, ed., The Ambiguous Legacy (New York, 1999), 52-91.

9

9/11 테러와 부시 독트린

Ⅰ.

부시 독트린은 43대 대통령 조지 W. 부시의 외교 원칙을 한마디로 압축한 것으로서, 2001년 6월 크라우사머Charles Krauthammer가 "부시 독트린: ABM, 교토, 그리고 새로운 미국의 일방주의"라는 글에서 가장 처음 사용했다. 그는 부시 행정부가 "단독으로 반탄도탄미사일ABM 협약을 탈퇴하고 교토 의정서Kyoto Protocol를 거부한 것"을 지칭해서 부시 독트린이라고 했다.[1] 부시의 등장과 함께 이른바 '신보수주의neoconservative'자들은 탈냉전의 혼탁한 세계질서를 바로잡기 위해서 미국이 더욱 적극적으로 미국의 국력을 쏟아야 하며, 미국의 이익을 위해서는 국제사회의 눈치를 보지 않고 독단적

1) Charles Krauthammer, "Charlie Gibson's Gaffe," *The Washington Post*, September 13, 2008.

으로 외교를 펼칠 수 있어야 한다고 보았다. 부시가 임기 첫 해에 외교에서 다자주의적 성향보다는 일방주의적 성향을 보인 것은 그리 놀랄 일이 아니었다. 크라우사머의 '부시 독트린'은 별다른 이슈가 되지 못했다. 1990년대가 그랬듯이 2000년 선거 역시 외교는 국민들의 관심거리에서 크지 않았다. 부시 독트린이 진정한 독트린으로 알려지기 위해서는 어떤 결정적인 계기가 필요했다. 그 계기는 3개월 뒤 미국과 세계를 경악하게 만들었던 9월 11일 뉴욕과 워싱턴에서 발생한 동시다발적인 테러였다.

미국에 대한 테러 공격은 항상 존재했지만 9/11 테러는 테러의 새로운 양상을 보여주는 것이었다. 비행기 납치라는 극단적인 방법을 동원해서 미국 경제와 문화의 상징인 뉴욕을 공격하고 미국 군사력의 상징인 펜타곤을 공격했다. 약 3,000 명의 민간인의 목숨을 앗아간 미국 역사상 최악의 테러 사태를 경험한 국민과 행정부는 한동안 9/11의 충격에서 벗어날 수 없었다. 부시 대통령 역시 그 날의 충격과 혼란에서 쉽게 벗어날 수 없었다. 테러발생 직후 대통령 전용기에 탑승해 공중에서 상황을 지휘하던 부시는 우선적으로 침착함을 잃지 않으려고 했다. 1812년 전쟁 이후 최초로 미국의 수도가 공격을 받는 역사적 현실 앞에서 부시는 혼란스러울 수밖에 없었다. 대통령으로서는 최초로 국가비상사태 행동지침에 따라 공중에서 진두지휘를 했지만, 부시는 대통령 전용기와 백악관 지하에 위치한 '대통령 비상 작전 센터PEOC'와의 교신이 원할 하지 않자 당황했고, 수많은 잘못된 정보들 속에서 사태를 정확히 파악하기가 쉽지 않았다.[2)] 9/11은 당일뿐만 아니라 그 후로도 상당기간 미국인들에게 충격과 두려움을 남겨주었다. 당시 중앙정보국FBI 부국장이었던 맥로플린John McLaughlin에 의하면, 당시 미국인들이 갖는 "만연한 정서는 9/11 자체로 모든 것이 끝났다"고 생각하는 것이 아니라, 또 다른 테러에 대한 두려움이었다고 밝혔다.[3] 이렇듯, 9/11은 국민은 물론이요, 대통령과 그의 참모들에게 가장 충격적인 사실이자 이미지로 남아있을 수밖에 없었기에, 향후 부시 행정부의 외교는 9/11을 제쳐두고 논할 수가 없다.

9/11 당일 밤에 국민에게 행한 연설에서 부시는 "테러를 자행하는 테러리스트들과 그들에게 은신처를 제공하는 자들과의 차이를 두지 않을 것"임을 선언했다. 다음 날 12일에 국가안보회의를 소집해서 부시는 "어제 우리에게 가한 고의적이며 치명적인 공격은 테러 행위 그 이상이다. 그것은 전쟁 행위이다. 이는 우리로 하여금 단결해서 흔들리지 않는 각오로 문제를 해결하도록 요구하고 있다. 자유와 민주주의가 공격을 당했다. [중략] 적은 단지 우리를 공격한 것이 아니라 전 세계에서 자유를 사랑하는 사람들을 공격한 것이다. [중략] 이는 선과 악의 기념비적인 투쟁이 될 것이다. 그러나 선이 이길 것이다"고 선언했다. 부시는 9월 20일 상하원합동 연설에서 더욱 강경한 어조로 이를 재확인했다. 테러의 공포로부터 미국의 자유를 지키겠다고 약속하며 부시는 다음과 같이 선포했다. "우리는 테러주의에 지원을 하거나 은신처를 제공한 국가들을 추적할 것이다. 모든 지역에서 모든 국가들은 이제 결정을 내려야 한

2) George W. Bush, *Decision Points* (New York, 2010, Kindle Edition), 128-30.

3) Peter Baker, *Days of Fire: Bush and Cheney in the White House* (New York, 2013, Kindle Edition), Loc 3373.

다. 우리 편에 서든지 테러리스트들의 편에 서든지 할 것을 말이다. 오늘부터 어느 나라든지 계속해서 테러주의를 유치하거나 지원하면 미국은 그 나라를 적대국으로 간주할 것이다."[4] 당시 백악관 대변인이었던 플레이처Ari Fleischer는 자서전에서 그 연설이 "언론과 민주당으로부터도 환영을 받았으며 '부시 독트린'이 되었다."고 밝혔다.[5]

부시 대통령은 훗날 그의 회고록에서 '부시 독트린'을 다음과 같이 요약했다.

> 첫째, 테러주의자들과 그들을 보호하는 국가들과 차이를 두지 않고 그들에게 책임을 묻는다. 둘째, 그들이 다시 우리를 본토에게 공격하지 못하게 우리가 해외에서 그들을 먼저 타격한다. 셋째, 적들이 완전히 준비해서 위협하기 전에 그들에 대처한다. 넷째, 적들의 압박과 두려움의 이념을 자유와 희망으로 대체한다.[6]

9/11의 거대한 상징성 때문에 부시 독트린은 부시 행정부 외교 정책의 도그마로 쉽게 대표되었다. 또한 8년의 민주당 정권을 종식한 공화당 정권이며 신보수주의자들에 의해 에워싸였기에 부시 행정부는 임기 시작과 함께 사실상 부시 독트린에 표명된 정책을 시작했다고 볼 수 있다. 하지만 9/11 이전의 부시 행정부의 외교 정책은 이전 클린턴 행정부와 크게 다르지 않았다. 기본적으로 부시와

4) http://georgewbush-whitehouse.archives.gov/news/releases/2001/09/20010912-4.html

5) Ari Fleischer, *Taking Heat: The President, the Press, and My Years in the White House* (New York, 2005), 186.

6) Bush, *Decision Points,* 396.

그의 관료들은 신중론자들로서 미군 파병을 포함한 공격적인 외교 정책을 피하고자 했다. 부시는 "미국의 국가 이익에 대한 냉정한 평가에 근거해서 뚜렷한 우선순위를 정할 것"이라고 국민들에게 약속했다.[7] 물론 부시는 클린턴 행정부가 선호했던 다국적 기구와의 협조에 의한 외교 정책을 마땅치 않아했으며, 이념적인 이익보다는 전략적 이익을 강조했지만, 이를 부시 독트린이 내세우는 일방주의로 일반화할 수는 없다.[8] 부시 행정부 내에서도 '부시 독트린'을 공식화하는 것을 꺼려한 듯하다. '부시 독트린'은 부시 임기 중에 행정부 내에서 거의 사용되지 않았다. 부통령 체이니Dick Cheney 만이 한 번 사용했는데 2003년 6월 연설에서 그는 이렇게 말했다. "만약 오늘 세상에서 누구라도 부시 독트린의 진정성을 의심한 사람이 있다면, 아프가니스탄의 탈리반의 운명과 이라크의 사담 후세인의 운명을 생각해 볼 것을 권면한다."[9]

전문가들에 따라 부시 독트린은 약간 다르게 사용되지만 미국의 안보에 즉각적인 위협에 대해서는 방어적인 차원에서 "선제공격preemptive strikes"을 가하며 필요하면 미국이 단독으로 군사적 행동을 기꺼이 할 수 있다는 원칙을 가리킨다.[10] 이 정책은 2002년 9월 17일 출판된 미국국가안보전략 문서에 기술되어 있다. 부시 독트린

---

7) Ivo H. Daalder and James M. Lindsay, *America Unbound: The Bush Revolution in Foreign Policy*. (Hoboken, NJ. 2005), 38.

8) Colin Dueck, *Reluctant Crusaders* (Princeton, NJ, 2006), 147.

9) "Vice President Tells West Point Cadets "Bush Doctrine" Is Serious, American Forces Press Service," June 2, 2003. http://archive.defense.gov/news/newsarticle.aspx?id=28921

10) Mike Allen, "Edwards Rejects the 'War on Terror," *TIME*, May 2, 2007.

의 공식적인 문구로 자주 사용되는 이 문구는 다음과 같이 기술되어 있다.

> "현재 미국이 직면하고 있는 안보 환경은 이전의 것보다 완전히 다른 것이다. 하지만 미국 정부의 가장 우선적인 책임은 항상 같다. 즉 미국 국민과 미국의 이익을 보호하는 것이다. 이것은 변하지 않는 미국의 원칙으로서 미국 정부는 위협이 심각한 타격을 주기 전에 국가 힘의 모든 것을 동원해서 그 위협을 예견하고 대응하는 책임을 갖는 것이다. 위협이 클수록 아무 조치를 취하지 않으면 위험이 커진다. 적의 공격이 언제 어디서 발생할지 불확실 할 수 있지만 우리 자신을 지키기 위해 미리 위험을 예측해서 행동에 옮기는 것이 더욱 중요하다. 테러리스트들이 WMD로 공격하는 것만큼 더 큰 위험은 없다. 이러한 위험한 공격을 예견하고 방지하기 위해서 미국은 필요하다면 우리가 갖는 내재적 자기방어의 권리에 따라서 선제행동을 취할 것이다. 미국은 모든 위협에 대해서 무력을 사용하지는 않을 것이다. 우리는 비군사적인 행동이 성공하기를 우선적으로 바란다. 그리고 어느 나라든지 공격을 위한 구실로 선제행동을 사용해서는 안 된다."[11)]

미국국가안보전략 문서는 선제공격의 중요성에 치중했지만, 통상적으로 부시 독트린은 선제공격과 일방주의를 포함해서 미국의 안보와 세계질서를 위한 미국의 적극적이며 주도적인 외교 원칙을 대변한다. 정치학자 자비스Robert Jervis는 부시 독트린이 네 가지 요소를 포함하고 있다고 정리했다. 그것은 "국제 정치를 변화시킬 절호의 기회"라는 미국 내의 강한 공감대, "예방전쟁preventive war이란

11) The National Security Strategy, of the United States, September 17, 2002, p.4, http://www.whitehouse.gov/nsc/nss.pdfpassim

새롭고 공격적인 정책을 통해서 거대한 위협을 막아내야 한다는 생각, 필요하면 일방적으로 실력을 행사할 수 있다는 의지, 그리고 평화와 안정을 위해서 미국이 세계 정치에서 주도적인 역할을 해야 한다는 결연한 의지"였다.[12)]

Ⅱ.

부시 행정부는 임기 초부터 일방주의 성향을 드러냈다. 위에서 밝혔듯이 크라우서머가 ABM 협약 탈퇴와 교토 협정서 거부를 내세우며 '부시 독트린'을 처음으로 명명했듯이, 부시 행정부는 이 밖에도 국제사법재판소, 그리고 생화학무기 사용 협정서 등에서 국제협력을 포기했다. 특히, 부시의 일방주의 성향은 유럽의 미래를 보는 관점에서 극명하게 드러났다. 유럽은 사법적인 방법과 다자주의적 원칙으로 ABM 문제에 접근하려는 관점이었지만, 부시는 이러한 유럽의 입장을 받아들이지 않고 미국이 주도권을 갖고 단독으로 그러한 문제들에 접근해야 한다고 보았다.[13)]

부시의 이러한 일방주의는 그가 이전 레이건과 클린턴 행정부의 외교 경험을 어떠한 시각으로 보느냐와 무관하지 않는다. 부시는 레이건의 '힘의 외교'가 소련의 붕괴를 가져왔다고 보았다. 레이건

---

12) Robert Jervis, "Understanding the Bush Doctrine," In *Political Science Quarterly* 118:3 (Fall 2003), 365.

13) Charles-Philippe David, Frédéric Ramel, "The Bush Administrations's Image of Europe: From Ambivalence to Rigidity". *International Journal of Peace Studies* 8:1 (Spring-Summer 2003). http://www.gmu.edu/programs/icar/ijps/vol8_1/David%20and%20Ramel.htm

이 유럽 우방국들의 건의를 받아들여서 소련에 대한 강경 정책을 누그러뜨렸다면 소련의 붕괴를 쉽게 가져올 수 없었을 것으로 보았던 것이다. 반대로 클린턴 행정부는 유고슬라비아 문제를 해결하기 위해 다각적이며 민주적인 방법을 통해 유럽 국가들과의 협조를 구했기 때문에 그 문제에 대한 실질적인 해결책을 찾지 못했다고 보았다.[14]

'일방주의'는 대통령 선거 기간부터 이미 알려진 사실이며, 국내에서 별다른 파장을 불러온 개념이 아니기 때문에 그 자체로는 부시 독트린의 핵심이라고 할 수 없다. 부시 독트린이 미국 외교의 새로운 개념으로 등장하는 것은 일방주의의 강조보다는 '선제공격'이라는 공격적인 개념이 덧붙여졌기 때문에 가능했던 것이다. 만약 부시 독트린의 근간으로서 일방주의가 부각된다면 그것은 일방주의가 선제공격이라는 공격적인 전략성이 전제되었기 때문이라고 할 수 있다. 선제공격을 위해서는 우방이나 국제사회의 협조와 같은 전제가 포함되어 있지 않았기에, 선제공격은 미국의 일방주의에 대한 확연한 의지를 보여주는 것이기 때문이다.

부시가 미국 외교 정책과 국가 안보 차원에서 선제공격의 중요성을 구체적으로 선언한 것은 2002년 6월 1일, 미 육군사관학교에서 행한 연설이었다. 그는 연설에서 다음과 같이 선언했다.

> "우리는 단지 최상의 희망만으로 미국과 우리의 우방을 지킬 수 없다. 우리는 독재자들의 말을 믿을 수 없다. 그들은 엄숙하게 핵

14) Jervis, "Understanding the Bush Doctrine," 374-75.

확산반대 조약에 서명하고는 조직적으로 그 약속을 어긴다. 만약 우리가 너무 기다리기만 한다면 그 위협은 완전히 현실이 될 것이다. 우리의 안보는 귀하들이 주도할 군대의 변화를 필요로 한다. 그것은 바로 세계의 어느 어두운 곳이든 순간의 명령에 의해 공격을 감행할 준비가 되어 있어야 한다. 우리의 안보를 위해서 필요할 때 우리의 자유와 우리의 생명을 방어하기 위해 선제공격을 할 준비가 되어 있도록 모든 미국인이 앞을 내다보고 단호하게 행동할 필요가 있다."[15]

'선제공격preemptive strike'은 미국 외교사에서 사실상 처음 등장하는 것으로서 냉전 시대의 '봉쇄'와 같은 방어적인 개념에서 벗어날 뿐만 아니라 미국 역사상 가장 공격적인 외교 정책 개념이었다. '봉쇄'보다 약간 적극적인 개념으로 '예방전쟁'이란 용어는 냉전 시기에 가끔 등장했으며, 특히 레이건 독트린의 전략적 개념으로 주로 사용되었다. 하지만 선제공격은 예방전쟁과는 차이가 있다. 개디스John Lewis Gaddis에 의하면 예방전쟁이란 "미래에 위협이 될 수 있는 나라에 대해 전쟁을 시작"하는 것을 의미하고, 선제공격이란 "국제법과 선례 등에 의해 예견할 수 있는 분명하고 즉각적인 위협"에 대해 공격을 취하는 것이라고 정의하면서, "부시 행정부는 사담 후세인의 이라크를 공격하기 위해 사실상 예방전쟁인 것을 선제공격이란 용어를 써서 합리화시켰다."고 지적했다.[16] 부시는 9/11 사태를 이용해서 "잠재적 적에 대항해서 선제공격을 감행하는

15) George W. Bush, "President Bush Delivers Graduation Speech at West Point," June 1, 2002, www.whitehouse.gov/news/releases/2002/06/20020601-3.html.

16) J. L. Gaddis, "Grand Strategy in the Second Term." *Foreign Affairs* 84:1 (2005), 3-4.

새로운 전략을 시도"한 것이다.[17)]

부시 독트린에 비판적인 사람들은 독트린이 미국적 정신과 원칙을 반영한 것이 아니며 세계 평화에 기여하기보다는 전쟁과 무질서를 초래할 것이라고 우려했다. 부시의 선제공격 정책은 무엇보다도 미국 우방들에게 심각한 불만과 우려를 자아냈다. 6월 17일자 *New York Times*에서 상어David E. Sanger는 미국의 우방들이 그동안 "일방주의에 대해 경고했는데, 부시의 새로운 정책은 무엇이 미국 안보를 위협하는지를 결정할 권리를 갖으며, 위협이 임박하지 않더라고 미국이 행동에 옮길 수 있는 권리가 있다고 선포함으로써 일방주의를 현실화할 수 있게 되었다."고 우려를 표명했다.[18)] 이스라엘, 러시아, 파키스탄 등이 이미 선제공격 개념을 사용하고 있는 상황에서 미국 역시 그것을 사용할 경우 "미국이 반세기 이상 동안 구축하기 위해 심혈을 기울였던 국제 사회 제도와 규칙과 원형들의 종말"을 초래해서 "종국에는 미국의 이익에 해를 가져올 것"이라고 우려했다.[19)] 키신저Henry Kissinger는 "선제공격이 모든 나라들이 취할 수 있는 보편적인 원칙이 된다는 것은 미국의 국가 이익에 도움이 되지 않는다."고 지적했다. 이러한 으려는 UN 사무총장 아난Kofi

17) J. S. Lantis and E. Moskowitz "The Return of the Imperial Presidency? The Bush Doctrine and U.S. Intervention in Iraq." In *Contemporary Cases in U.S. Foreign Policy: From Terrorism to Trade,* editec by Ralph G. Carter (Washington, D.C., 2005), 90.

18) David E. Sanger, "Bush to Formalize a Defense Policy of Hitting First," *the New York Times,* June 17, 2002.

19) William Galston, "Perils of Preemptive War." *The American Prospect* 13:17 (Sept. 23, 2002).

A. Annan의 연설에서 잘 드러났다. 아난은 9월 23일, 유엔총회 연설에서 부시 독트린이 "비록 완전하지는 않더라도 지난 58년간 지속되었던 세계 평화와 안정을 위해서 다져진 원칙에 대한 근본적인 도전을 의미한다."고 밝히면서 독트린이 실행에 옮겨진다면 "독단적이며 불법적인 무력행사를 확산시키는 선례"가 될 것이라고 우려했다.[20]

부시 독트린에 대한 비판에 선봉을 선 사람들은 이른바 '진보적 다자주의자들liberal multilateralists'이었다. 이들은 주로 민주당 사람들과 서유럽 엘리트들, 그리고 주로 학계에 소속된 사람들이었다. 크라우사머에 의하면 이들은 전통적이며, 실리적이며, 지정학적 개념에 의해 국가 이익을 추구하기 보다는 다자적 자유주의에 근거해서 국제사회와 조약에 근거해서 국제적 분쟁을 중재해야 하며, 국제사회가 필요하다고 인정하는 인본주의적 목표에는 기꺼이 무력을 동원할 수 있어야 한다고 믿었다.[21]

반면에, 부시 독트린을 지지하는 사람들은 세계에서 민주주의를 확산하는 일이 미국의 사명이기에 부시 독트린과 같은 단호한 방법을 취하는 것이 당연하다고 주장했다. 이들은 부시 독트린에 근거해서 이라크 전쟁을 수행하는 것을 미국의 책임이자 권리라고 믿었다. 이라크를 해방하는 것이 그 지역에 민주주의를 이식하는 것뿐만 아

20) Henry Kissinger, "Preemptive Strike on Iraq to Improve Peace Prospects," *The Sunday Times*, August 11, 2002. Kofi A. Annan, speech to the UN General Assembly, *The New York Times*, September 23, 2003.

21) C. Krauthammer, "In Defense of Democratic Realism," *National Interest* 77 (Fall 2004), 15-25.

니라 나머지 중동 지역에서 민주주의가 확산되도록 하는 것이라고 여겼기 때문이다. 특히 신보수주의자들은 부시 독트린을 미국의 안보뿐만 아니라 세계평화를 위해서도 시기적절한 대안이라고 믿었다. 이들은 탈냉전 이후 복잡하고 혼란스러운 세계사의 전개 속에서 미국의 군사력 약화라든가 "제국의 과대팽창" 논리에 현혹되어서 미국이 힘을 쓰지 않고 움츠려든다면 "세계의 불안정과 전쟁"을 부추기는 결과를 초래할 뿐이라고 생각했기에 선제공격에 근거한 부시 독트린은 시대가 요구하는 미국의 사명으로 믿었던 것이다.[22]

부시 독트린은 그런 점에서 9/11로 등장한 갑작스럽고 우연한 결과가 아니라 오랫동안 끊임없이 반복적으로 드러났던 미국의 예외주의와 선민주의가 일순간에 폭발적으로 드러난 것이라고 할 수 있다. 예외주의와 선민주의는 그 자체가 추상적인 개념이며 시대에 따라 의미가 변하기 때문에 그 개념을 정확히 규명하기란 힘들다. 이들 개념이 19세기에는 주로 수동적인 의미로 사용되었다. 즉, 타락하고 부패한 구세계 유럽으로부터 스스로 격리해서 미국의 순수성을 지키려는 차별적인 정책이었다. 그러나 20세기에 들어서면서 이러한 개념은 적극적인 의미로 사용되었다. 두 차례의 세계대전을 겪고 또한 그 전쟁에서 자유세계의 수호자로 등장한 미국은 적극적으로 예외주의와 선민주의에 입각한 미국의 가치를 내세워서 세계를 개조하고 개혁하고자 했다. 립셋Seymour Martin Lipset이 지적했듯이 "미국인이 된다는 것은 일종의 종교적이면서 이념적인 행위"인 것이다. 미국의 정체성은 미국이 추구하는 가치에 기초한 "도그마

22) B. A. Thayer, "In Defense of Primacy." *The National Interest* 86 (2006), 32-7.

의 집합을 포함해서 하나의 이념에 의해 형성된 것이다.” 이것이 유럽과 미국의 차이인 것이다. 즉, 유럽에서는 해당 공동체와 연결해서 비영국적un-English이라든지 비스웨덴적이라는 표현을 하지 못하지만, 미국에서는 “미국적 가치를 거부한 사람을 비미국적인 사람”이라고 판단할 수 있다는 것이다.[23)]

9/11 이후 일련의 부시 연설을 면밀하게 살펴보면 9/11직후에는 주로 ‘테러’라는 용어가 주로 등장하며 미국의 정책은 ‘테러와의 전쟁’에 초점이 맞춰져 있다는 것을 알 수 있다. 하지만 시간이 지나면서 ‘테러’보다는 점차 정권이나 국가에 초점이 맞춰져 있다. 2002년 1월 연례교서에서 부시는 이라크, 이란, 북한을 이른바 ‘악마의 축Axis of Evil’으로 규정하며, 이에 대한 미국의 성전(聖戰)을 선포했다.[24)] 부시 독트린은 원래 ‘테러와의 전쟁’을 선포한 것이었는데, 테러의 실체와 주둔지가 불명확하기 때문에 시간이 지나면서 독트린의 대상이 모호하게 될 소지가 컸다. 그렇기에 부시는 테러라는 모호한 개념보다는 “테러리스트와의 관계와 실질적인 공격과의 상관관계가 정확하지 않더라도 그 위치와 정체성이 뚜렷한 국가에 적용한 것”이다.[25)]

---

23) Seymour Martin Lipset, *American Exceptionalism: A Double-Edged Sword* (New York, 1996), 18, 31. 부시 독트린의 역사적 기원에 대한 국내 연구는 다음을 참조. 최정수,“ 조지 W. 부시 독트린의 역사적 기원 : 시어도어 루즈벨트의 ‘세계안보’전략,” 『미국사연구』 제23집 (2006), 151-189.

24) “Bush State of the Union address”. CNN. January 29, 2002. http://edition.cnn.com/2002/ALLPOLITICS/01/29/bush.speech.txt

25) Benjamin R. Barber, *Fear's Empire: War, Terroism, and Democracy* (New York, 2003), 105.

부시가 끊임없이 자유와 같은 미국적 가치를 들먹인 것은 9/11을 테러와 그에 대한 대응의 개념으로 제한하지 않고 세계사 속의 미국의 가치와 책임을 국민들에게 환기하는 개념으로 이용하기 원했기 때문이었다. 9/11의 기억은 시간이 지나면서 국민들의 뇌리에서 점차 희미해질 수밖에 없었다. 뉴욕 쌍둥이 빌딩의 잔해가 청소되면서 테러의 참혹한 이미지도 점차 희미해질 수밖에 없었다. 정확한 실체를 알 수 없는 '테러와의 전쟁'에 국민들이 지속적으로 환호할 수는 없는 노릇이다. 부시 대통령은 '테러와의 전쟁'을 하느님이 미국에 부여한 예외적이며 선민(選民)적 부름이라는 전통적인 미국의 사명에 호소해야 했다.

부시는 미국의 '자유와 평화'를 위한 과업을 또 다른 차원에서 정당화한다. 2003년 1월 28일 연두교서에서 부시는 다음과 같이 밝혔다. "미국인은 자유로운 사람으로서 자유는 모든 사람의 권리이며 모든 국가의 미래라는 것을 알고 있다. 우리가 귀하게 여기는 자유는 세계에 대한 미국의 선물이 아니라 인간에 대한 하느님의 선물이다."[26] 재임 취임식 후 2006년 1월에 행한 국방대학 연설에서 부시는 "자유를 방어하기 위해서는 자유를 확대시켜야 한다."고 밝혔다. 신자유주의자들과 부시 독트린을 지지하는 자들은 서구에 대한 증오, 특히 미국에 대한 증오는 미국이 어떤 행동을 해서가 아니라 미국이 자유에 근거한 민주주의 가치와 체제를 대변하기 때문에, 그러한 미국적 가치가 테러리스트들이 영향력을 행사하고자 하

26) George W. Bush, "President Delivers "State of the Union"". The White House, January 28, 2003. http://www.whitehouse.gov/news/release/2003/ 01/

는 지역과 민족들에 전파되는 것을 우려했기 때문이라고 보았다. 그들은 미국의 적들이 테러를 통해서 미국에 대한 이데올로기 전쟁을 벌이고 있기에, 미국은 미국 자신과 우방을 보호할 뿐만 아니라 테러주의자들의 기반을 약화시키기 위해 테러주의자들이 존재하는 곳에 민주주의를 촉진시켜야 한다고 믿었다.[27] 이러한 사상은 분명 9/11을 계기로 맹렬하게 급부상했지만 갑작스런 우연은 아니었다. 9/11 이전에도 부시의 신보수주의 측근들은 이러한 미국의 사명을 부르짖고 있었다. 다만 그 때는 여론의 주목을 받지 못했을 뿐이었다. 2000년 초에 *Foreign Affairs*에 기고한 글에서 라이스Condoleezza Rice는 "미국의 가치는 보편타당한 것"이라고 지적하면서 미국의 이미지로 세계가 재창조되어야 만이 진정한 세계 평화가 도래할 것이라고 설파했다.[28]

Ⅲ.

부시 독트린은 9/11이라는 거대 사건을 계기로 등장한 것은 사실이지만, 전혀 예상치 못한 결과는 아니다. 해리티지 재단the Heritage Foundation과 미국기업연구소American Enterprise Institute, AEI와 같은 보수주의 연구소들은 부시 행정부 등장 이전에도 냉전 이후 세계질서를 주도하는 새로운 미국의 외교 정책은 기존의 국제기구와의 협력에서 탈피해서 미국 독자적인 원칙과 행동에 근거해야 한다고 주장

27) Robert G. Kaufman, *In the defense of the Bush Doctrine* (Lexington, KY, 2007).

28) Condoleezza Rice, "Promoting the National Interest," *Foreign Affairs* 79:1 (January-February 2000), 49.

했다. AEI 상임부회장을 역임했던 볼튼John Bolton은 미국이 없다면 유엔과 같은 국제기구들은 그 실효성이 없다는 것을 인식할 필요가 있다고 지적했다. 예컨대 미국의 정보에 의존하지 않다면 유엔무기 사찰단UNSCOM은 실질적으로 아무런 역할을 할 수 없기 때문에 "UN과 [UN]사무총장, 그리고 다른 모든 사람들은 이 점을 받아들여야 한다."고 밝히고, 미국인들 역시 이러한 국제기구가 미국의 이익을 대변할 것이라는 이상을 버려야 한다고 강조했다.[29] 그는 부시의 당선과 함께 드디어 미국인들은 미국의 "주권과 헌법주의를 하찮게 만들고 [미국의] 국내 및 국제 정책의 유연함과 힘을 제한하는 국제주의자들globalists들"이 얼마나 미국에 불이익을 가져다주는가를 깨닫게 되었다고 말했다.[30] 볼튼은 부시 행정부가 시작하면서 AEI를 떠나 국무부 무기조절 및 국제안보 담당 차관보를 지냈으며 2006년에 UN 주재 미국 대사를 역임했다.

이른바 '신보수주의자들'은 레이건 시대의 산물로서 레이건 독트린의 사상적 토대를 제공했다. 하지만 상당수의 신보수주의자들은 레이건의 외교정책을 신랄하게 비판했는데 그 비판의 핵심은 레이건의 느슨한 중동정책에 있었다. 스스로를 '신보수주의자neoconservative' 라고 칭한 포드호럿츠Norman Podhoretz는 1982년 5월 2일자 *New York Times*에 기고한 글에서 레이건의 외교 정책이 소련 타도와 같은 단순한 원칙에 매달려 향후 세계 평화와 미국의 안보에 위협을 가져

29) John R. Bolton, "The UN Secretary-General Versus the United States," *Human Events*, February 5, 1999, 26.

30) John R. Bolton, "Should We Take Global Governance Seriously," *Chicago Journal of International Law* 1 (Fall 2000), 206.

올 중동 문제에 태만하게 대처하고 있다고 비판했다. 그는 존스 홉킨스 대학의 터커Robert W. Tucker가 레이건의 중동정책을 "카터 없는 카터주의Caterism without Cater"라고 비판한 것을 인용하면서 레이건의 중동정책이 근본적으로 카터 행정부와 다를 바가 없다고 비판했다.[31] 포드호렛츠가 대변한 신보수주의자들이 그들이 대통령을 만들었던 레이건을 비판하고 나선 것은 부시 독트린을 이해하는데 매우 중요하다. 신보수주의자들의 숫자는 극히 적었다. 포드호렛츠가 지적했듯이 그들은 "소수자 중에 소수자"였다. 하지만 그들의 영향력은 향후 미국의 외교정책에서 어느 다수자보다 컸으며, 이것은 부시 독트린까지도 연결된다. 그 근본적인 이유는 그들이 갖는 이스라엘에 대한 애정이다. 신보수주의자들이 전부 유대인은 아니지만, 그들은 거의 모두가 이스라엘의 존재를 중동의 민주주의 확대와 미국의 이익을 위해서 가장 중요하다고 믿었다. 그들은 미국이 사우디아라비아를 비롯한 몇 몇 중동국가들과 우호적인 관계를 맺고 그것을 통해서 중동의 평화를 이룩할 수 있다는 것이 안일한 이상주의라며 비판하며, UN과 같은 국제기구들이 이스라엘에 비판적인 목소리를 내는 것에 불만이었다.[32] 신보수주의자들은 당시 이스라엘에 가장 위협적인 정권으로 이라크의 사담 후세인 정권을 지목하고 그 정권을 붕괴시키기 위해 노력했다. 이들은 1998년 1월 26일 신미국세기프로젝트PNAC(Project for the New American Century)를

31) Norman Podhoretz, "The Neoconservative Anguish over Reagan's Foreign Policy," *The New York Times Magazine*, May 2, 1982).

32) Ibid.

구성해서 클린턴 대통령에게 다음과 같은 공개서한을 보냈다.

> "결국 머지않은 미래에 우리는 이라크가 그러한 무기를 소유하고 있는지 없는지에 대해 자신감을 갖고 판단할 수 없게 될 것이다. 이러한 불확실성 그 자체가 전체 중동을 심각한 불안으로 몰고 가지는 않을 것이다. 하지만 우리가 계속 이러한 정책을 편다면 후세인이 대량살상 무기를 사용할 것이 분명하기 때문에 중동에 있는 우리의 군대와 우방 국가들, 그리고 이스라엘과 온건한 아랍 국가들, 그리고 세계 석유 공급의 상당 부분이 위험에 처하게 될 것이다. [클린턴] 대통령이 정확히 밝혔듯이 21세기 첫 반세기의 안전은 우리가 이 위협에 어떻게 대처하느냐에 달려있다."

이 서한에 서명한 서명했던 핵심 인물이 크리스톨William Kristol, 후쿠야마Francis Fukuyama, 케이건Robert Kagan과 같은 신보수주의 지식인들뿐만 아니라 훗날 부시 행정부의 국방장관 럼스펠드Donald Rumsfeld와 국방차관 월포비츠Paul Wolfowitz가 포함되어 있다.[33] 그들은 특히 미국이 국제사회와의 공조를 통해 미국의 외교 목적을 성취하려는 이상주의의 허상에서 벗어나야한다고 강조했다. UN이나 유럽의 우방들은 기본적으로 자기들의 이익을 우선적으로 생각하고 해당 국가들의 복잡한 이해관계를 고려해야하기에 미국의 안보에 수동적이며 태만한 태도를 보인다고 비판했다.[34]

---

33) "PNAC Letter Sent to President Bill Clinton," http://www.newamericancentury.org/iraqclintonletter.htm

34) John Mearsheimer, "The False Promise of International Institutions," *International Security* 19 (Winter 1994/95), 5-49. Randall Schweller, "The Problem of International Order Revisited: A Review Essay," *International Security* 26:1 (Summer 2001).

신보수주의자들의 국제기구에 대한 불만과 불신은 유럽 국가들에 대해서도 마찬가지였다. 이 점은 그의 책에서 "미국은 화성Mars에서 왔고, 유럽은 금성Venus에서 왔다."는 유명한 글귀를 남긴 신보수주의 외교 전문가인 케이건의 사고에서 엿볼 수 있다. 즉, 탈냉전과 함께 유럽과 미국은 더 이상 공감대를 형성하기 어려운 이질적인 존재로 결별하고 있으며, 이러한 결별은 "뿌리 깊고 오랫동안 진행되었으며, 앞으로도 계속 그러할 것"이라는 것이다.[35] 케이건은 유럽과 미국은 냉전이라는 거역할 수 없는 국제적 환경에 따라 서로 가까워진 것처럼 보이지만 실제로는 "힘의 효능, 힘의 도덕성, 힘의 바람직함과 같이 힘에 관한 모든 중요한 질문에서 미국과 유럽의 관점은 갈라지고 있다."는 점을 인정해야 한다고 보았다. 그렇기에 서로는 더 이상 가까운 척 하지 말고 자국의 이익에 더욱 정직해야 한다고 주장했다. 케이건이 던지는 메시지는 뚜렷하다. 미국은 더 이상 유럽의 눈치를 보지 말고 미국의 이익과 세계의 이익에 필요하다면 독단적으로 외교를 펼쳐야 한다는 것이다.[36]

---

35) Robert Kagan, *Of Paradise and Power: America and Europe in the New World Order* (New York, 2003), 3-4.

36) 케이건의 책에 대한 자세한 분석의 필자의 서평을 참조. 김봉중, 『Robert Kagan, *Of Paradise and Power: America and Europe in the New World Order* (New York, 2003)』(서평), 『미국사연구』 22집(2005), 289-299. 탈냉전과 미국-유럽 분열은 필자의 다음 논문 참조. 김봉중, "탈냉전과 대서양 공동체의 분열," 『서양사론』, 제90집 (2006), 103-125. 인용부분은 Kagan, *Of Paradise and Power*, 3. 기타 신보수주의자들에 대한 전반적인 분석은 다음을 참조. 김정배, "부시 행정부의 대외정책: 지구 위에 '언덕 위의 도시' 건설," 『미국사연구』 제18집 (2003), 214-221. Myung-Duk Cho, "The Background of the Christian Right and their Involvement in Politics, 『미국사연구』 제19집 (2004), 169-172.

그렇기 때문에 개디스는 9/11이후 미국이 일방주의로 전환한 것은 "새로운 원칙에 입각한 것이 아니라 [미국 정부의] 오랜 입장을 반영한 것"으로 보았다.[37] 부시 행정부의 핵심 인물들은 자신들을 신보수주의자라고 칭하든지 부시의 외교 정책 이념들에 강한 지지를 보낸 자들이었다. 부시와 럼스펠드 외에서도 부통령 체이니와 국무장관 라이스와 같이 신보수주의 외교 정책을 신봉했던 참모들 다수가 부시 외교팀을 구성하고 있었다.[38]

신보수주의자들은 이전의 현실주의자들이 주장한 "민주주의 국가들 끼리는 결코 전쟁을 하지 않는다."는 전제 속에서 평화를 지향하는 민주주의 정권과 그에 대항하는 비민주주의 정권과의 대결은 중동의 테러와 같은 비국가적 극단주의를 간과한 것으로 판단했다.[39] 이른바 "권위적인 극단주의authoritarian radicalism"가 테러와 같은 극단주의를 양성한다고 본 것이다.[40] 그래서 권위적인 정권이 어떤 "행동doing을 하느냐가 문제가 되는 것이 아니라 존재being 그 자체로 미국의 안보에 위협"을 가하는 것으로 본 것이다.[41]

---

37) John Lewis Gaddis, *Surprise, Security, and the American Experience* (Cambridge, 2004), 26.

38) Charles Krauthammer, "The Neoconservative Convergence". *The Wall Street Journal*, July 21, 2005.

39) 인용부분은 Joshua Muravchik, *Exporting Democracy: Fulfilling America's Destiny* (Washington D.C., 1991), 8. 유사한 논지의 글로는 Carl Gershman, "Freedom Remains the Touchstone," *The National Interest* 19 (Spring 1990): 83-86. John Ehrman, *The Rise of Neoconservatism: Intellectuals and Foreign Affairs 1945-1994* (New Haven, 1995), 184.

40) Gerard Alexander, "The Authoritarian Illusion," *National Interest* (Fall 2004), 80. Daniel Byman, *Deadly Connections: States That Sponsor Terrorism* (New York, 2005).

하지만 신보수주의자들이 그들의 원칙을 부시의 등장과 함께 곧바로 실행에 옮길 수는 없었다. 국내 여론은 여전히 소련의 붕괴에 따른 탈냉전을 종전의 미소 대결에 의한 불안을 걷어내고 세계 평화의 서막을 여는 것으로 보고 있었기 때문이다. 신보수주의자들에겐 이러한 여론을 그들이 원하는 방향으로 돌릴 수 있는 어떤 계기가 필요했다. 그 계기가 9/11로 생각보다 빨리 나타난 것이다. 이런 여론의 전환은 다음과 같이 요약할 수 있다.

> [신보수주의자들은] 새로운 국가안보전략을 즉시 실행에 옮길 수는 없었다. 여론의 지지확보라는 최후의 과제가 남아 있었기 때문이다. 여론은 '소련의 붕괴=냉전해체=영구 평화정착'으로 보고 있었다. 이는 '소련의 붕괴=기회'이자, 동시에 '위기'라는 신보수주의자들의 견해와 달랐다. 따라서 신보수주의자들의 전략은 국민 여론에 의해서 백악관의 책상 위에서 머물 수밖에 없었다. 9. 11은 바로 이런 상황에서 일어났다. 이로써 신보수주의자들의 국가안보전략은 마침내 여론의 사슬에서 풀려날 수 있었다. 요컨대 소련의 붕괴가 미국의 재래식 군사력에 행동의 자유를 부여했다면, 9. 11은 여론의 반대라는 보이지 않는 족쇄를 풀어주는 열쇠로 작용했다는 것이다.[42]

그렇기에 부시 독트린은 이러한 신보수주의 사상의 연장으로 보아야 한다. 즉, 미국과 서방 세계가 추구하는 자유의 가치와 그것을

41) David C. Hendrickson and Robert W. Tucker, "The Freedom Crusade," *The National Interest* 81 (Fall 2005), 12-13.

42) 최정수," 조지 W. 부시 독트린의 역사적 기원 : 시어도어 루즈벨트의 '세계안보'전략," 181.

파괴하려는 극단주의 사이의 전지구적 이념 전쟁에서 미국은 국가 안보를 위해서나 세계 평화를 위해서 적극적으로 적들을 찾아내고 그들을 지지하는 정권들을 몰락시키는 것이었다. 부시 독트린은 레이건 추구했던 현실주의 정책에서 한 걸음 더 나아가 적이 공격하기 전에 미국이 선제공격으로 그들을 제압해야 하며, 이를 위해서는 가능한 모든 수단과 자원 그리고 영향력을 사용해야 한다고 밝혔다. 포리스트James Forest 교수의 다음과 같은 확신은 이를 잘 대변하고 있다. "서구가 호전적인 암흑의 이슬람 군대에 불확실하게 맞서고 있으며, 우리가 아직 정확히 그것이 어떻게 귀결될지 모르는 상황에서, 갈수록 명확해 지는 것은 호전적인 이슬람을 패배시키는 것은 서구의 유연하고 민주적인 제도이며 자유에 대한 신념이다."[43]

Ⅳ.

부시의 국가안보회의 전략팀의 구성원이었던 피버Peter D. Feaver는 이른바 '부시 독트린'이라고 할 수 있는 것이 일곱 개나 된다고 밝히면서 부시 독트린 자체에 대한 존재를 거부했다. 국무장관 라이스의 국무부 자문관으로 활동했던 제리코우Philip D. Zelikow 역시 부시 독트린이 존재한다는 가정 때문에 부시 행정부의 외교 정책이 "굉장한 응집력을 갖고 있는 것"처럼 포장되었다고 고백했다. 카터의 국가안보담당관이었던 브레제진스키Zbigniew Brzezinski는 부시 독

43) Colonel B. Wayne Quist and David F. Drake, *Winning the War on Terror: A Triumph of American Values* (New York, 2005), xv-xvi.

트린을 대표할 수 있는 "단 한건의 문서도 존재하지 않는다."고 지적했다.[44)]

학자들 역시 부시 독트린이 정확히 어떤 원칙을 내세우는지에 대해 뚜렷하게 인식하지 못하고 있다. 몇 명의 저자들이 공동으로 부시 독트린을 다룬 책에서도 부시 독트린의 개념이 일관적으로 드러나지 않는 경우가 있다. 예컨대 싱Robert Singh은 부시 독트린을 4개의 주요 원칙, 곧 "예방 전쟁, 대량살상 무기와 테러리즘에 대한 대처, '악당 나라rogue states'에 대한 정권교체, 그리고 민주주의 촉진"으로 설명했는데, 이는 다른 공동 저자들이 불과 9페이지 전 '서문'에서 명시했던 정의, 곧 "미국의 주도권 유지, 기존의 방어개념을 대체하는 선제공격, 테러와의 전쟁, 그리고 민주화"와는 차이가 있다.[45)]

또한 '예방전쟁'과 '선제공격'의 구분도 명확하지 않다. 부시 대통령은 '예방전쟁'이란 용어를 사용했지 '선제공격'이란 용어를 사용하지 않았다. 다만, 2002년 9월 17일 출판된 미국국가안보전략 문서에서 '선제preemptive'라는 용어가 등장했으며, 그 문서가 결국 부시 독트린의 사실상의 초안이라고 볼 수 있기에 부시 독트린의 핵심 원칙의 하나로 선제공격이 등장한 것이다. 저비스Robert Jervis와 오웬Mackubin Thomas Owens은 부시의 선제공격은 사실상 예방전쟁을 의미한다고 보았으며, 아차르야Amitav Acharya는 선제공격이란 "적의 공격이 임박하다는 결정적인 증거에 의해 공격을 감행"하는

44) Michael Abramowitz, "Many Versions of 'Bush Doctrine'". *The Washington Post*, September 13, 2008.

45) Mary Buckley and Robert Singh, eds. *The Bush Doctrine and the War on Terrorism: Global Responses, Global Consequences* (New York 2005), 13-4.

것이고, 예방전쟁이란 "급박한 상황은 아니지만 군사적 충돌이 기정사실로 다가오고 공격을 미룰 경우에 더 큰 위험을 초래한다는 믿음에서 시작하는 전쟁"이기에 부시의 정책은 사실상 선제공격을 말하는 것이라고 말했다. 다른 학자들도 이와 같은 생각으로 선제공격보다는 예방전쟁이라는 용어가 부시 독트린에 해당한다고 보았다. 저비스는 미국 역사에서 예방적 목적으로 공격을 합리화한 것은 처음 있는 것이 아니기에 예방전쟁 그 자체는 그다지 문제 될 것이 없다고 보았다. 그는 먼로 독트린도 근본적으로는 유럽의 아메리카 간섭으로 발생할 수 있는 위험을 미연에 차단하기 위해 채택된 독트린으로 보았다. 다만 그 때 미국은 약자의 입장에서 예방전쟁을 채택했지만, 이제 미국은 강자의 입장에서 그것을 채택한 것의 차이가 있을 뿐이다.[46]

부시 독트린에 비판적인 자들은 주로 선제공격이나 일방주의를 부각시키며 부시 독트린이 기존의 국제사회와의 협력에 의한 기존의 다자주의 전통을 파괴하는 것으로 받아들였다. 하지만 부시의 주요한 공격 대상이 테러가 아니라 근본적으로 자유주의와 민주주의를 지키며 확산하는 것이라면 이는 미국 전통에서 벗어난 것은 아니다. 적어도 부시 대통령 자신은 자유란 "단순히 미국의 가치가 아니라 세계 공통의 가치"이기에 그것을 위협하고 침해하는 "세계

---

46) Amitav Acharya, "The Bush Doctrine and Asian Regional Order: The Perils and Pitfalls of Preemption." In Mel Gurtov and Peter Van Ness, eds. *Confronting the Bush Doctrine: Critical View from the Asia-Pacific* (New York, 2003), 205. Jervis, "Understanding the Bush Doctrine," 369-70. Mackubin Thomas Owens, "The Bush Doctrine: The Foreign Policy of the Republican Empire," In *Orbis* 53:1 (January 2009), 25.

의 독재자들을 압박하는 것이 미국의 책임"이라고 믿었다.[47] 몬텐Jonathan Monten은 구세계로 상징되는 유럽의 구습을 타파하고 미국에 의해서 새로운 세계를 구축하고자 하는 것은 미국 국가주의의 기본적인 정체성이며 미국의 오랜 외교 전통이었기에 부시 독트린은 오히려 이러한 미국 외교 전통을 계승하는 것이라고 보았다.[48] 부시 독트린을 옹호하는 2007년 책에서 카우프만Robert G. Kaufman은 1904년에 '세계의 지리적 중심Geographical Pivot of History'이란 이론을 제기한 맥킨더Halford Mackinder를 소개하며, 그 이론이 "제2차 세계대전 이후 미국의 세계 전략으로 채택되었다."고 주장했다. 맥킨더는 "'세계의 섬'이라고 할 수 있는 유라시아를 지배한 국가가 미국을 포함해서 전 세계를 지배할 것이라고 경고"했는데, 미국은 그 이론을 받아들여 유라시아를 지배하려는 전략을 세운 것이라고 주장했다.[49] 2011년에 있었던 부시 독트린에 대한 공개 토론에서 카우프만은 부시 독트린이 미국 역사적 전통과 상관없이 돌출적으로 나타난 이례적인 독트린이 아니라 적어도 "세계 민주주의를 안전하게 위해" 참전을 결심한 윌슨주의 전통을 이어간 것이며, 히틀러와 같은 악마를 미리 차단하지 못해서 겪게 되는 미국과 자유세계의 아픈 역사적 경험을 반영한 것이라고 주장했다.[50]

47) Bush, *Decision Points,* 397.

48) Jonathan Monten, "The Roots of the Bush Doctrine: Power, Nationalism, and Democracy Promotion in U.s. Strategy," *International Security* 29:4 (2005), 112-156.

49) Kaufman, In the defense of the Bush Doctrine, 11-12.

50) http://www.c-span.org/video/?300700-2/book-discussion-defense-bush-doctrine&start=NaN

이 토론에서 '자유재단의 미래The Future of Freedom Foundation'의 창시자이며 회장인 호른버거Jacob Hornberger는 카우프만이 부시 독트린을 미국 역사의 전통으로 합리화하는 것에 비판적인 입장을 내세웠다. 그는 윌슨주의의 긍정적이며 이상적인 면보다는 그것이 초래한 부정적이며 현실적인 결과에 주목해야 한다고 주장했다. 즉, 윌슨주의는 결국 제1차 세계대전을 합리적으로 해결하는 데 실패했고, 히틀러와 같은 악마를 탄생시킨 근본적인 배경이었으며, 이러한 사고는 2차 대전이후 스탈린에게 적용되어서 한국전쟁과 같은 수많은 냉전의 아픔을 겪게 만들었다는 점을 상기시켰다.[51)]

부시 독트린이 미국 외교 전통을 이어가는 것이냐 아니면 그 전통을 깨는 이례적인 선언이냐에 대한 논쟁은 위의 논쟁처럼 미국 외교 전통을 긍정적으로 보느냐 혹은 부정적으로 보느냐에 따라 입장이 다를 수밖에 없다. 하지만, 대다수의 학자들과 정치가들은 20세기 내내 미국이 그것을 창출하게 되는데 핵심적인 역할을 했던 UN과 같은 국제기구와의 협조와 미국의 우방과의 협력을 근거로 한 다자주의적 전통이 부시 독트린으로 손상을 입게 된 것에 대해서는 비판적으로 보았다. 오랜 전통의 파기도 그렇지만 앞에서 키신저와 UN 사무총장 아난이 지적했듯이 선제공격을 포함한 부시 독트린은 오랜 세계질서를 깨뜨리며 그것이 공격적인 국가들이 쉽게 모방할 수 있는 보편적인 원칙이 될 공산이 컸기 때문이었다. 굽타Sanjay Gupta는 독트린이 국제법이나 UN 안전보장이사회와 같은 국제기구와의 협조와 동의를 구하지 않고 미국이 독단적으로 외교

51) Ibid.

력을 행사함으로써 다른 나라들도 그들의 적들에게 독단적으로 실력을 행사할 수 있는 빌미를 제공했다고 비판[52]했으며, 바로 이 점 때문에 구르토브Mel Gurtov와 반네스Peter Van Ness는 부시 독트린이 "위험한 독트린으로서 미국의 국가 안보를 강화시키기보다는 더 약화시킬 것"이라고 비판했다.[53]

V.

부시 독트린은 9/11 테러라는 거대 사건에 의해 탄생되었다. 미국인들이 받은 상처와 충격, 그로인해 강렬하게 부활한 애국심은 부시 독트린을 이해하는 가장 중요한 정서적 배경이다. 부시는 이러한 국내의 분위기 속에서 부시 독트린을 선포했다. 그런데, 부시 독트린의 주요 원칙이 일방주의와 선제공격이며, 이것은 부시 대통령의 주요 참모들이 주창한 신보수주의 정책이기에, 어차피 부시 독트린은 탄생될 수밖에 없었다고 이해될 소지가 있다. 다만 9/11을 계기로 그 정책이 공식적으로 미국 외교의 원칙으로 채택되었을 뿐이라는 얘기다.

하지만 이러한 해석은 결과론적 시각에 근거한 것이다. 9/11 이전의 부시의 외교 정책을 면밀히 살펴보면 부시는 처음부터 신보수

52) Sanjay Gupta, "The Doctrine of Preemptive Strike: Application and Implications during the Administration of President George W. Bush." *International Political Science Review* 29:2 (2008), 181-196.

53) Melvin Gurtov and Peter Van Ness, eds. *Confronting the Bush Doctrine: Critical View from the Asia-Pacific* (New York, 2005), 1.

주의 시각에 근거한 일방주의 정책을 펴지 않았다. 냉전이 종식되면서 미국은 10여 년 동안 외교적 혼란기를 맞았다. 개입주의와 고립주의는 팽팽하게 맞섰으며, 공화당 보수주의자들 내에서도 이러한 대립이 존재했다. 부캐넌Pat Buchanan과 같은 영향력이 큰 보수주의자들은 강력한 고립주의를 주창했다. 이들 '신고립주의자neo-isolationist'들은 냉전의 종식과 함께 미국이 더 이상 동맹체제와 국제기구와 연계할 필요가 없다고 주장했다. 그들은 물론 '고립주의'라는 용어를 사용하기를 꺼려하고 대신 "전략적 탈개입"이나 "전략적 독립" 혹은 "이익기반 정책"과 같은 용어를 사용했지만 기본적으로 고립주의를 표방하는 것이었다.[54] 이러한 혼란과 대립 속에서 신보수주의자들의 목소리는 있었지만 그것은 앞에서 지적했듯이 "소수자들 중에서 소수자들"이었다. 미국은 언제나 미국적 예외주의와 선민주의에 과다하게 집착한 자들이 있었다. 탈냉전 혼란기에 그들은 더욱 큰 사명감을 갖고 그들의 사상을 피력했을 뿐이다.

하지만 대다수의 국민들은 갈수록 국제문제에 관심을 갖지 않았다. 1992년 외교 부분에서 무지했던 클린턴이 당선된 것은 시대의 흐름이었고, 2000년 부시가 당선된 것 역시 그의 외교 정책과는 별다른 관계가 없다. 아버지 부시와는 달리 아들 부시는 외교적 경험이 없었다. 당선 직후부터 9/11 이전까지 부시 행정부의 외교 정책을 보면 클린턴 행정부와 별다른 차이가 없었다.[55] 부시의 연설문

54) Paul S. Boyer, *The Oxford Companion to United States History* (Oxford, 2001), 397.
55) 이에 대한 분석은 필자의 다음 저서를 참고. 김봉중 『카우보이들의 외교사』, 412-17.

담당자였던 프럼David Frum에 의하면 9/11이 터지기 전까지 "부시는 어떤 정형화된 큰 생각을 갖고 있지 않았다."[56] 부시의 외교팀을 보면 체니 부통령, 럼스펠드 국방장관, 월포위츠 부장관 등 신보수주의 강경파 일색이지만 외교의 수장인 국무장관에는 걸프전쟁의 경험에 근거해서 현실주의를 지향하는 온건파 파월Collin L. Powell이 버티고 있었다. 임기 초에 부시 대통령이 반탄도탄미사일 협약과 교토의정서에서 미국을 탈퇴시킨 것 때문에 부시의 일방주의가 하나의 변함없는 부시의 외교원칙으로 드러났지만, 그것은 9/11 이후의 일방주의와 성격이 다르다. 부시는 교토의정서 탈퇴의 변으로 "우리는 우리의 경제에 해를 가할 짓은 어떤 것이든 하지 않을 것이다. 왜냐하면 가장 우선되어야 할 것은 우리 국민들이기 때문이다."고 했다.[57] 여기에서는 9/11 이후의 신보수주의 시각에 근거한 일방주의보다는 오히려 경제지상주의를 부르짖었던 클린턴의 뉘앙스가 짙게 묻어 있다고 볼 수 있다. 결과적으로 부시 독트린은 9/11이라는 역사의 우연 속에서 탄생한 것이다.

9/11 여파로 시작된 이라크 전쟁은 9/11의 기억이 희미해지면서 인기 없는 전쟁이 되었으며, 그것은 2008년 대통령선거에서 이라크 전쟁 반전론자였던 오바마Barak Obama 민주당 후보가 대통령에 당선되는 결정적인 계기를 제공했다. 그리고 오바마 대통령은 약속한 대로 2011년에 미군을 이라크로부터 완전히 철수했다. 오바마 외교

56) Baker, *Days of Fire*, Loc 3274.

57) Edmund Andrews, "Bush Angers Europe by Eroding Pact on Warming," *New York Times*, April 1, 2001.

는 탈냉전기 미국 외교를 대표하는 클린턴 행정부의 외교정책에 가깝지, 일방주의와 선제공격을 내세우는 부시 정책과는 거리가 멀다.

부시 독트린과 이라크 전쟁으로 말미암아 학자들은 과연 미국이 어떤 제국인가를 놓고 뜨거운 '제국 논쟁'을 벌였다.[58] 이 논쟁이 세계사 속의 미국 '제국'의 성격을 환기시키는 주요한 계기가 된 것은 사실이나, 이 것 역시 9/11의 기억이 희미해지면서 논쟁의 열기도 식어갔다. 그럼에도, 부시 독트린이 미국 역사에서 중요한 위치를 차지할 수밖에 없는 이유는 미국 역사 속에서 끊임없이 등장하는 예외주의와 선민주의와 같은 미국적 정신을 환기시켰기 때문이다. 그런 점에서 부시 독트린은 "미국의 전통 속에서 면면히 이어져 온 '명백한 운명'의 연장일 뿐이다."[59] 다만, 그 정신적 유산이 어떤 계기를 만나 어떻게 표출되느냐의 차이만 있을 뿐이다. 예외주의와 선민주의는 인류를 긍정적 시각에서 보느냐 혹은 부정적 시각에서 보느냐의 차이에 따라 그것이 표출하는 방식이 다를 뿐이었다. 20세기 대부분은 윌슨주의가 추구하는 긍정적 이상주의에 근거해서 미국적 정신이 표출되었다면, 신보수주의 사상에 입각한 부시 독트린은 그 정신의 다른 극단적인 표출이었다.

---

58) Michael Cox, "The Empire's Back in Town: Or America's Imperial Temptation? Again," *Millennium* 32 (February 2003): 1-27; G. John Ikenberry, "America's Imperial Ambition," *Foreign Affairs* 81 (September/October 2002), 44-60; Niall Ferguson, "Hegemony or Empire?" *Foreign Affairs* 82 (September/October 2003), 154-161; Robert Jervis, "The Compulsive Empire," *Foreign Policy* 137 (July/ August 2003): 83-87; Jack Snyder, "Imperial Temptations," *The National Interest* 71 (Spring 2003): 29-40.

59) 김정배, "부시 행정부의 대외정책: 지구 위에 '언덕 위의 도시' 건설," 236.

에필로그

북아메리카 식민지가 모국인 영국에 대항해서 독립전쟁을 벌인 것은 당시의 상황을 놓고 볼 때 무모한 도전이었다. 13개의 식민지는 13개의 서로 다른 국가나 다름없었다. 이들은 영국의 식민지인 것을 제외하곤 이렇다 할 공통점이 없었다. 독립전쟁을 주도한 매사추세츠, 버지니아, 펜실베이니아, 뉴욕을 놓고 봐도 그렇다. 매사추세츠는 개신교도인 청교도의 식민지였고, 버지니아는 영국 국교도의 식민지였으며, 펜실베이니아는 개신교 중에서도 이단시되었던 '퀘이커' 교도들이 개척한 식민지였다. 뉴욕 식민지는 종교적인 목적보다는 경제적인 야망으로 들끓은 곳이었다. 대부분의 식민지는 각자가 서로 다른 목적과 이상으로 아메리카에서 독특한 삶을 영위하고 있었다. 그런데 이들이 연합해서 독립전쟁을 감행한 것이다. 당시 유럽을 호령하던 모국에 대항할만한 군사적 여력도 미천한 마당에, 전쟁을 선택한 것도 도박이었지만, 승리한다 해도 새로운 연합 국가를 탄생시키는 일도 쉽지 않는 일이었기에, 이성적으로 생각한다면 독립전쟁은 분명 무모한 도전이었다.

하지만 역사는 항상 인간의 이성적인 판단에 의해 생성되지는 않는다. 북아메리카 식민지는 모국에 분노했고, 시간이 지나면서 분노는 식민지인들이 이성의 마지노선을 넘어 극단적인 선택을 하게 만들었다. 하지만 독립으로 가는 길에 독립을 비이성적인 판단으로 생각하고 '독립파'에 동참하기를 거부하고, 여전히 영국의 식민지로 남기를 원하는 '왕당파'가 당시 식민지의 절반이나 되었다는 점을 기억해야한다.

이 책에서 토마스 페인을 '독트린의 역사'의 시작에 내세운 것은 바로 이러한 시대적 배경을 염두에 둔 까닭이다. 페인의 『상식』은 독립으로 갈 것인가 아니면 영국과 화해를 모색할 것인가를 놓고 혼란에 빠진 식민지인들에게 독립을 선택하게 만들었던 결정적인 계기를 제공했기 때문이다. 그것뿐만 아니라 페인은 독립을 주장하면서, 향후 미국이 어떤 외교 원칙을 취해야 할지에 대해서도 명확한 지침을 내놓았다. 그것이 바로 유럽과의 비(非)개입, 비동맹 원칙이었다. 하느님의 특별한 목적에 의해 자유로운 독립 국가를 건설하는 것이 미국의 운명이라 여기는 이른바 '예외주의exceptionalism'를 완성하기 위해서 미국은 타락하고 부패한 구세계, 즉 유럽으로부터 거리를 두어야 하며, 이를 위해서 유럽의 어떤 정치적 상황에도 개입을 해서는 안 되며, 어떤 국가와도 동맹을 맺어서는 안 된다는 원칙이다.

페인의 이 원칙은 초기 미국 외교의 시금석(試金石)이 되었다. 초대 대통령 워싱턴은 페인의 원칙을 되새겼고, 그것은 그의 '고별사'에서 그대로 농축되어 나타났다. 그리고 2대 대통령 애덤스와 3대

대통령 제퍼슨에 의해서 반복되었다. 이러한 전통의 연속 속에서 1823년에 '반식민주의' 와 '반개입주의'를 표방하는 먼로 독트린이 탄생한 것이다. 미국 역사에서 최초로 '독트린'이란 수식어가 붙게 되는 이정표적인 순간이다. 그런데 먼로 독트린은 새로운 창조물이 아니라 오랜 전통의 퇴적물이었다.

흔히 '반식민주의'와 '반개입주의'는 동시에 사용되는데, 두 개념은 상당한 차이가 있다. 먼로 독트린의 우선적인 원칙은 '반개입주의'이지 '반식민주의'는 아니었다. 만약 '반식민주의'가 우선이라면, '반개입주의'는 성립될 수가 없다. 유럽이든 아메리카에서 '식민주의'가 부활하면, 미국은 개입해야하기 때문이다. 미국은 워싱턴 시대부터 유럽의 '얽히고설킨' 정치적, 군사적 이해관계에서 자유로워야 한다는 것이 가장 중요한 외교 원칙이었다. 먼로 독트린이 포함된 1823년 의회에 보낸 교서에서 먼로 대통령은 전통적인 중립·고립주의 원칙인 '반개입주의'에 무게를 더 두었다. 특히 국무장관 애덤스는 구세계의 영향력으로부터 미국을 보호하기 위해서 이상주의적 개입주의를 버리고 실리적인 중립주의를 펼쳐야한다고 주장했고, 그의 이러한 생각이 먼로 독트린에 그대로 반영되었다.

그렇다고 '반식민주의'를 먼로 독트린의 부차적인 것으로 생각할 수도 없다. 영국의 동맹 제의를 거부하며 '반개입주의'를 표방한 것은 실리적인 선택이지만, 독트린에 '반식민주의'를 포함시킨 것은 미국인들의 이상과 정서를 표방한 선택이었다. 미국에게 실리적인 면에서 거의 이득이 없는 그리스 사태에 제퍼슨, 매디슨, 그리고 국무장관 애덤스의 아버지인 존 애덤스조차 미국의 개입을 주장했던 것을 보면 페인이 주장했던 미국의 '예외주의'는 여전히 강한 정서적 공감대를 유지하고 있었다. 그래서 먼로 독트린은 "미국은 전 세계에 위대한 본보기가 되어야하며 이를 위해서 자유, 인류애, 풍족한 원조"를 제공해야 함을 밝혔다. 물론 여기서 먼로는 원조의 대상이 어디인지를 명확히 밝히지 않았지만 당시의 국제적 상황과 미국인들의 관심을 고려할 때 그 대상은 그리스였다.

이와 같이, 이른바 미국의 '건국의 아버지들'이 미국 외교의 원칙으로 정확히 무엇을 내세웠는가는 명확하지 않았다. 특히 '반식민주의'와 '반개입주의' 사이의 우선순위에 대해서 그렇다. 무엇이 미국 초기 외교의 원칙인가는 어떤 상징적인 선언이 필요했다. 여기에 먼로 독트린의 역사성이 존재한 것이다. 미국 역사상 최초로 '독트린'이라는 용어가 붙게 되면서 먼로 독트린은 그야말로 미국 초기 외교의 뚜렷한 좌표로 신성시되기 시작했다.

먼로 독트린의 경우에서처럼, '독트린'은 복잡다단하고 혼란스러운 국내외 상황에서 미국이 추구해야 할 근본적인 외교 원칙을 제시하는 좌표였다. 그리고 그 지침은 시간이 지나면서 후대 지도자들에 의해서 지속적이고 반복적으로 되새겨졌다. '명백한 운명'의 슬로건으로 대륙팽창을 시도한 1840년대의 미국은 남과 북의 지리적 갈등 구조로 연방이 좌초되는 위험한 항해를 하게 된다. 그런데 지역이기주의에 근거한 남부 지도자들이 오랫동안 기억이나 논의에서 사라졌던 먼로 독트린을 들먹이며 팽창주의를 주장한 것은 역사의 아이러니가 아닐 수 없다. 남북전쟁을 일으켰고, 그 전쟁에서 패배한 남부로 인해서 먼로 독트린이 명실상부한 독트린으로 자리매김할 수 있는 그루터기를 제공했다는 점에서 더더욱 그렇다.

그런 점에서, 먼로 독트린은 만들어진 미국의 전통이다. 소수의 의견이지만 그것이 역사 속에서 지속적으로 메아리치면서 훗날의 거대한 독트린으로 재탄생할 수 있는 토대가 되었으며, 한 번 독트린으로 정착이 되고 난 이후에는 누구도 거부할 수 없는 미국 외교의 뚜렷한 좌표로 신성시되었던 것이다. 1904년 시어도어 루스벨트의 선언은 먼로 독트린에 대한 대대적인 변형이었지만, 새로운 독트린으로 명명되지 않고, 먼로 독트린에 대한 '루스벨트 보충이론'으로 불린 것은 미국인들이 먼로 독트린을 어느 정도 숭배했는가를 여실히 보여주는 대목이다.

1947년 트루먼 독트린으로 먼로 독트린은 역사 속으로 사라졌다. 트루먼 독트린이 먼로 독트린을 대체한 것이다. 미국 외교사를 두 부분으로 나누면 먼로 독트린의 시대와 트루먼 독트린의 시대로 양분할 수 있다. 먼로 독트린은 미국의 전통적인 비개입주의를, 트루먼 독트린은 개입주의를 대변한다. 전자는 유럽 제국주의 열강을 염두에 두었으며 그 대상도 서반구에 국한되었지만, 후자는 소련 공산주의를 비롯한 세계 공산주의를 염두에 두었으며, 전 세계에 적용되었다.

바로 이러한 먼로 독트린과 트루먼 독트린의 뚜렷한 차이 때문에 두 독트린은 미국 외교를 양분하는 대표적인 독트린이자, 서로가 완전히 다른 성격의 독트린으로 여겨왔다. 그러나 과연 두 독트린은 서로가 전혀 다른 성격의 독트린일까?

'루스벨트 보충이론'을 다시 생각해볼 필요가 있다. 그것을 먼로 독트린의 변형이나 확대가 아니라 트루먼 독트린의 서막으로서 말이다. '루스벨트 보충이론'은 먼로 독트린의 '비무장 선언'을 '무장

개입이론'으로 전환시킨 것이며, 라틴아메리카를 겨냥한 유럽 열강의 야망을 미국이 차단함과 동시에 그 야망을 미국이 이어가겠다는 공식적인 선언인 셈이다. 이것은 분명 '개입주의'를 선포한 것이었다. 당시로서는 미국의 이해관계가 라틴아메리카에 국한되었기 때문에 그 지역을 대상으로 '개입주의'를 표방한 것일 뿐이었다. 2차 세계대전 이후 미국이 본격적으로 세계의 '제국'으로 발돋움하면서 그 대상이 전 세계로 확대되자 트루먼 독트린이 탄생했다. 이런 점에서 '루스벨트 보충이론'은 먼로 독트린의 보충이기보다는 '트루먼 독트린의 서막'으로 볼 수 있다.

20세기가 '미국의 세기'라면 그 세기를 움직이는 미국 외교의 원칙은 트루먼 독트린이었다. 소련이라는 주적과 그들이 주도하는 세계 공산주의에 대항해서 세계 자본주의와 민주주의의 보안관 역할을 해야 한다는 미국의 책무를 하나의 독트린으로 공식화한 트루먼 독트린은 미국 역사상 가장 뚜렷한 원칙을 제시한 독트린이자, 독트린의 적용에 대해서 가장 논란이 적었던 독트린이었다. 독트린의 수명을 놓고 보면 먼로 독트린이 가장 길었지만, 논란 없이 가장 오랫동안 순항했던 독트린으로서는 트루먼 독트린이 유일하다.

트루먼 독트린 외에도 몇 개의 독트린이 '독트린'의 명성을 갖긴 했지만, 엄격히 말하면 트루먼 독트린 이후의 독트린들은 독트린으로 명명되기에는 부족한 부분이 많았다. 이들은 냉전 시대에 미국 외교의 절대적인 원칙으로 자리 잡은 트루먼 독트린에 착종되어서 시대의 흐름과 지역의 필요에 따라 약간의 변화가 필요했기 때문에 생겨난 것으로, 그 변화는 근본적으로 트루먼 독트린의 원칙을 재확인하는 것이었다. 아이젠하워 독트린은 미국의 중동정책이었다.

그것은 단순히 수에즈 위기로 탄생한 우연하고 즉흥적인 결과가 아니라, 2차 대전이후 복잡하고 혼란스러운 중동 문제에 대해 하나의 원칙을 제시한 것이며, 그 원칙은 트루먼 독트린에 대한 재확인이었다. 즉, 중동에서 반공주의의 원칙을 냉전의 올가미에 씌워 단순화시킨 것이다. 닉슨 독트린은 베트남 전쟁에 대한 국내의 반대여론을 의식해 동남아시아에서 트루먼 독트린을 더 이상 적용하지 않겠다는 트루먼 독트린의 포기 선언이 아니었다. 독트린을 발표하기 전 닉슨은 캄보디아를 공습했다. 이것은 베트남의 상황이 악화되자 이것이 다른 동남아시아로 확산되는 것을 막기 위한 대안이었다. 캄보디아 공습이 언론에 알려지면서 비판을 받게 되자, 닉슨은 독트린을 발표해서 아시아 국가의 내부 위협은 그들 스스로가 대처해야 하며, 미국은 외부 침략에 한해서 무기와 물자를 지원하되, 지상군 파견을 고려하지 않겠다고 했다. 이것은 일견 트루먼 독트린에 대한 후퇴인 것 같지만, 좀 더 큰 틀에서 보면 여전히 트루먼 독트린의 원칙을 재확인하고 있다. 닉슨 독트린이 결국 '베트남의 비극'으로 치닫고 말았지만, 그것으로 인해 미국인들은 트루먼 독트린에 대한 수정을 원하지 않았다. 오히려 미국은 '베트남의 비극'이 세계 다른 지역에서 재현되는 것을 막는데 심혈을 기울였다. 레이건 독트린이 이를 잘 증명해주고 있다.

레이건은 '베트남의 비극'으로 트루먼 독트린이 위축되는 것을 원치 않았다. 그는 패배주의적인 베트남의 기억을 극복하고 미국 외교원칙의 기조는 여전히 트루먼 독트린의 반공주의라는 것을 재확인하고자 했다. 그것이 라틴아메리카를 배경으로 설파된 레이건 독트린이었다. 이는 닉슨 독트린 폐기 선언이라고 할 수 있다. 독트린은 근본적으로 라틴아메리카의 좌익 정권을 겨냥한 것으로서, '내부 문제는 그들 스스로가 대처해야 한다'는 닉슨 독트린을 파기하고 더욱 공격적으로 트루먼 독트린의 원칙을 재확인하는 것이다.

1989년에 냉전의 상징이었던 베를린 장벽이 무너지고, 1991년에 소련연방까지 붕괴되면서 냉전은 역사에서 사라졌다. 이른바 탈냉전의 시대가 도래 했다. 탈냉전 시작부터 현재까지 약 30년 동안 미국은 외교적 혼란기를 맞고 있다. 유럽열강과 식민주의를 염두에 둔 먼로 독트린, 소련과 공산주의를 염두에 둔 트루먼 독트린에 익숙한 미국은 외교에서 뚜렷한 대상과 목표를 찾지 못하고 방황하고 있다. 미국이 국제 사회의 문제에 어느 정도 개입해야 할지, 어떻게 개입해야 할지 확신이 서지 않기 때문이다. 탈냉전 시대에 대통령에 당선된 클린턴이 표방한 '선택적 개입주의'는 이러한 고민을 잘 반영하고 있다. 클린턴은 보스니아와 소말리아처럼 인도주의적 차원에서 개입이 필요한 곳에는 개입을 하지만, 그렇지 않는 곳에서는 적극적인 개입을 꺼려했다. 무엇보다도 탈냉전 시대에 미국인들의 정서는 개입주의보다는 고립주의가 더 강했기 때문이다. 이러한 국민들의 정서는 탈냉전 시기의 미국 외교를 이해하는 기본적인 방향키이다.

그렇다면 부시 행정부의 이라크 전쟁과 이른바 '테러와의 전쟁'이 보여주는 극단적인 개입주의를 어떻게 설명해야 하는가? 거시적 관점에서 보면 부시 독트린은 탈냉전 시대를 대표하는 독트린이 아니다. 부시 독트린의 배경은 9/11 테러라는 초유의 거대사건이었다. 미국은 충격에 빠졌고, 분노했으며, 악당을 쫓아서 끝까지 추격해야 했다. 하지만 이러한 정서도 시간이라는 해독제로 인해 순화되었다. 시간이 가면서 미국인들은 왜 명분 없는 전쟁을 계속해야 하는지 의문이었고, 불만이었다. 국민들은 다시 국제 문제에 무관심하기 시작했다. 이것이 버락 오바마 대통령이 탄생하게 되는 주요한 배경이 되었다.

도널드 트럼프의 등장은 부시의 부활이 아니다. 적어도 외교적인 면에서는 그렇다. 국민들은 여전히 국제 문제에 무관심하다. 트럼프의 '미국 우선주의'는 기본적으로 정치, 외교적 원칙이라기보다는 경제적 원칙과 목표이다. 트럼프는 탈냉전 시대 미국 외교의 가장 큰 고민인, 국제 문제에 과연 어느 정도, 그리고 어떻게 개입해야 할지에 대한 고민을 하길 꺼려한다. 그가 갖는 명확한 우선순위는 과연 새로운 정책이 미국의 이익에 필요한가이다. 만약 그것이 미국의 이익에 필요하다면 그 대상과 방법에 정해진 원칙이 없다. 만약 트럼프의 외교 정책이 이전의 대통령들처럼 하나의 독트린으로 명명되지 않는다면, 그 이유는 뚜렷한 원칙이 없기 때문일 것이다. 사실 트럼프의 '미국 우선주의'를 염두에 둔다면 독트린보다는 '트럼프주의'라는 용어가 더 적절할지 모른다.

'트럼프주의'가 탈냉전 시기 미국 외교의 이단적 변이가 될 지, '후기 탈냉전' 혹은 어떤 새로운 시대를 여는 새로운 원칙이 될 지는 향후 역사의 전개를 지켜봐야할 것이다. 그의 외교 정책이 어느 정도 국민들의 지지를 받을 지는 미지수이지만, 그 성공 혹은 실패는 미국 외교 전체를 놓고 볼 때 새로운 시험대가 될 것이다. 이 책의 시작을 토마스 페인으로 시작한 이유는 미국 외교의 근간이 페인이 밝힌 '미국의 예외주의'에 있다고 보았기 때문이다. 먼로 독트린에서 부시 독트린에 이르기까지 미국 외교의 정신적, 사상적 토대는 '미국은 뭔가 달라야 한다'는 의식이었다. 그 다름을 증명하는 방식이 달랐을 뿐, 근본적으로 미국의 예외주의는 모든 독트린의 뿌리였다. 만약 트럼프주의가 성공한다면, 그것은 미국 외교의 전혀 새로운 시작을 알리는 것이다. 반대로, 그것이 실패한다면, 그것은 미국 예외주의의 전통에서 하나의 해프닝으로 기억될 것이다.